"十二五"普通高等教育规划教材

# 工程经济学

王　宏　主　编
张洪力　副主编

GONGCHENG JINGJIXUE

中国铁道出版社有限公司
CHINA RAILWAY PUBLISHING HOUSE CO., LTD.

## 内容简介

本教材以建设工程项目为载体,较为系统全面地阐述了工程经济学的基本理论、方法及应用;系统地阐述了建筑工程技术经济的计算、分析及评价的基本原理和方法。全书共9章,分上下两篇,其中上篇为建筑工程技术经济分析的基本理论,内容包括绪论、资金的时间价值、现金流量构成及建设项目经济要素、项目单方案经济评价;下篇为建筑工程技术经济分析的实际应用,内容包括项目多方案经济评价、不确定性分析、设备更新与选择的技术经济分析、建设项目可行性研究与经济评价、价值工程。

本书适合作为普通高等学校工程管理、工程造价、土木工程等专业教材,也可供从事工程经济工作人员学习参考;教材基本涵盖了国家《注册建造师执业资格考试大纲》有关《建设工程经济》科目考试的基础部分内容,也可作为注册建造师资格考试参考教材。

**图书在版编目(CIP)数据**

工程经济学/王宏主编.—北京:中国铁道出版社,2016.1（2024.1重印)
“十二五”普通高等教育规划教材
ISBN 978-7-113-20769-4

Ⅰ.①工… Ⅱ.①王… Ⅲ.①工程经济学-高等学校-教材
Ⅳ.①F062.4

中国版本图书馆CIP数据核字(2015)第172869号

**书　　名**:工程经济学
**作　　者**:王　宏

**策　　划**:张文静　　**编辑部电话**:63549501
**责任编辑**:邢斯思　贾淑媛
**封面设计**:刘　颖
**封面制作**:白　雪
**责任校对**:王　杰
**责任印制**:樊启鹏

**出版发行**:中国铁道出版社有限公司（100054，北京市西城区右安门西街8号）
**网　　址**:http://www.tdpress.com/51eds/
**印　　刷**:中煤（北京）印务有限公司
**版　　次**:2016年1月第1版　2024年1月第5次印刷
**开　　本**:787 mm×1 092 mm　1/16　**印张**:15.75　**字数**:376千
**书　　号**:ISBN 978-7-113-20769-4
**定　　价**:35.00元

# 前言 Preface



社会的进步和发展与人们的有目的、有组织的工程经济活动密不可分。由于任何工程经济活动均要消耗经济资源，因此，在保证工程经济活动的效果满足人们的需要的前提下，最大限度地节约资源显得尤为重要。工程经济学正是这样一门研究如何以最小的投入获得预期产出，或者说如何以等量的投入获得最大产出，如何用最低的寿命周期成本实现产品、作业以及服务的必要功能的学科。

建筑业是国民经济的支柱产业，建筑业的快速发展，推动社会对建筑行业管理和技术人才的旺盛需求。而如何在新时期新形势下，既能掌握好先进的工程技术，又能对各种工程经济活动进行评判，选择出技术上先进且经济上合理的技术方案，正成为众多现代建筑工程管理和技术人员所共同面临的难题。

鉴于此，本教材以建设工程项目为载体，较为系统全面地阐述了工程经济学的基本理论、方法及应用，为读者提供建筑工程经济分析的基本框架。通过本书的学习，能够掌握建筑工程技术经济分析的基本方法，具有初步的工程技术经济分析的能力。

全书分上下两篇，其中上篇为建筑工程技术经济分析的基本理论，内容包括绪论、资金的时间价值、现金流量构成及建设项目经济要素、项目单方案经济评价；下篇为建筑工程技术经济分析的实际应用，内容包括项目多方案经济评价、不确定性分析、设备更新与选择的技术经济分析、建设项目可行性研究与经济评价、价值工程。

本教材由河南城建学院教师编写，王宏担任主编，张洪力担任副主编。全书共 9 章，其中王宏编写第 3 章、第 4 章、第 8 章，并负责全书的修改定稿工作；张洪力教授编写第 7 章；董亚琼编写第 1 章；郭伟编写第 2 章；刘绍涛编写第 5 章、第 9 章；王倩编写第 6 章。

在本书编写过程中，河南城建学院有关领导和河南城建学院继续教育中心给予了大力支持，在此深表谢意。同时，在本书编写过程中，参阅了大量教材、专著和参考文献，谨向有关作者表示衷心的感谢。

书中的不足之处，敬请读者和专家同行们批评指正。

编　者

# 目录 Contents

## 上篇　建筑工程技术经济分析的基本理论

### 第1章 绪　　论



### 第2章 资金的时间价值



### 第3章 现金流量构成及建设项目经济要素

## 第 4 章 项目单方案经济评价(建设项目经济评价基本指标)



# 下篇 建筑工程技术经济分析的实际应用

## 第 5 章 项目多方案的经济评价



## 第 6 章 不确定性分析



## 第 7 章 设备更新与选择的技术经济分析

## 第8章　建设项目可行性研究与财务评价



## 第9章　价值工程

# 上　篇

# 建筑工程技术经济分析的基本理论

# 第1章 绪　论

本章从工程、技术、经济及工程有效性等概念入手，介绍技术经济学的产生和发展，建筑工程技术经济分析的概念、研究对象和任务、研究内容以及与技术经济学之间的关系。

# 1.1　工程、技术、经济的概念及工程有效性

## 1.1.1　工程、技术与经济的基本概念

**1.** 工程

工程是指按照一定的计划和方案等进行的工作，是人们综合应用科学理论和技术手段去改造客观世界的具体活动以及所取得的实际成果，一般属于自然科学领域的概念。但现代“工程”的概念所涉及的范畴非常宽泛，延伸到了人文科学领域。就自然科学范畴的工程来说，工程包括建筑工程、机械工程、化学工程、电子电气工程等各种建设项目的工程。

**2.** 建筑工程

从狭义的角度看，建筑工程是工程中最基本、最常见、最有代表性的工程类型，是指按照一定的计划和方案等，投入一定资源所进行的建筑生产、施工等工作，或是指人们为满足生产与生活的需要而建造各种房屋及构筑物等的活动。它包括房屋建筑和市政基础设施工程，即各类房屋建筑及其附属设施和与其配套的电力照明线路、设备、上下水道、采暖通风、工业管道等工程。

从广义的角度看，建筑工程即指建设工程。由于各种建设项目一般都离不开房屋建筑和市政基础设施等建设内容，且它们往往是其中的重要组成部分。因而，从建筑工程涉及各种建设工程的广度、深度来看，“建筑”即为“建设”，建筑工程就是指建设工程。本书的建筑工程就是广义上的。

工程项目一般由勘察单位进行勘测，设计单位进行设计，建设单位进行施工准备，建筑安装单位进行施工安装，最后经过竣工、验收，交付建设单位使用和管理。在工程项目建设过程中，要实现自然资源向产品的转变，必须依赖于技术，但是并非先进的技术就能生产出市场需要而又物美价廉的产品，还必须考虑工程的经济因素。

**3.** 技术

“技术”是大家都很熟悉的名词，在很多方面有广泛应用，但对其概念的理解不尽相同。技术一词源于希腊文，意指获得的经验、技能和技艺。在我国古汉语中，“技”字意指技艺、本领，“术”字则含有方法、手段的意思，孟子曰：“术不可不慎”（《狱中杂记》）。古汉语中虽无“技术”这一组合词，但“技”字与“术”字的含义与西方对技术一词的理解具有相似之处。

随着社会的发展和进步，对技术含义的理解也有了新的发展，古今中外的许多学者从不同的角度对技术进行考察和研究，并由此形成了不同的技术科学，如工程应用科学、技术论、技术史等分枝科学。“技术”的概念也有了广义与狭义之分。

1）广义的技术概念

凡是一切讲究方法的有效活动都可以称为技术活动，它存在于全部人类活动中，在社会生活的各个领域都起着作用。因此，广义的技术是指科学知识、技术能力和物质手段等要素结合起来所形成的一个能够认识和改造客观世界的动态系统，包括硬技术和软技术。

广义的技术实质上指生产力。

2)狭义的技术概念

在对技术的狭义理解上,由于对构成技术要素的理解不同,因而有不同的定义,主要有以下四种:

(1)技术是人的一种能力,是技巧、技能或操作方法的总称。这种认识相似于早期社会对技术的理解。

(2)技术是劳动手段的总和。这种认识把技术视为人们从事社会物资生产的劳动手段。反映了大机器生产时代机器和工具作为技术因素的作用,它强调了技术的物资因素,掩盖了科学理论的作用。

(3)技术是一种知识,是一种"实践技巧的学问"。这种理解忽视了作为劳动手段、劳动对象、物资因素的作用。

(4)技术是指包括劳动工具、劳动对象以及具有一定经验、知识和技能的劳动者的总称。由于劳动工具、劳动对象和劳动者是构成社会生产和生产力的三个基本要素,因此,技术就成为生产和生产力的主要因素,如经济技术、管理技术、科学技术、生产技术等方面。

建筑工程技术经济分析中对技术的理解,仅限于对技术的狭义理解。

**4. 经济**

"经济"也是大家熟悉的名词,其应用也很广泛,人们对其概念的理解也不尽相同。在古汉语中,"经"具有"治理"的意思,"济"的含义是"救助""救济""拯救"的意思,"经济"一词的含义为"治理国家,拯救庶民";在西方语言中,"经济"一词的含义与古汉语截然不同。希腊哲学家、科学家亚里士多德把"经济"解释为谋生手段,十九世纪后半叶,日本学者将英文 *Economy* 译成汉字"经济",并引入我国沿用至今。对经济含义的理解一般来说有三种:

(1)指社会生产和再生产,即指物质资料的生产以及相应的生产、交换、分配、消费的现象和过程。如中观部门经济学,包括农业经济学、工业经济学、建筑经济学等研究的经济的含义。

(2)指生产关系,即与社会一定生产力相适应的生产关系的总和,如马克思的政治经济学研究的经济的含义。

(3)指"节约""节省"或"经济的合理性",即生产经营活动中关于人力、物力、财力的节约。如日常所说的"经济不经济""合算不合算"的意思。

《工程经济学》是以建筑工程经济分析为基础的,因此经济的含义主要是指第三种含义,即经济的合理性。

### 1.1.2 工程的有效性

一项工程能够被社会和人们所接受,即做到有效,必须具备两个条件:一是技术上的可行性;二是经济上的合理性。在技术上无法实现的工程是不能存在的,因为人们还没有掌握它的客观规律,而一项工程如果只讲技术上的可行性,不考虑经济上的合理性也同样是不能被接受的。这里的"有效性"是涉及工程项目技术与经济关系的关键性问题。人们应用技术、发展技术的根本目的是为了提高经济活动的合理性,也就是提高经济效益。技术和经济在生产实践中是相互依存、相互制约的对立统一关系,是人类进行社会生产不可缺少的两个方面。

首先,技术与经济之间有协调的一面。技术进步是促进经济发展的条件和手段,同时,经济的发展又是推动技术进步的动力。

在一定社会经济条件下,生产技术的结构和发展水平,决定了整个社会的进步和经济发展。从最简单的手工劳动工具直到现代的自动化和智能化的机器体系,技术在人类社会进步中经历了许多发展阶段。18 世纪的欧洲工业革命以广泛使用蒸汽机为主要标志,促进了商业、工业、交通运输业的巨大发展。19 世纪开始了电力时代,发明了电,并把电力作为能源用于生产,为汽车工业、机械工业、航空工业的发展开辟了道路。20 世纪中期电子计算机的出现,开创了技术发展的新阶段,标志着人类开始进入生产自动化和智能化的时代。从建筑方面讲,钢筋混凝土结构技术的突破和使用,极大地改变了世界建筑的面貌。当前以微电子技术、生物工程、光纤通信、宇航工程、海洋工程、新能源、新材料等为标志的新技术革命,必将推动工业、农业和其他行业的极大进步,进一步促进社会经济的发展,为减轻人们劳动强度、节约社会劳动时间、缩短空间距离、促进人类交往、发展生产等带来巨大的社会经济效益。

同时,任何一项新技术的产生,又总是由经济的需要引起和决定的,如蒸汽机的发明是经济发展要求简单的手工劳动生产方式向规模化的机器大生产方式转化,现代电子技术的产生和发展,是由于生产机械化、自动化及人们生活方式向现代化发展而产生的。

其次,技术和经济之间又有矛盾的一面,技术和经济之间相互制约。技术的发展要受到经济条件的制约。技术进步不仅取决于经济上的需要,还要考虑采用某项技术的相应的物质条件及经济条件。任何新技术的应用都要从实际出发,因地制宜,技术先进但经济性太差在生产中是难以推广的。如 20 世纪 50 年代,工业化住宅装配式大板体系在国内一些大城市实行,这种建筑虽然技术上比较先进,采用了工厂预制,机械化、装配化、工业化程度高,但工程造价要比砖混结构住宅建筑高,经济效益较差,无法得到广泛应用。70 年代在天津、沈阳、北京、唐山等地区采用的大模板体系,发展迅速,备受欢迎。因为这种技术比较适应当地的经济条件,单方造价与砖混结构建筑相差无几,但却缩短了工期,提高了建设速度,取得了经济效益。

所以,技术和经济并不是孤立存在的,二者是不可分割的既相互统一又相互矛盾的统一体。要解决好技术与经济的相互对立、相互制约的矛盾,就要把技术上的先进性与经济上的合理性结合起来。任何工程项目方案的取舍,应以技术先进、经济合理为决策的标准。在技术先进条件下经济合理,在经济合理基础上技术先进,技术的先进性和经济的合理性的统一要贯穿于技术经济分析的始终。

## 1.2　工程经济学概述

随着科学技术的发展,新技术、新装备不断地出现,要求我们回答它在经济上究竟有多少好处。这就需要从技术上、经济上以及其他方面进行全面的分析和评价,论证它的技术可行性和经济效益。这项工作,我国叫做技术经济分析或技术经济学,在国外也称工程经济分析或工程经济学。

无论名称如何，其主要任务基本上都是研究各种技术方案经济效果评价的共同理论和方法。经济效果最优，就是以最少的资源消耗取得同样的效果，或者以同样的资源消耗取得最大的效果。

### 1.2.1 工程经济学的概念、产生和发展

**1. 工程经济学的概念**

工程经济学是研究工程与经济相结合的发展规律的学科，它以工程项目为主体，以工程—经济系统为核心，以实现工程中资源的合理配置和有效使用，提高工程有效性为目的的科学。工程经济学是工程科学与经济科学的交叉学科。

**2. 工程经济学的产生和发展**

工程经济学源于1887年亚瑟·M·惠灵顿(Arthur M. Wellington)的著作《铁路布局中的经济理论》(*The Economic Theory of Rail Location*)。他首次将成本分析方法应用于铁路的最佳长度和曲率选择上，开创了工程领域的经济评价工作的先河。他将工程经济学描述为"少花钱多办事的艺术"。

20世纪20年代，戈尔德曼(O. B. Goldman)在其《财务工程学》(*Financial Engineering*)中，提出了决定相对价值的复利程序，并说："有一种奇怪而遗憾的现象，就是许多作者在他们的工程学著作中，没有或很少考虑成本问题。实际上，工程师的最基本责任是分析成本，以达到真正的经济性，即赢得最大可能数量的货币，获得最佳财务效率。"

1930年，格兰特(E. L. Grant)在其《工程经济原理》(*Principles of Engineering Economy*)一书中指出了古典工程经济的局限性。他以复利计算为基础，讨论了判别因子和短期投资评价的重要性，以及资本长期投资的一般比较。他的许多观点得到了社会承认，为工程经济学的发展作出了突出贡献。因此，他被西方尊称为"工程经济分析之父"。

1982年工程经济学家里格斯(J. L. Riggs)教授出版了《工程经济学》一书，使工程经济学的学科体系更加完整与充实，这本书从而成为国外许多高等学府的教材，使得工程经济学发展到了一个新高度。

我国是在20世纪70年代开始研究工程经济，所以，工程经济学在我国尚属于新兴学科。尽管时间较短，但工程经济学的理论研究和实际应用出现了两旺的局面。目前有一批从事工程科学领域研究的学者投身到了工程经济的研究领域，在全国高校的绝大多数工程类专业也都开设了"工程经济学"课程，这些都是不断丰富和发展这个学科十分可喜的现象。

在现代社会，随着科学技术的快速发展和经济社会的长足进步，大型、巨型项目诸如我国的三峡工程项目、京沪高速铁路项目等的实施，逾越了已往技术和经济的障碍，变成现实。这样一些大型、巨型项目，不单单表现为投资巨大、建设和使用周期长久，更在于其系统的复杂性以及对区域乃至整个社会、经济系统影响的久远和巨大。同样，现代社会系统中的战略利益格局也在不断发生变化和调整。例如，传统市场的零和竞争已为现代市场的双赢博弈所替代，在新的市场利益格局中，更加注重买卖互利、供需双赢。因此，国产的经济性不仅体现在生产—营销系统中，关注生产成本的优化，而更体现在生产—营销—使用系统中，关注全寿命成本的优化。这样一些新的课题，为工程经济学的学科发展提供了新的舞台，也将使工程经济学的独特作用表现得更加突出。

### 1.2.2　工程经济学的研究对象

研究对象是一个学科独立存在的首要问题,没有明确地研究领域和具体的研究对象,及实现自身任务的理论和方法体系,就不能作为一门独立学科存在。工程经济学的研究领域是工程与经济相结合的发展规律,既有工程学的规律问题,又有经济学的规律问题,更注重两者结合的规律问题。具体研究对象是经济对工程的影响问题和工程的经济评价问题。前者可从宏观和微观两个层面进行研究,探讨工程建设和经济发展的相互影响及协调发展,寻求两者的最佳结合点;后者侧重于从微观方面进行研究,探讨有利于实现"工程中资源的合理配置和有效使用,提高工程有效性"目的的经济评价理论体系、方法体系和指标体系,可称之为工程经济分析。本书主要介绍后者。

工程经济分析的主体是工程项目,即需要投入一定社会资源来规划,设计、建设的具有一定使用功能、有相应产出回报的技术方案。它可以是一个能独立运行的整体,比如一个工厂;也可以是整体当中的一部分,比如工厂的一个新产品方案,甚至于生产线上的一台设备。所以工程项目(或技术方案,技术方案是对项目的具体规划)是一个广义理解的概念。

### 1.2.3　工程经济学的研究内容

工程经济学是以工程项目为对象,利用经济学的理论与分析方法,基于对技术与经济的关系以及技术经济活动规律的认识,研究工程技术要素优化配置,通过效益的分析与计算,以期确定最佳工程技术方案的科学。因此,工程经济学的研究内容主要包括以下 7 个方面:

(1)资金的时间价值理论。

(2)投资方案的评价与优选方法。

(3)建设项目的经济评价。

(4)风险和不确定性分析。

(5)建设项目后评估。

(6)预测技术。

(7)综合评价。

### 1.2.4　工程经济学的学科特点

**1.** 实用性

工程经济学属于应用经济学,侧重于经济理论的应用性研究,具有很强的实际应用性。应用工程经济学的理论和方法,可以对具体的新建或技改项目的财务可行性和经济可行性做出评判,可以对设备的运行进行经济性分析,可以对产品方案进行价值判断等。所以,工程经济学是一门与工程实践紧密联系,具有很强实用性的学科。

**2.** 理论性

工程经济学有一套科学的理论体系,其方法建立在理论基础上,需要理论的具体指导。在强调实用性的同时,不可对其理论性有丝毫的怀疑和懈怠。

**3.** 边缘性

工程经济学是横跨自然科学和社会科学两大门类的边缘学科。它既研究自然科学中的工程技术,又研究社会科学中的经济学,更研究工程和经济的结合规律。

### 1.2.5 工程经济学与技术经济学

工程经济学与技术经济学的关系可以从以下两方面观察。

**1.** 一般理论与具体应用的关系

在我国学科分类国家标准《学科分类与代码》(GB/T 13745—2009)中,经济学学科门类下,技术经济学为一级学科,工程经济学为技术经济学科下的二级学科,技术经济学与工程经济学是一般理论与具体领域应用的关系。

**2.** 具有相似性的姊妹学科

我国技术经济学科创始人之一的傅家骥教授在《技术经济学前沿问题》中写道:“技术经济学是20世纪60年代,一批50年代留学苏联的工程经济专家与50年代前留学英美的工程经济专家在中国创立的。前者在外学习的主要是技术经济评价和设备管理,后者在外学习的主要是项目的财务分析,因此,技术经济学科创立之初,主要研究的是‘项目和技术活动中的经济分析’。”可见,技术经济的创建乃至于以后在我国的产生和发展都与国外的工程经济学有着千丝万缕的联系,并且就其内涵来讲,两者有着诸多相同或相似之初,可以称为姊妹学科。

## 1.3 建筑工程技术经济分析的概念及有关问题

### 1.3.1 建筑工程技术经济分析的概念

建筑工程技术经济分析(也称为建筑工程技术经济学)是一门工程与经济的交叉应用型学科,是研究工程技术实践活动经济效果的学科,也是以工程为主体,以技术、经济系统为核心,研究怎样有效利用资源、提高项目经济效益的学科。

### 1.3.2 建筑工程技术经济分析的研究对象和任务

**1.** 研究对象

各门学科都有自己特定的研究对象,建筑工程技术经济分析也不例外。建筑工程技术经济分析的研究对象可以概括为:根据技术与经济对立统一的关系,从理论和方法上研究如何将技术与经济最佳地结合起来,从而达到技术先进、经济合理的目的。具体来说,建筑工程技术经济分析的研究对象可以认为是工程项目技术方案、技术措施的经济效果问题。

对建筑工程技术经济分析来说,技术是其基础,而经济则是其落脚点。它不是研究纯技术和纯经济,而是从经济的角度来研究技术问题,也就是根据一项技术经济效果的大小来决定其取舍。

**2.** 任务

我们知道,技术与经济之间绝非在任何情况下都是统一的,否则,技术经济分析也就没有意义了。由于建筑工程技术经济分析所研究的问题常以技术方案、技术措施的经济效果的形式出现,故分析、计算、评价工程各种技术方案、技术措施的经济效果也就成了建筑工程技术经济分析研究的中心问题。因此,建筑工程技术经济分析的主要任务就是通过对工程项目经济效果的研究,选择技术上先进、适用和可靠,经济上合理的最优建设方案。

### 1.3.3　建筑工程技术经济分析的研究内容

建筑工程技术经济分析主要是从微观层次来研究工程项目各种技术方案和技术措施的经济效果问题,研究工程技术可行性和经济合理性相结合的问题。因此,建筑工程技术经济分析的主要研究内容有以下两个方面:

(1)研究技术经济的基本理论和基本方法。

(2)把技术经济的基本理论和基本方法应用于工程实践领域中,具体包括以下几项内容:

①建设项目决策中的技术分析论证。例如建设项目可行性研究,投资机会的经济评价等。

②建设项目规划和设计中的经济问题。例如建设项目前期准备工作,规划设计方案的技术经济分析。

③建设项目施工过程中技术经济分析。例如工程项目施工方案、施工组织设计的经济评价等。

④建设项目使用中的技术经济分析。例如设备更新的经济分析、项目的后评价等。

### 1.3.4　建筑工程技术经济分析与技术经济学之间的关系

建筑工程技术经济分析与技术经济学都属于应用经济学的分支,都是技术科学与经济科学相互渗透的交叉和边缘学科,两者有许多共性。如在通过技术比较、经济分析和效果评价,寻求技术与经济的最佳结合,确定技术先进、经济合理的最优经济界限方面,两者都是相同的。

但建筑工程技术经济分析与技术经济学也有所不同。

**1.** 研究对象有所区别

建筑工程技术经济分析的研究对象是工程项目技术方案、技术措施的经济效果问题,它可以涉及技术问题,也可以不涉及技术问题;而技术经济学的研究对象虽然也是各种不同的技术政策、技术方案和技术措施的经济效果问题,但每一个分析评价与“技术”都有不可分离的关系。

**2.** 研究内容各有侧重

技术经济学的研究内容涉及宏观、中观和微观三个层次,其中,技术经济政策的研究是一个重要的内容。技术经济政策规定国民经济及各部门技术发展和经济活动方向的准则和措施。其中，技术政策规定技术发展的方向、重点和途径，即确定要发展哪些新技术和怎样发展这些新技术，要限制、禁止和淘汰哪些落后技术。正是因为技术的复杂性，技术经济学有许多分支，如工业技术经济学、农业技术经济学、建筑技术经济学、能源技术经济学、运输技术经济学、冶金技术经济学等。而建筑工程技术经济分析主要是从微观层次来研究工程项目各种技术方案和技术措施的经济效果问题，重在通过应用技术经济分析的一般方法，对工程项目各种技术方案和技术措施进行优选。

## 本章小结

本章是工程经济分析的开篇章，从工程、技术、经济、工程有效性等概念入手，介绍工程经济学的概念、产生与发展、研究对象、研究内容、学科特点及与技术经济学的关系。

**工程** 工程是指按照一定的计划和规划方案等进行分析和评价的工作，是人们综合应用科学理论和技术的手段去改造客观世界的具体活动以及它所取得的实际成果，一般属于自然科学领域的概念。工程即指建设工程包括建筑工程、机械工程、化学工程、电子电气工程等。

**建筑工程** 狭义的建筑工程是指按照一定的计划、规划和方案等，投入一定资源所进行的建筑生产、施工等工作，或是指人们为满足生产与生活的需要而建造各种房屋及构筑物等的活动。它包括房屋建筑和市政基础设施工程，即各类房屋建筑及其附属设施和与其配套的电力照明线路、设备、上下水道、采暖通风、工业管道等工程。广义的建筑工程即指建设工程，本书的建筑工程就是指广义的建筑工程。

**技术** 建筑工程技术经济分析中的“技术”是指建设项目所涉及的物质形态的技术、社会形态的技术、组织形态的技术。因此，“工程技术”的概念应该不仅包括相应的生产工具和物质设备，还包括生产的工艺过程、作业程序方法，以及在劳动生产方面的经验、知识和技巧。

**经济** 工程经济学中的“经济”是指对资源的有效利用与节约，它不仅是指可以用货币计量的经济效果，还包括难以用货币计量的经济效果，不仅包括建筑工程所直接涉及的经济效果，还包括由此而引起的间接经济效果。

**工程的有效性** 工程的有效性是指一项工程能否被人们所接受，必须同时具备技术上的可行性和经济上的合理性，即达到工程技术和经济效果的最佳结合。

工程的有效性涉及技术与经济的关系问题。工程离不开技术，而先进的技术不一定能够在工程中应用，因为先进的技术并不一定能够保证建筑工程的经济性。技术和经济是人类进行物资生产所不可缺少的两个方面，它们之间存在着相互协调、相互促进，又相互约束、相互矛盾的对立统一关系。正是由于技术与经济这一对立统一的关系中，技术与经济不总是相互统一、相互协调的，才有了“工程有效性”概念存在的必要。

**工程经济学** 工程经济学是研究工程与经济相结合的发展规律的学科，它以工程项目为主体，以工程—经济系统为核心，以实现工程中资源的合理配置和有效使用，提高工程有效性为目的的科学。工程经济学是工程科学与经济科学的交叉学科。

**工程经济学研究对象** 工程经济学的研究领域是工程与经济相结合的发展规律，既有工程学的规律问题，又有经济学的规律问题，更注重两者结合的规律问题。具体研究对象是:经济对工程的影响问题和工程的经济评价问题。

**工程经济学研究内容**　主要包括4个方面:①资金的时间价值理论;②投资方案的评价与优选方法;③建设项目的经济评价;④风险和不确定性分析;⑤建设项目后评估;⑥预测技术;⑦综合评价。

**工程经济学的学科特点**　①实用性;②理论性;③边缘性。

**工程经济学与技术经济学的关系**　①基于我国学科分类,二者是一般理论与具体应用的关系;②基于学科发展、内涵,二者是具有相似性的姊妹学科。

## 复习思考题

1. 何谓工程和经济?
2. 怎样理解工程项目的“有效性”?
3. 工程经济学的概念什么?
4. 工程经济学的研究对象和研究内容是什么?
5. 工程经济学的学科特点有哪些?
6. 工程经济学与技术经济学是什么关系?

# 第2章 资金的时间价值

资金时间价值是技术经济学的基础性内容,资金时间价值分析是技术经济分析的最基本方法。本章将在介绍资金时间价值含义的基础上,对资金时间价值计算、资金等值原理与应用做重点阐述。

# 2.1　资金时间价值的概念及度量

在商品生产和商品交换过程中，资金的一个重要特性就是具有时间价值。掌握资金时间价值的概念以及等值计算，对于建筑工程项目的借贷、经营、投资方案的选择非常必要。

## 2.1.1　资金时间价值的含义和应用

资金的时间价值，是指资金在生产和流通过程中，随着时间的推移在价值上会发生增值，这部分增值额就是资金的时间价值。

**1.** 资金时间价值的含义

资金的时间价值可从两方面来理解。

(1)资金随着时间的变化发生增值。在技术经济分析计算中，无论是技术方案所消耗的人力、物力，还是自然资源，往往是以价值形态表现出来的。资金是劳动手段、劳动对象和劳动报酬的价值表现的。资金运动反映物化劳动和活劳动的运动过程，这个过程是资金随时间运动的过程，离开了时间就没有运动。任何项目都要投入一部分资金，还会发生费用并取得收入。要研究技术方案的经济效果，不能简单地把不同时点的收入与支出相加减，因为经济效果不仅与资金量的大小有关，而且与发生的时间有密切关系。今天用来投资的一笔资金，即使不考虑通货膨胀因素的影响，其与若干年后同等数量的资金相比价值会更大。主要是现在的资金可以立即用来投资，并且取得收益。而未来的资金，目前无法进行投资，也就不能获取收益。因此，同样一笔资金，在不同时点上具有不同的价值。由此看出，资金的价值是随时间变化而变化的，资金是时间的函数，随着时间的推移而发生增值，这部分增值额就是原有资金的时间价值。

(2)资金必须参与生产和流通过程中才会发生增值。资金会产生新的价值，即发生增值，但这种新的价值只有作为资本投入再生产和流通领域与劳动相结合，经过一定时期的生产和再生产活动才能产生。资金自身不会自行增值，正如马克思《资本论》中所说："如果把资金从流通中取出来，那它就凝固为储藏资金。即使藏到世界末日，也不会增加分毫"。因此，资金的增值过程是与生产和流通过程紧密结合的，如果离开了生产和流通过程，资金是不可能实现增值的。资金的增值过程如图 2.1 所示。

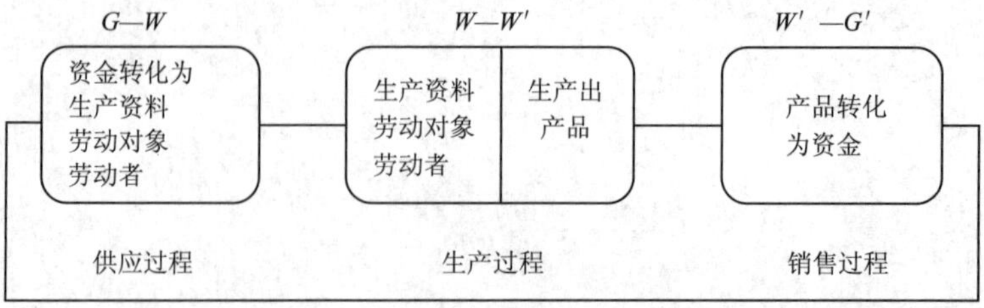


图 2.1　($G$—$W$—$G'$)资金增值过程示意图

企业的再生产和流通过程分为供应过程、生产过程和销售过程三个阶段。任何企业在生产产品前，首先需用一笔资金（即货币资金 $G$），购买固定资产（如厂房和机器设备）作为该企业的生产资料，同时还需垫支流动资金采购生产所需要的原材料、辅助材料、燃料等劳动对象和招聘劳动者所需支出的工资，该过程为供应阶段；然后在生产过程中，资金以物化形式出现转变为生产资金（$W$），劳动者运用生产资料对劳动对象进行加工生产，生产出新的产品，这里生产出来的新产品（$W'$）比原先投入的资金（$G$）具有更高的价值称产品资金（$G'$），这是生产阶段；最后这些新产品（$W'$）必须在生产后的流通领域（商品市场）里作为商品出售给用户，才能转化为具有新增价值的资金（$G'$），使物化的资金（$W'$）转化为货币资金（$G'$），这时的 $G' = G + \Delta G$，从而使生产过程中劳动者创造的资金增值部分 $\Delta G$ 得以实现，这个阶段被称为销售阶段。上述三个阶段简称供、产、销过程，这样企业的再生产过程中不但物资发生变化，而且资金也在运动，其表示形式为“$G—W—G$”，并形成了完整的资金增值过程。

资金在生产过程和流通领域之间如此不断地周转循环，这种循环过程不仅在时间上是连续的，而且在价值上是不断增值的。因此整个社会生产就是价值创造的过程，也是资金增值的过程。

由此可见，资金时间价值的存在需要两个条件：一是时间发生变化即资金的运动；二是资金投入生产和流通领域。二者都满足，货币才可能在原来基础上实现增值。

由于资金时间价值的存在，通过其等值计算，可以使不同时点上发生的收支换算为同一时点上发生的收支额，通过对比，使方案的评价和选择更加可靠和合理。所以，资金时间价值概念是技术经济分析最重要的概念之一。

**2.** 资金时间价值在技术经济评价中的应用

在建筑工程项目经济效果评价中，经常会遇到以下几类问题：

（1）不同投资时间的项目投资方案评价。是早投资还是晚投资，是分期投资还是集中投资，它们的经济效果是不一样的。

（2）不同投产时间的项目投资方案评价。投产时间也有早投产和晚投产，分期投产和一次投产等问题，在不同情况下经济效果也是不一样的。

（3）使用寿命不同的项目方案评价。使用寿命期有长有短，其评价的经济效果也是不同的。

（4）实现技术方案后，各年经营费用不同的项目方案评价。有的方案前期经营费用大，后期经营费用小；有的方案前期经营费用小，后期经营费用大等，其经济效果是不一样的。

上述几类问题都存在不同方案时间因素的不可比现象，要正确评价项目技术方案的经济效果，就必须研究资金的时间价值及其等值计算，从而为消除不同方案时间上的不可比奠定基础。

## 2.1.2　资金时间价值的度量

资金的时间价值如何度量？一般有两种衡量尺度，一种是绝对尺度，即用利息和利润来度量；一种是相对尺度，即用利率来度量。

**1.** 利息和利润

利息和利润体现了资金的盈利能力，是衡量资金时间价值的绝对尺度，也是衡量资金时间价值的基本形式。

1)利息

利息是借贷经济关系中,借款者(债务人)支付给贷款者(债权人)超过原借款本金的那部分金额。即

$$I = F - P \tag{2.1}$$

式中:$I$——利息;

$P$——本金;

$F$——还本付息的总金额。

利息是资金所有者转让使用权所取得的报酬,也是资金使用者使用资金所付出的代价。在工程经济分析中,利息常常被看成是资金的一种机会成本。这是因为如果一笔资金投入在某个工程项目中,就相当于失去了在银行产生利息的机会,也就是说,使用资金是要付出一定的代价的,当然投资于项目是为了获得比银行利息更多的收益。从投资者的角度来看,利息体现为对放弃现期消费的损失所作的必要补偿。比如资金一旦用于投资,就不能用于现期消费,而牺牲现期消费又是为了能在将来得到更多的消费。所以,利息就成了投资分析中平衡现在与未来的杠杆,投资这个概念本身就包含着现在和未来两方面的含义。事实上,投资就是为了在未来获得更大的回收而对目前的资金进行某种安排,很显然,未来的回收应当超过现在的投资,正是这种预期的价值增长才能刺激人们从事投资。因此,在工程经济学中,利息是指占用资金所付的代价或者是放弃近期消费所得的补偿。

2)利润

利润是把资金投入生产流通领域所获得的超过原投资额的那部分金额,也是企业在一定时期内从事生产经营活动所取得的财务成果。它能综合反映企业各方面的生产经营情况。

**2.** 利率

在技术经济学中,利率的定义是从利息的定义中衍生出来的。也就是说,在理论上先承认了利息,再以利息来解释利率。在实际计算中则正好相反,常根据利率计算利息,利息的大小用本金和利率来表示。在技术经济分析中,经常采用相对尺度即利率来衡量资金的时间价值。

利率就是在一定时期内所付利息额与借款本金的比值,通常用百分数表示。即

$$i = \frac{I}{P} \times 100\% \tag{2.2}$$

式中:$i$——利率;

$I$——一定时期内所付利息额;

$P$——借款本金。

上述用于表示计算利息的时间单位称为计息周期,计息周期通常为年、半年、季、月、周或日。以年为计息周期的利率称为年利率,以月为计息周期的利率称为月利率,以此类推。

**【例 2.1】**　某人年初借本金 1 000 元,一年后付息 60 元,试求这笔借款的年利率。

**【解】**　根据式(2.2)计算,年利率为

$$i = \frac{60}{1\ 000} \times 100\% = 6\%$$

利率是世界各国政府管理经济的重要杠杆,利率的高低主要取决于下列因素:

(1)社会平均利润率。在通常情况下,平均利润率是利率的最高界限,如果利率高于利润率,借款人投资后无利可图,也就不会去借款了。

(2)金融市场上借贷资本的供求情况。在平均利润率不变的情况下,借贷资本供过于求,利率便下降;反之,利率便上升。

(3)银行所承担的贷款风险。借出资本要承担一定的风险,而风险的大小也影响利率的波动。风险越大,利率也就越高。

(4)通货膨胀率。通货膨胀对利率的波动有直接影响,资金贬值往往会使实际利率无形中成为负值。

(5)借出资本的期限长短。借款期限越长,不可预见因素就越多,风险增大,利率也就会越高;反之,借款期限越短,不可预见因素越少,风险较小,利率也就会越低。

### 2.1.3 单利和复利

利息分为单利和复利两种。利息可以按年计息,也可以按不等于一年的周期计息。当计息周期在一期以上时,就需要考虑单利和复利的问题。复利是相对于单利而言的,是在单利的基础上进行计算的。所以,要掌握复利计算,必须先了解单利的计算。以下假设计息周期为年。

**1.** 单利

单利是指在利息计算中,仅用最初本金计息,而利息不再计息,即通常所说的“利不生息”的计息方法。设 $P$ 为本金,$n$ 为计息周期数,$i$ 为单利的计息期利率,$I$ 为总利息,$F$ 为期末的本利和,则计算单利的公式推导过程如表 2.1 所示。

**表 2.1 单利计算公式的推导过程表**

| 年份($n$) | 年初本金($P$) | 年末利息($I$) | 年末本利和($F$) |
|---|---|---|---|
| 1 | $P$ | $Pi$ | $P+Pi=P(1+i)$ |
| 2 | $P(1+i)$ | $Pi$ | $P(1+i)+Pi=P(1+2i)$ |
| 3 | $P(1+2i)$ | $Pi$ | $P(1+2i)+Pi=P(1+3i)$ |
| ⋮ | ⋮ | ⋮ | ⋮ |
| $n$ | $P[1+(n-1)i]$ | $Pi$ | $P[1+(n-1)i]+Pi=P(1+ni)$ |

从表 2.1 知,$n$ 年末的单利总利息为

$$I_n=P\cdot n\cdot i \tag{2.3}$$

$n$ 年末的本利和公式为

$$F=P+I_n=P(1+ni) \tag{2.4}$$

由此可以看出,单利的利息额仅由本金产生,其新生的利息,不再加入本金产生利息,即“利不生利”。单利虽然也考虑了资金的时间价值,但它对以前已经产生的利息并没有转入计息基数而累计计息,是静止地看问题,不符合客观经济发展规律,不能反映资金随时都在“增值”的概念。因此,在技术经济分析中很少使用单利计算,一般只适用于短期借款和短期投资。

**2.** 复利

复利是指在利息计算中,不仅对本金计息,而且还要对前期利息计算利息的计息方法,

即通常所说的“利滚利”。任一计息周期的利息是以本金再加上先前各期所累积利息总额的和为基数来计算利息的。

复利计算公式的推导过程如表2.2所示。

**表2.2　复利计算公式的推导过程表**

| 年份($n$) | 年初本金($P$) | 年末利息($I$) | 年末本利和($F$) |
|---|---|---|---|
| 1 | $P$ | $Pi$ | $P+Pi=P(1+i)$ |
| 2 | $P(1+i)$ | $P(1+i)i$ | $P(1+i)+P(1+i)i=P(1+i)^2$ |
| 3 | $P(1+i)^2$ | $P(1+i)^2i$ | $P(1+i)^2+P(1+i)^2i=P(1+i)^3$ |
| ⋮ | ⋮ | ⋮ | ⋮ |
| $n$ | $P(1+i)^{年-1}$ | $P(1+i)^{年-1}i$ | $P(1+i)^{年-1}+P(1+i)^{年-1}i=P(1+i)^{年}$ |

从表2.2知，$n$年末的本利和公式为

$$F=P(1+i)^n \tag{2.5}$$

由于复利计算对资金的占用数量、占用时间更加敏感，能够科学地反映资金的时间价值，在技术经济分析中，主要采用复利计算，现举例加以说明。

**【例2.2】**　假设某人存入银行资金1 000元，年利率为6%，借款期4年，试分别用单利和复利计算第四年末的还款金额。

**【解】**　(1)单利计算：

$$F=P(1+ni)=1\ 000\times(1+4\times6\%)=1\ 240(元)$$

(2)复利计算：

$$F=P(1+i)^n=1\ 000\times(1+6\%)^4=1\ 262.48(元)$$

从表2.3可看出，同一笔借款，在本金、利率相同的条件下，用复利计算出的利息额要比用单利计算的利息额大。在本例中，两者相差22.48元(=1 262.48－1 240)。当本金越大、利率越高、年数越多时，其两者的差额就越大。

**表2.3　单利与复利计算比较表**　　单位：元

| 年份 | 单利 | | | 复利 | | |
|---|---|---|---|---|---|---|
| | 年初本金 | 年末利息 | 年末本利和 | 年初本金 | 年末利息 | 年末本利和 |
| 1 | 1 000 | 60 | 1 060 | 1 000 | 60 | 1 060 |
| 2 | 1 060 | 60 | 1 020 | 1 060 | 63.6 | 1 123.6 |
| 3 | 1 020 | 60 | 1 180 | 1 123.6 | 67.42 | 1 191.02 |
| 4 | 1 180 | 60 | 1 240 | 1 191.02 | 71.46 | 1 262.48 |

## 2.1.4　现金流量

工程项目建设和生产运营的目的，是为了通过投入资本、劳务、技术等生产要素，向社会提供有用物品或服务。用货币量化工程项目的投入和产出，是工程经济分析最重要的基础工作，也是正确计算工程项目经济效果评价指标的前提。

**1.** 现金流量的含义

在进行建筑工程经济分析时，可把所考察的对象视为一个独立的系统，这个系统可以是一个建筑工程项目、一个企业，也可以是一个地区、一个国家。而投入的资金、花费的成本、获取的收入，均可看成是以货币形式体现的该系统的资金流出或资金流入。这种在考察对象一定时期各时点上实际发生的资金流入或资金流出称为现金流量，其中：流入系统的资金称为现金流入，用 CI 表示；流出系统的资金称为现金流出，用 CO 表示，现金流入与现金流出之差称之为净现金流量用 NCF 表示，即表达方式为 NCF = CI − CO。建筑工程技术经济分析的任务就是要根据所考察系统的预期目标和所拥有的资源条件，分析该系统的现金流量情况，选择合适的技术方案，以获得最佳的经济效果。现金流量的内涵和构成随建筑工程经济技术分析的范围和经济评价的方法不同而不同。在对工程项目进行财务评价时，使用从项目的角度出发、按现行财税制度和市场价格确定的财务现金流量；在对工程项目进行国民经济评价时，使用从国民经济角度出发、按资源优化配置原则和影子价格确定的国民经济效益费用流量。有关现金流量构成要素可参考本书第 3 章内容。

**2.** 现金流量图

现金流量一般以年为时间单位，用现金流量图和现金流量表来表示。现金流量表将在第 3 章介绍，这里先讨论现金流量图的问题。

现金流量图是一种反映经济系统资金运动状态的图式，是表示建设项目技术方案或投资方案整个寿命期内的现金流量与时间之间对应关系的图形。它可以把系统内各现金流量与时间之间的对应关系方便、直观、形象地表示出来，是进行建设项目技术方案或投资方案动态分析的一个有效工具。一般的现金流量图如图 2.2 所示。

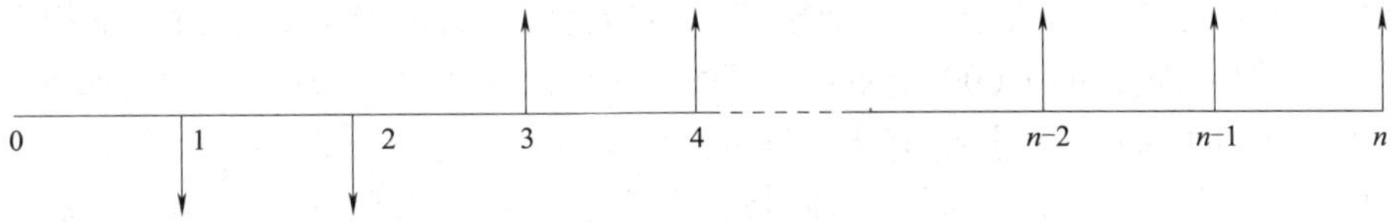


图 2.2　现金流量图

现金流量图的作图方法和规则如下：

(1) 以横轴为时间轴，向右延伸表示时间的延续；轴上每一刻度表示一个时间单位，可取年、半年、季或月等，一般为年；标度上的数字表示该期的期末数，第 $n$ 期的终点为第 $(n+1)$ 的始点，如 3 表示第 3 年末，也即第 3 期的末点、第 4 期的始点；零表示时间序列的起点，称为零期或当期、基期。

(2) 相对于时间坐标的垂直箭线表示不同时点的现金流动的方向，在横轴上方的箭线表示现金流入，即表示收入、收益和借入的现金，为正现金流量；在横轴的下方的箭线表示现金流出，即表示支出、损失和支出的现金，为负现金流量。

(3) 现金流量的方向（流入与流出）是对特定的系统而言的。贷款方的流入就是借款方的流出；反之亦然。其现金流量图分别如图 2.3 和图 2.4 所示。

(4) 在现金流量图中，箭线长短与现金流量数值大小本应成比例。但由于经济系统中各时点现金流量的数额常常相差悬殊而无法成比例绘出，故在现金流量图绘制中，箭线长短只是示意性地体现各时点现金流量数额的差异，并在各箭线上方（或下方）注明其现金流量的数值。

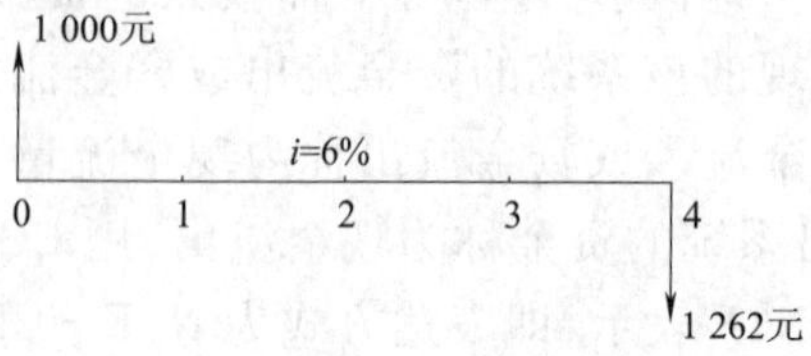


图 2.3 借款人的现金流量图

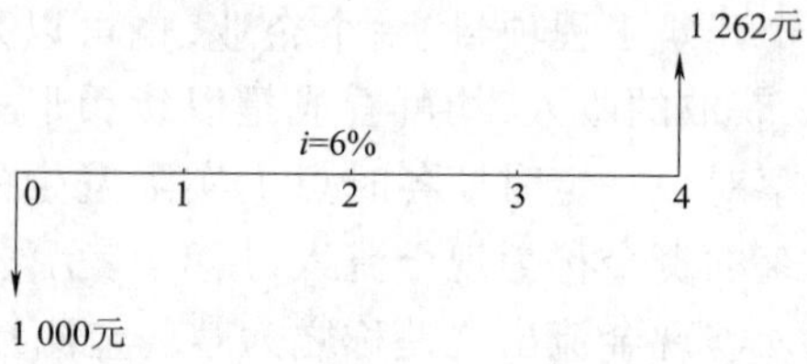


图 2.4 贷款人的现金流量图

(5)箭线与时间轴的交点即为现金流量发生的时点。如图 2.3 中所示,1 000 元现金流入表示发生在零期期末,1 262.48 元现金流出表示发生在第 4 期的期末。

在力学中,力的作用效果由力的三要素,即大小、方向、作用点来决定;同样道理,现金流量的价值大小也由现金流量的三要素所决定。三个要素即为现金流量的大小(资金数额)、方向(资金流入或流出)和作用点(资金的发生时点)。要正确绘制现金流量图,必须把握好现金流量的三要素。

# 2.2 资金的等值原理

## 2.2.1 资金等值概念及资金等值原理

资金具有时间价值,即使金额完全相等,只要发生的时间不同,其价值也不相等(除非利率为零)。例如,现在的 1 000 元和一年后的 1 000 元,在年利率为 10% 的情况下,虽然金额相等,但发生的时间不同,其价值就不相等。资金等值是指不同时点、不同数额的资金可能具有相同的价值,这些不同时期、不同数额的资金被称为等值或等效性。例如,现在的 1 000元和一年后的 1 100 元,在年利率为 10% 的情况下,虽然发生的时间不在同一点,数额也不相等,但这两笔资金价值是相等的,所以称这两笔资金等值。

资金等值的影响因素有三个:①资金数额的大小;②资金发生的时间;③利率(或折现率)的大小。其中利率是关键性因素,在等值计算中通常是以同一利率为依据的。

由于资金存在时间价值,致使不同时点发生的现金流量不能直接相互比较。因此,对建设项目进行经济评价时,首先应对其收益与费用进行时间价值的等值变换,即将不同时点上的资金价值转换为相同时点(一个或多个)上的价值,使之具有时间上的可比性,这就是资金的等值原理。如果有多个技术方案进行比较,利用价值等值的原理,可以把各个不同技术方案的现金流量都换算成同一时点(如第零期)的等值资金进行汇总,然后再进行各方案间的经济分析和比较。所以,资金的等值是一个十分重要的概念。

## 2.2.2 资金的等值计算

通过一定的利率,将任一时点上的资金换算成与之等值的另一时点的资金,这一换算过程叫资金的等值计算。资金的等值计算依据资金复利计算公式,在公式两端的资金等值。在等值计算中要涉及终值、现值两个概念。

**1. 终值(用 $F$ 表示)**

终值又称期终值、未来值。它是把现在收支的资金按一定的利率计算最终的本利和,利用复利本利和计算公式,已知现值求终值。换算过程中使用的利率用 $i$ 表示,计息周期用 $n$ 表示。现在一元的终值(是已知一元钱的现值求终值)如表 2.4 所示。

**表 2.4　现在一元的终值表**　　单位:元

| $i$ \ $n$ | 1 年 | 5 年 | 10 年 | 20 年 |
|---|---|---|---|---|
| 5% | 1.05 | 1.28 | 1.63 | 2.65 |
| 10% | 1.10 | 1.61 | 2.59 | 6.73 |
| 15% | 1.15 | 2.01 | 4.05 | 16.37 |

从表 2.4 可看出,现在的一笔资金,随着利率的增加、年数的增多,其本利和也越来越大。现在的 1 元钱,在利率为 15% 的情况下,相当于 20 年末的 16.37 元。换句话说,20 年后的 16.37 元钱与目前的 1 元钱等值。

**2. 现值(用 $P$ 表示)**

现值又叫期初值、本金。它是把未来时间收支的资金按一定的利率折合成现在的价值,是计算期始点的金额。现值可以用倒求本金的方法计算,即已知终值求现值。这种运算过程称为"折现"或"贴现",换算过程中使用的利率称为"折现率"或"贴现率",用 $i$ 表示。未来一元的现值(是已知一元钱的终值求现值)如表 2.5 所示。

**表 2.5　未来一元的现值表**　　单位:元

| $i$ \ $n$ | 1 年 | 5 年 | 10 年 | 20 年 |
|---|---|---|---|---|
| 5% | 0.95 | 0.79 | 0.61 | 0.38 |
| 10% | 0.91 | 0.62 | 0.39 | 0.15 |
| 15% | 0.87 | 0.50 | 0.25 | 0.06 |

从表 2.5 可看出,未来的一笔资金,随着折现利率的增加,折现年数的增多,其现值会越来越小。未来的 1 元钱,在利率为 15% 的情况下,相当于 20 年前的 0.06 元。换句话说,目前的 0.06 元等值于 20 年后的 1 元钱。

如图 2.5 所示,在第 0 期的现金流入 1 000 元与第 5 期末的现金流入 1 610 元,两个现金流量等值。

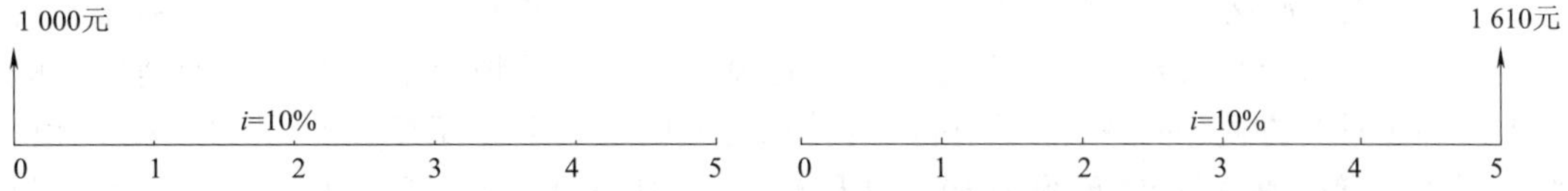


图 2.5　同利率不同时间资金等值图

# 2.3　资金时间价值的计算

这里的资金时间价值计算主要指复利计算。复利按资金的支付方式不同分为一次支付和多次支付两种。由于支付方式不同,计算公式也不相同。

## 2.3.1　一次支付现金流量

一次支付又称整付,是指资金的收入和支出均在一个时点一次发生。一次支付现金流量图如图 2.6 所示。

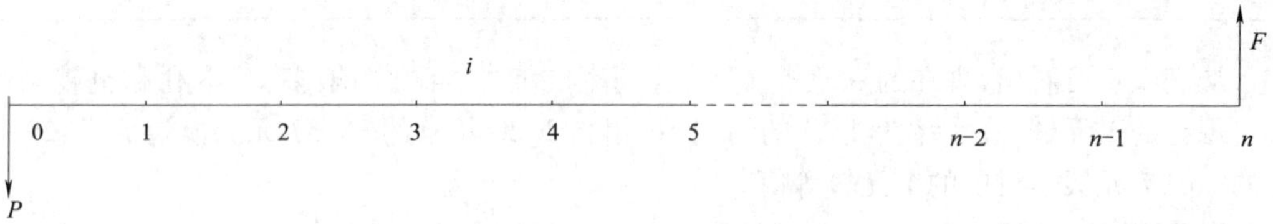


图 2.6　一次支付现金流量图

**1.** 终值计算(已知 $P$,求 $F$)

一次支付终值公式,就是前面介绍过的复利计息本利和公式。现金流量图如图 2.7 所示。

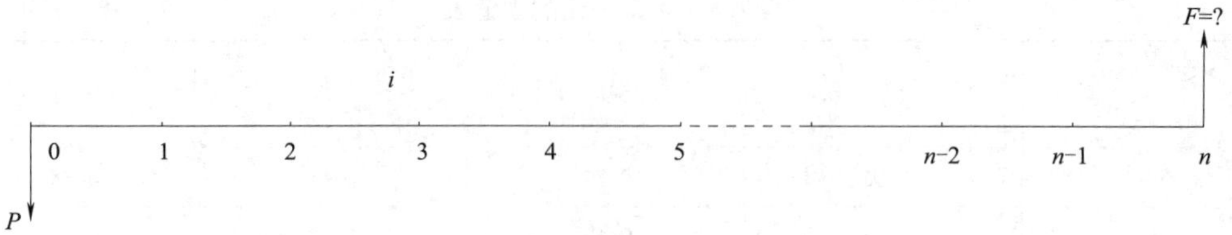


图 2.7　一次支付终值现金流量图

已知期初投入的现值 $P$,利率 $i$,求 $n$ 期末的终值 $F$ 的计算公式。公式如下(推倒过程参见表 2.2)。

$$F = P(1+i)^n \tag{2.6}$$

式中,$(1+i)^n$ 称为一次支付终值系数,还可用函数符号 $(F/P,i,n)$ 来表示。

公式(2.6)可写为

$$F = P(F/P,i,n) \tag{2.7}$$

在 $(F/P,i,n)$ 这类函数符号中,括号内斜线上方的符号表示所求的未知数,斜线下方的符号表示已知数,整个 $(F/P,i,n)$ 符号表示在已知 $i$、$n$ 和 $P$ 的情况下求解 $F$ 值时所使用的系数。为了计算方便,通常按照不同的利率 $i$ 和计息期 $n$ 计算出 $(F/P,i,n)=(1+i)^n$ 的值,并制作成复利终值系数表(见附录 1)。在计算 $F$ 时,从复利终值系数表中查出相应的复利系数乘以本金即可计算出终值。

**【例 2.3】**　某人借款 10 000 元,年利率为 10%,复利计息,试问借款人 5 年末连本带利一次偿还的金额是多少？

**【分析】** 已知 $P=10\ 000$ 元，$i=10\%$，$n=5$ 年，求 $F$ 的值

**【解】** 其现金流量如图 2.8 所示。

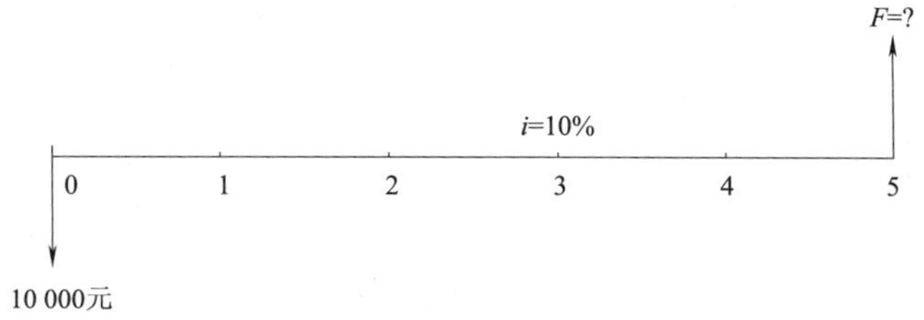


图 2.8　现金流量图

根据式(2.6)得

$$\begin{aligned}F &= P(1+i)^n\\ &= 10\ 000\times(1+10\%)^5\\ &= 16\ 110(\text{元})\end{aligned}$$

由式(2.7)得

$$\begin{aligned}F &= P(F/P,i,n)\\ &= 10\ 000(F/P,10\%,5)\\ &= 10\ 000\times1.611 = 16\ 110(\text{元})\end{aligned}$$

其中，$(F/P,10\%,5)=1.611$，可从附录 1 复利终值系数表中查得。

**2.** 现值计算(已知 $F$ 求 $P$)

一次支付现值公式，是计划 $n$ 年后积累一笔资金，即终值 $F$，利率为 $i$，求现在一次投资 $P$ 应为多少？现金流量如图 2.9 所示。

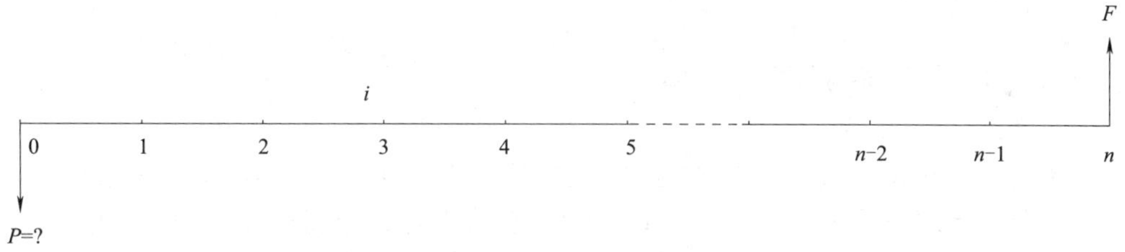


图 2.9　一次支付现值现金流量图

其计算公式可通过式(2.6)变换为

$$P = F\frac{1}{(1+i)^n} = F(1+i)^{-n} \tag{2.8}$$

或

$$P = F(P/F,i,n) \tag{2.9}$$

式中，$1/(1+i)^n$ 或 $(1+i)^{-n}$ 称为一次支付现值系数，还可用函数符号 $(P/F,i,n)$ 来表示。一次支付现值系数表见附录 2 复利现值系数表。

建筑工程技术经济分析中，一般是将未来值折现到第零期。

**【例 2.4】** 某公司希望 8 年末得到 1 000 万元资金，年收益率为 15%，试问现在必须一次性投资多少？

**【分析】** 已知$F=1\ 000$万元,$i=15\%$,$n=8$年,求$P$的值。

**【解】** 画现金流量图如图2.10所示。

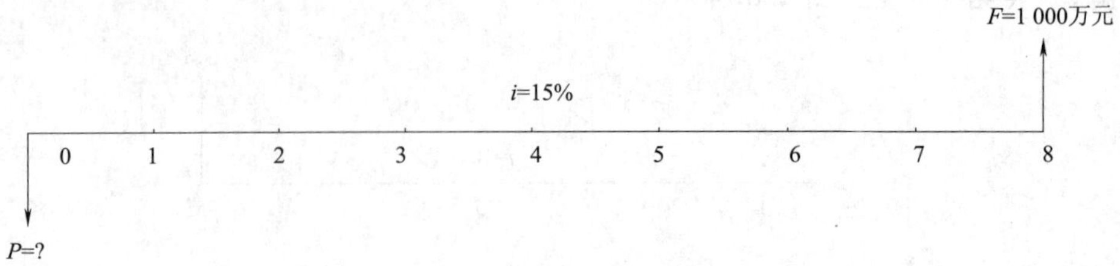


图2.10　现金流量图

根据式(2.8)得

$$\begin{aligned}P&=F(1+i)^{-n}\\&=1\ 000\times(1+15\%)^{-8}\\&=327(\text{万元})\end{aligned}$$

根据式(2.9)得

$$\begin{aligned}P&=F(P/F,i,n)\\&=1\ 000(P/F,15\%,8)\\&=1\ 000\times0.327\\&=326.9(\text{万元})\end{aligned}$$

其中,$(P/F,15\%,8)=0.326\ 9$,可从附录2复利现值系数表中查得。

从上面计算可知,终值与现值计算方向正好相反,现值系数与终值系数互为倒数,现值计算是终值计算的逆运算。在$P$一定、$n$相同时,$i$越高,$F$越大;在$P$一定、$i$相同时,$n$越长,$F$越大。在$F$一定、$n$相同时,$i$越高,$P$越小;在$F$一定、$i$相同时,$n$越长,$P$越小,如表2.4、表2.5所示。

## 2.3.2　多次支付系列现金流量

在建筑工程技术经济分析中,多次支付是很常见的支付情形。多次支付是指现金流量发生在多个时点,而不是集中在某一个时点上。多次支付现金流量分为:①等额支付系列现金流量;②等差支付系列现金流量;③等比支付系列现金流量三种。这里重点讲前两种。

**1.** 等额支付系列现金流量

每期末流入或流出现金流量,且在计息期内数额相等。设$A_t$表示第$t$期末发生的现金流量,即

$$A_t=A=\text{常数}\quad t=1,2,3,\cdots,n \tag{2.10}$$

$A$称为年金,是指一定时期内,定期等额收入或支付的款项。在建筑工程技术经济分析中,如折旧、利息、租金等通常表现为年金形式。其现金流量示意图如图2.11所示。

1)等额支付年金终值(已知$A$,求$F$)

等额支付年金终值简称为年金终值,是指一定期间内每期期末等额收付款项的复利终值之和。设年利率$i$,每年年末等额借款$A$,$n$年末一次要累计还本付息多少钱?其现金流量图如图2.12所示。

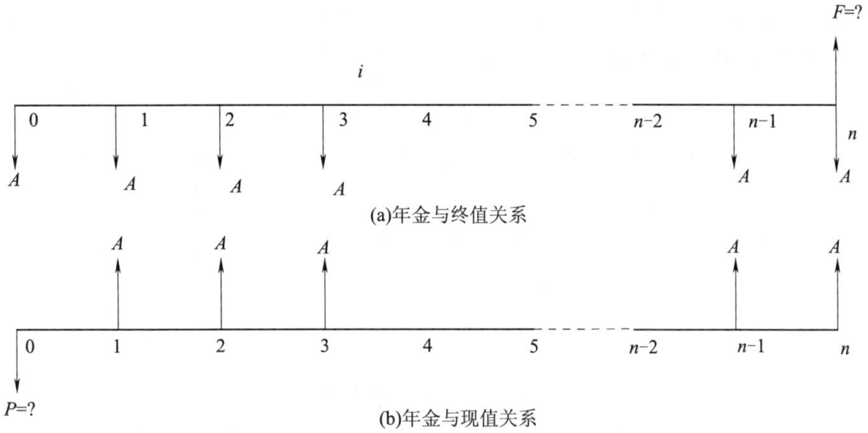


图 2.11　等额系列现金流量示意图

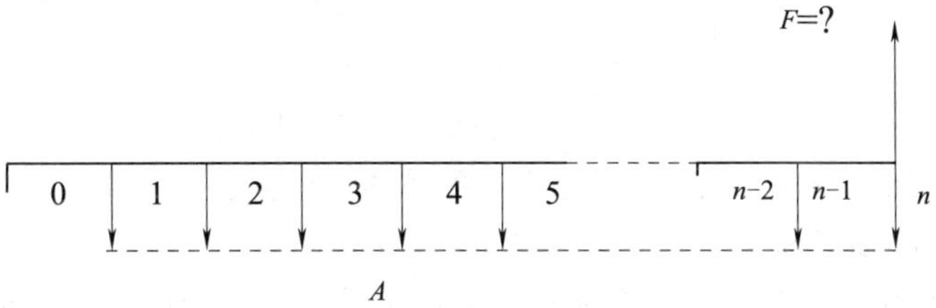


图 2.12　等额支付年金终值现金流量图

第 $n$ 年末累积的终值，等于各年存款本利和的总和。推导公式时可倒过来从 $n$ 年往回推算，第 $n$ 年末存款 $A$ 的本利和为 $A(1+i)^0$，第 $n-1$ 年末存款 $A$ 的本利和为 $A(1+i)^1$，…第 2 年末存款 $A$ 的本利和为 $A(1+i)^{n-2}$，第 1 年末的本利和为 $A(1+i)^{n-1}$，于是各年本利和之总和 $F$ 为

$$F=A(1+i)^0+A(1+i)^1+A(1+i)^2+\cdots+A(1+i)^{n-2}+A(1+i)^{n-1}$$
$$=A[1+(1+i)^1+A(1+i)^2+\cdots+(1+i)^{n-2}+(1+i)^{n-1}]$$

等式两边同乘 $(1+i)$ 得

$$(1+i)F=A[(1+i)^1+(1+i)^2+(1+i)^3+\cdots+(1+i)^{n-1}+(1+i)^n]$$

上述两式相减得

$$(1+i)F-F=A(1+i)^n-A$$

$$F=\frac{A(1+i)^n-A}{(1+i)-1}$$

$$F=A\frac{(1+i)^n-1}{i} \tag{2.11}$$

或

$$F=A(F/A,i,n) \tag{2.12}$$

式中，$\frac{(1+i)^n-1}{i}$ 称为等额支付终值系数或年金终值系数，用函数符号 $(F/A,i,n)$ 来表示，可从附录 3 年金终值系数表中查得。

**【例 2.5】**　若某建筑企业每年年末获得利润 15 万元，年利率 15%，复利计息，问 20 年后可收益多少？

【分析】 已知 $A=15$ 万元，$i=15\%$，$n=20$ 年，求 $F$ 的值。

【解】 画现金流量图如图 2.13 所示。

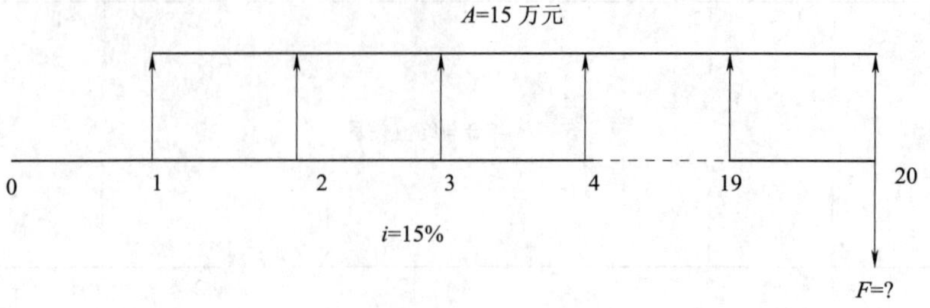


图 2.13 现金流量图

由式(2.12)得

$$\begin{aligned} F &= A\ (F/A, i, n) \\ &= 15\ (F/A, 15\%, 20) \\ &= 15 \times 102.443 \\ &= 1\ 536.6\ (\text{万元}) \end{aligned}$$

其中，$(F/A, 15\%, 20) = 102.443$，可从附录 3 年金终值系数表中查得。

2)偿债基金(已知 $F$ 求 $A$)

偿债基金又称存储基金。为了在 $n$ 年末筹措一笔资金 $F$，利率为 $i$，问每年末等额存储的金额 $A$ 应为多少？其现金流量图如图 2.14 所示。

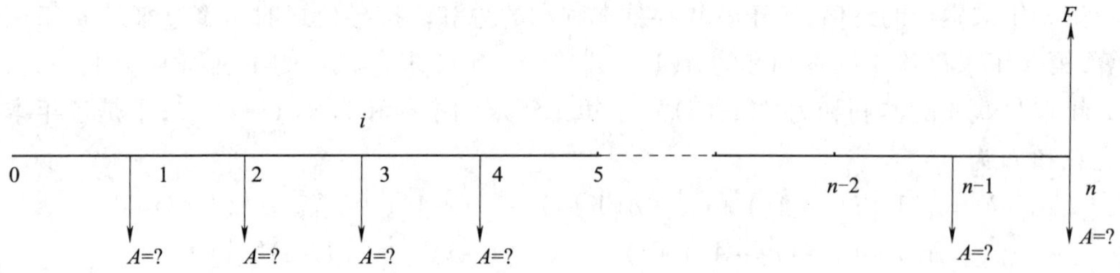


图 2.14 偿债基金现金流量图

偿债基金计算是等额系列终值计算的逆运算。

由式(2.11)可变换为

$$A = F\frac{i}{(1+i)^n - 1} \tag{2.13}$$

或

$$A = F\ (A/F, i, n) \tag{2.14}$$

式中，$\frac{i}{(1+i)^n - 1}$称为偿债基金系数，用函数符号 $(A/F, i, n)$ 表示，可从附录 4 偿债基金系数表中查得。

【例 2.6】 某公司为了改善职工居住条件，准备 5 年后兴建一幢 5 000 $m^2$ 的住宅楼，预计每平方米 800 元。如银行利率为 8%，试问要满足需要从现在开始每年末应积累多少资金？

【分析】 已知 $F = 5\ 000 \times 800 = 400$(万元)，$n=5$，$i=8\%$，求 $A$ 的值。

【解】 画现金流量图如图 2.15 所示。

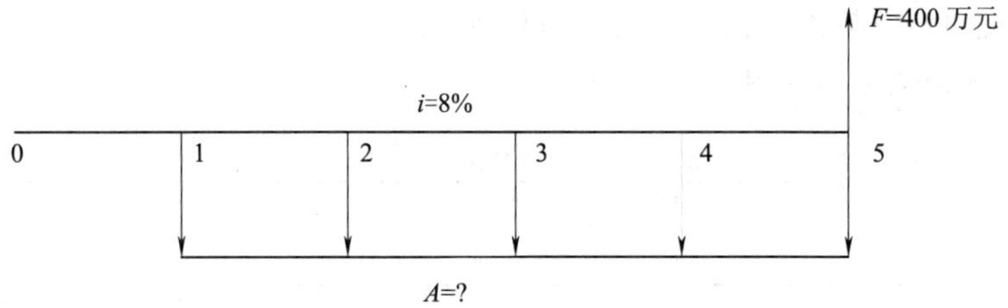


图 2.15　现金流量图

代入式(2.14)，得

$$\begin{aligned} A &= F\ (A/F,i,n) \\ &= 400(A/F,8\%,5) \\ &= 400 \times 0.170\ 5 \\ &= 68.20(\text{万元}) \end{aligned}$$

其中，$(A/F,8\%,5)=0.170\ 5$，可从附录4偿债基金系数表中查得。

3）等额支付年金现值（已知 $A$ 求 $P$）

等额支付年金现值是指在一定期间内，每期期末收付款项的复利现值之和。也就是说，如果逐年等额收付一笔年金，按一定的利率 $i$，求 $n$ 年收付年金的现值总和时，就属于等额系列支付年金现值问题，已知 $A,i,n$，求 $P=$？其现金流量图如图 2.16 所示。

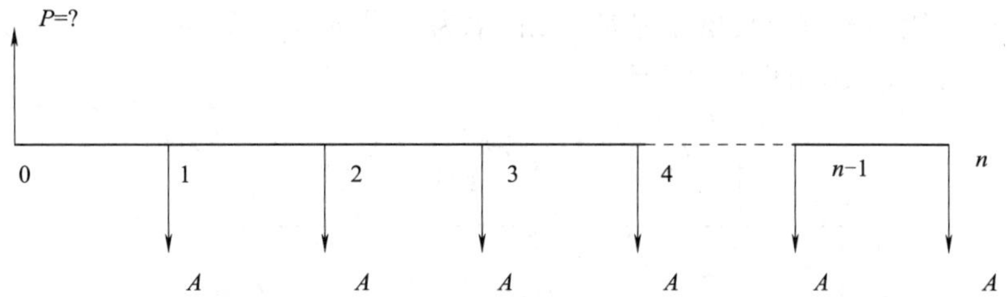


图 2.16　等额支付年金现值现金流量图

等额支付年金现值公式可用一次支付现值公式和等额支付终值公式推导得到。

根据式(2.11)　　$F = A\dfrac{(1+i)^n-1}{i}$

代入式(2.8)中，得

$$P = F\frac{1}{(1+i)^n} = A\frac{(1+i)^n-1}{i(1+i)^n} \tag{2.15}$$

可变换为

$$P = \frac{A}{i}[1-(1+i)^{-n}]$$

或

$$P = A(P/A,i,n) \tag{2.16}$$

式中，$\dfrac{(1+i)^n-1}{i(1+i)^n}$或$\dfrac{1-(1+i)^{-n}}{i}$称为等额支付现值系数或年金现值系数，用函数符号$(P/A,i,n)$来表示，可从附录5年金现值系数表中查得。

**【例 2.7】**　某建筑公司准备贷款购买一台10万元的机械设备，利率为10%。预测该设备使用年限10年，每年获净利润2万元。试算取得的净利润是否能够偿还银行贷款。

【分析】　已知 $A=2$ 万元，$n=10$ 年，$i=10\%$，求 $P=?$

【解】　画现金流量图如图 2.17 所示。

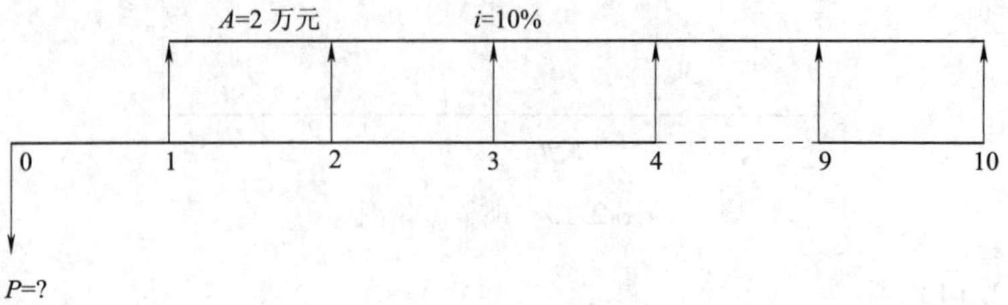


图 2.17　现金流量图

根据式(2.16)得

$$\begin{aligned} P &= A(P/A,i,n) \\ &= 2(P/A,10\%,10) \\ &= 2\times 6.1445 \\ &= 12.289(\text{万元}) > 10\ \text{万元} \end{aligned}$$

故净利润足以偿还银行贷款。其中，$(P/A,10\%,10)=6.1445$，可从附录 5 年金现值系数表中查得。

4）回收基金(已知 $P$ 求 $A$)

回收基金是用一笔资金投资于某项目，利率为 $i$，分 $n$ 年等额回收，求每年末可收回多少资金？其现金流量图如图 2.18 所示。

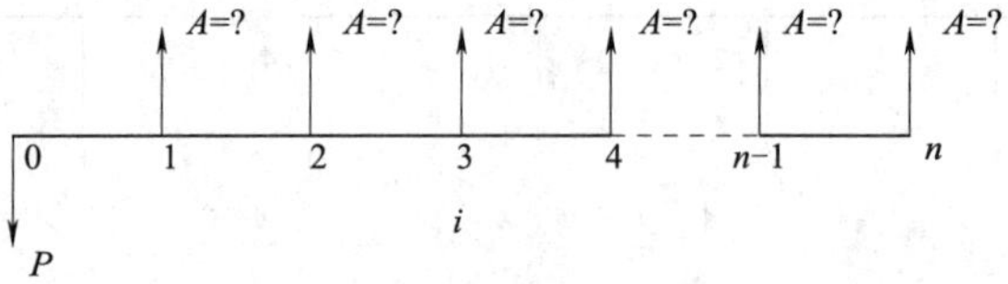


图 2.18　回收基金现金流量图

回收基金计算与等额支付年金现值计算互为逆运算。

由式(2.15)

$$P = A\frac{(1+i)^n-1}{i(1+i)^n}$$

可变换为

$$A = P\frac{i(1+i)^n}{(1+i)^n-1} \tag{2.17}$$

或

$$A = P(A/P,i,n) \tag{2.18}$$

式中，$\frac{i(1+i)^n}{(1+i)^n-1}$为资金回收系数，用函数符号$(A/P,i,n)$表示。等额系列资金回收系数$(A/P,i,n)$可从附录 6 资金回收系数表中查得。

【例 2.8】　某建设项目准备通过商业信贷方式向国外贷款，年利率 20%，预算项目需投资 1 000 万元，服务年限 20 年，期末无残值。求项目年平均收益为多少时才不至于亏本？

【分析】　已知 $P=1\,000$ 万元，$n=20$ 年，$i=20\%$，求 $A=?$

【解】　画现金流量图如图 2.19 所示。

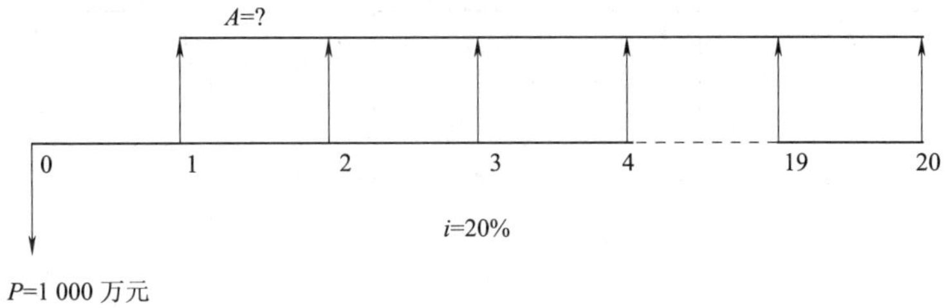


图 2.19 现金流量图

由式(2.18)得

$$\begin{aligned} A &= P(A/P,i,n) \\ &= 1\,000(A/P,20\%,20) \\ &= 1\,000 \times 0.205\,4 \\ &= 205.4(\text{万元}) \end{aligned}$$

则该项目年平均收益为 205.4 万元时才不至于亏本。其中,$(A/P,20\%,20)=0.205\,4$,可从附录 6 资金回收系数表中查得。

**2.** 等差支付系列现金流量

在许多建筑工程经济问题中,现金流量每年均有一定数量的增加或减少,如房屋随着其使用期的延长,维修费将逐年有所增加,电费、场租费随物价指数也会增加,如果逐年的递增或递减是等额的,则称之为等差系列现金流量。其现金流量如图 2.20 所示。

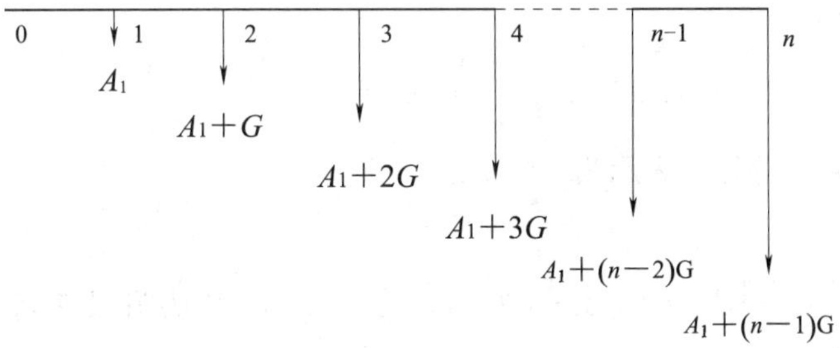


图 2.20 等差递增现金流量图

图 2.20 为等差递增系列现金流量,第一年末的支付是 $A_1$,第二年末的支付是 $A_1+G$,第三年末的支付是 $A_1+2G$,…,第 $n$ 年末的支付是 $A_1+(n-1)G$。如果把等差递增系列现金流量简化为两个支付系列,则一个是等额支付系列现金流量,如图 2.21 所示,年金是 $A_1$;另一个是由 $0,G,2G,\cdots,(n-1)G$ 组成的等额递增系列现金流量,如图 2.22 所示。图 2.21 等额支付系列用等额系列现金流量的有关公式计算,问题的关键是图 2.22 所示等差递增支付系列如何计算。

1)等差终值计算(已知 $G$ 求 $F$)

设等额支付系列现金流量的终值为 $F_1$,递增系列现金流量的终值为 $F_2$。根据图 2.22,可列出递增系列现金流量的终值为

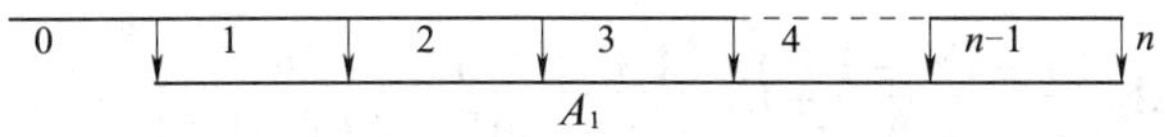


图 2.21 等额支付系列现金流量图

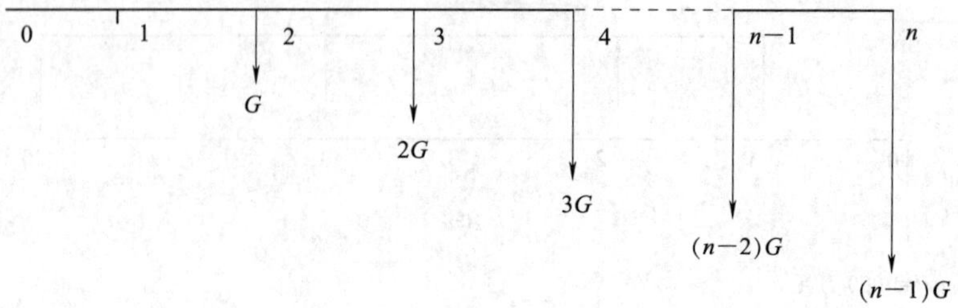


图 2.22　等差系列现金流量图

$$F_2 = G(F/A,i,n-1) + G(F/A,i,n-2) + G(F/A,i,n-3) + \cdots + G(F/A,i,2) + G(F/A,i,1)$$

$$= G\frac{(1+i)^{n-1}-1}{i} + G\frac{(1+i)^{n-2}-1}{i} + G\frac{(1+i)^{n-3}-1}{i} + \cdots + G\frac{(1+i)^{2}-1}{i} + G\frac{(1+i)^{1}-1}{i}$$

$$= \frac{G}{i}[(1+i)^{n-1} + (1+i)^{n-2} + (1+i)^{n-3} + \cdots + (1+i)^{2} + (1+i)^{1} - (n-1)\times 1]$$

$$= \frac{G}{i}[(1+i)^{n-1} + (1+i)^{n-2} + (1+i)^{n-3} + \cdots + (1+i)^{2} + (1+i)^{1} + 1] - \frac{nG}{i}$$

$$= G\left[\frac{(1+i)^{n}-1}{i^2} - \frac{n}{i}\right]$$

从而 $F = F_1 + F_2$

$$F = A_1\frac{(1+i)^{n}-1}{i} + G\left[\frac{(1+i)^{n}-1}{i^2} - \frac{n}{i}\right] \tag{2.19}$$

式(2.19)用函数符号可表示为

$$F = A_1(F/A,i,n) + G(F/G,i,n) \tag{2.20}$$

式中,$\left[\frac{(1+i)^{n}-1}{i^2} - \frac{n}{i}\right]$或$(F/G,i,n)$为等差终值系数,可从附录 7 等差终值系数表中查得。

等差支付系列现值和等值年金的计算,可在等差支付系列终值的基础上,再按一次支付和等额支付系列的公式进一步求解。

2)等差现值计算(已知 $G$ 求 $P$)

设等额支付系列现金流量的现值为 $P_1$,递增系列现金流量的现值为 $P_2$。

根据图 2.22,可列出递增系列现金流量的现值。

把式(2.20)代入式(2.8)得

$$P = F\frac{1}{(1+i)^n} = P_1 + P_2$$

$$= A_1\frac{(1+i)^{n}-1}{i}\cdot\frac{1}{(1+i)^n} + G\left[\frac{(1+i)^{n}-1}{i^2} - \frac{n}{i}\right]\cdot\frac{1}{(1+i)^n}$$

$$= A_1\frac{(1+i)^{n}-1}{i(1+i)^n} + G\left[\frac{(1+i)^{n}-1}{i^2(1+i)^n} - \frac{n}{i(1+i)^n}\right] \tag{2.21}$$

或

$$= A_1(P/A,i,n) + G(P/G,i,n) \tag{2.22}$$

式中，$\left[\frac{(1+i)^n-1}{i^2(1+i)^n}-\frac{n}{i(1+i)^n}\right]$写成函数符号为$(P/G,i,n)$为等差现值系数，可从附录8等差现值系数表中查得。

3）等差年金计算（已知$G$求$A$）

把式（2.20）代入式（2.16）得

$$\begin{aligned}A&=A_1+A_2\\&=A_1+F_2(A/F,i,n)\\&=A_1+G\left[\frac{(1+i)^n-1}{i^2}-\frac{n}{i}\right]\left[\frac{i}{(1+i)^n-1}\right]\\&=A_1+G\left[\frac{1}{i}-\frac{n}{(1+i)^n-1}\right]\end{aligned}\tag{2.23}$$

或

$$A=A_1+G(A/G,i,n)\tag{2.24}$$

式中，$\left[\frac{1}{i}-\frac{n}{(1+i)^n-1}\right]$或$(A/G,i,n)$为等差年金系数，可从附录9等差年金系数表中查得。

对于递减支付系列（即第一年支付系列$A_1$，第二年支付系列$A_1-G$，等等）的计算，只需改变相应项的计算符号，即把其视为每年增加一个负的数值，仍可运用上述公式进行计算。递减支付系列现金流量如图2.23所示。

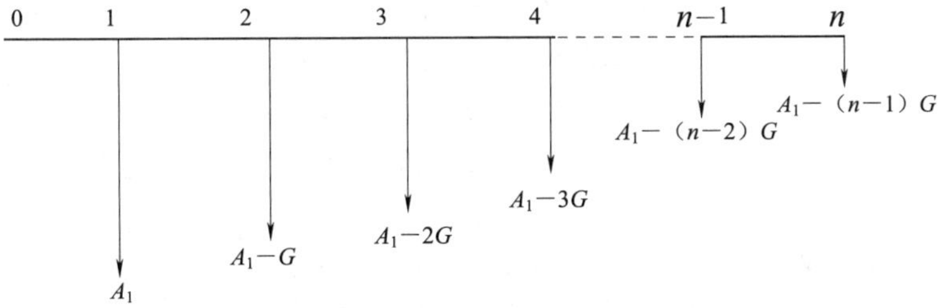


图2.23　等差系列递减现金流量图

计算等差系列现金流量的年金$A$、终值$F$、现值$P$可按下式进行。

式（2.24）可写成

$$A=A_1\pm A_2=A_1\pm G(A/G,i,n)\tag{2.25}$$

式（2.20）可写成

$$F=F_1\pm F_2=A_1(F/A,i,n)\pm G(F/G,i,n)\tag{2.26}$$

式（2.22）可写成

$$P=P_1\pm P_2=A_1(P/A,i,n)\pm G(P/G,i,n)\tag{2.27}$$

**【例2.9】**　某建筑企业的机械设备维修费用，第一年为800元，以后每年递减50元，服务年限六年，设$i=10\%$，求服务期内全部维修费用的现值、终值、年金是多少？

**【分析】**　已知$A_1=800$元，$G=50$元，$i=10\%$，$n=6$年，求$P=?$ $F=?$ $A=?$

**【解】**　（1）画出现金流量图如图2.24所示。

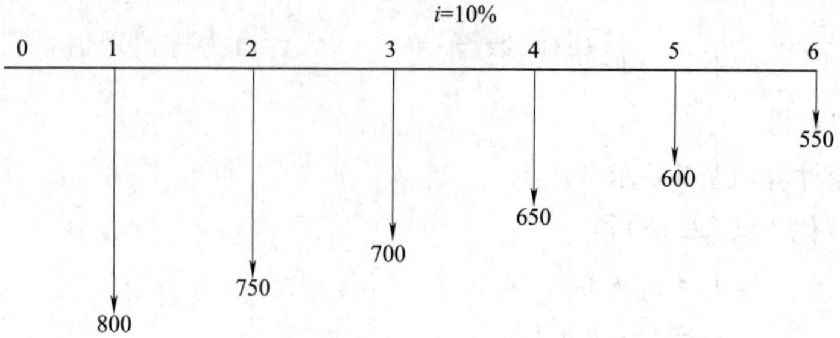


图 2.24　等差系列递减现金流量图

(2)解法一:

由式(2.25)得

$$\begin{aligned}A &= A_1 - A_2 = A_1 - G(A/G,i,n)\\ &= 800 - 50(A/G,10\%,6)\\ &= 800 - 50\times 2.224\\ &= 688.8(\text{元})\end{aligned}$$

$$\begin{aligned}P &= A(P/A,i,n)\\ &= 688.8(P/A,10\%,6)\\ &= 688.8\times 4.355\\ &= 2\,999.93(\text{元})\end{aligned}$$

$$\begin{aligned}F &= A(F/A,i,n)\\ &= 688.8(F/A,10\%,6)\\ &= 688.8\times 7.716\\ &= 5\,314.78(\text{元})\end{aligned}$$

(3)解法二:

现值$A$的计算同解法一。

$$\begin{aligned}P &= A_1(P/A,i,n) - G(P/G,i,n)\\ &= 800(P/A,10\%,6) - 50(P/G,10\%,6)\\ &= 800\times 4.355 - 50\times 9.684\\ &= 2\,999.8(\text{元})\end{aligned}$$

$$\begin{aligned}F &= A_1(F/A,i,n) + G(F/G,i,n)\\ &= 800(F/A,10\%,6) - 50(F/G,10\%,6)\\ &= 800(F/A,10\%,6) - 50(P/G,10\%,6)\ (F/P,10\%,6)\\ &= 800\times 7.716 - 50\times 9.684\times 1.772\\ &= 5\,314.8(\text{元})\end{aligned}$$

## 2.4　名义利率与实际利率

在复利计算中,利率周期通常以年为单位,它可以与计息周期相同,也可以不同。在实际工作中,计息周期并不一定以一年为一个计息周期,可能规定以半年、每季、每月、每周为一个计息周期，当利率周期与计息周期不一致时，就出现了名义利率和实际利率的概念。

**1. 名义利率**

所谓名义利率（用 $r$ 表示）是指计息周期利率 $i$ 乘以一个利率周期（一年）内的计息周期数 $m$ 所得的利率周期利率。即

$$r = i \cdot m \tag{2.28}$$

若月利率为 1%，则年名义利率等于 $r = i \cdot m = 1\% \times 12 = 12\%$。习惯上叫“年利率为 12%，每月计息一次”。很显然，名义利率忽略了前面各期利息再生的因素，这与单利的概念相同。通常所说的利率周期利率都是名义利率。

**2. 实际利率**

若用计息周期利率来计算利率周期利率，并将利率周期内的利息再生因素考虑进去，这时所得的利率周期利率称为利率周期实际利率（又称有效利率）。一般是指通过等值计算，使计息期与利率的时间单位（1 年）一致的（年）利率，显然，一年计息一次的利率，其名义利率就是实际利率，对于计息期短于一年的利率，二者就有区别。

**3. 名义利率与实际利率的关系**

设 $P$ 为本金，$F$ 为本利和，$m$ 为一年内的计息次数，$i_{eff}$ 为实际利率，$r$ 为名义利率，根据一次支付终值公式，年末的本利和 $F$ 为

$$F = P\left(1 + \frac{r}{m}\right)^m \tag{2.29}$$

由利息的定义可得利率周期的利息为

$$I = F - P = P\left(1 + \frac{r}{m}\right)^m - P = P\left[\left(1 + \frac{r}{m}\right)^m - 1\right]$$

根据利率的定义即可推导出实际利率为

$$i_{\text{eff}} = \frac{I}{P} = \frac{p\left[\left(1 + \frac{r}{m}\right)^m - 1\right]}{p} = \left(1 + \frac{r}{m}\right)^m - 1 \tag{2.30}$$

利用式（2.30）可由名义利率求实际利率。

设年名义利率 $r = 10\%$，则年、半年、季、月、日的年实际利率如表 2.6 所示。

**表 2.6　实际利率与名义利率的关系**

| 年名义利率（$r$） | 计息期 | 年计息次数（$m$） | 计息期利率（$i = r/m$） | 年实际利率（$i_{\text{eff}}$） |
|---|---|---|---|---|
| 10% | 年 | 1 | 10% | 10% |
| | 半年 | 2 | 5% | 10.25% |
| | 季 | 4 | 1.5% | 10.38% |
| | 月 | 12 | 0.833% | 10.47% |
| | 日 | 365 | 0.0274% | 10.52% |

从上表可以看出，实际利率 $i_{\text{eff}}$ 要高于名义利率 $r$。而且，每年计息期数 $m$ 越大，其复利次数也就越多，实际利率 $i_{\text{eff}}$ 与名义利率 $r$ 相差越大。所以，在建筑工程技术经济分析中，如果各方案的计息期不同，就不能简单地使用名义利率来评价，而必须换算成实际利率进行评价，否则会得出不正确的结论。

**【例 2.10】**　某公司向国外贷款 200 万元，年利率为 15%，借款期五年，每周复利一次。

在进行资金运用效果评价时，误把年利率（名义利率）当作实际利率。试计算一下该公司少算了多少利息？

**【分析】** 已知 $P=200$ 万元，$r=15\%$，$m=52$ 次，求少算的利息$(F-F')$。

**【解】** 1）解法Ⅰ

该公司原计算的本利和为

$$F'=200\times(1+0.15)^5=402.27(\text{万元})$$

而实际利率为

$$i=\left(1+\frac{0.15}{52}\right)^{52}-1=16.16\%$$

实际的本利和为

$$F=200(1+16.16\%)^5=422.97(\text{万元})$$

少计算的利息为

$$\Delta I=F-F'=422.97-402.27=20.70(\text{万元})$$

2）解法Ⅱ

$$\begin{aligned}\Delta I&=F-F'\\&=P\left(1+\frac{r}{m}\right)^{m\times n}-P(1+r)^n\\&=200\times\left(1+\frac{0.15}{52}\right)^{52\times5}-200\times(1+0.15)^5\\&=422.97-402.27=20.70(\text{万元})\end{aligned}$$

**4.** 瞬时复利的年实际利率

前面介绍的是间断计息的情形，瞬时复利是当每期计息时间趋于无限小，则一年（计算周期常为一年）内计息次数趋于无限大，即 $m\to\infty$，此时可视为计息没有时间间隔而成为连续计息。

$$\begin{aligned}i&=\lim_{m\to\infty}\left(1+\frac{r}{m}\right)^m-1\\&=\lim_{m\to\infty}\left(1+\frac{r}{m}\right)^{\frac{m}{r}}-1\end{aligned}$$

由基本极限公式 $\lim\limits_{m\to\infty}\left(1+\frac{r}{m}\right)^{\frac{m}{r}}=e^r$ 得

$$i=e^r-1 \tag{2.31}$$

上式中，如果复利是连续地计算，则年实际利率是 $e^r-1$。$e$ 是自然对数的底，其值为 2.718 28。

就整个社会而言，资金是在不停的运动，每时每刻无不通过生产和流通领域在增值，从理论上讲应采用瞬时复利即连续复利，但实际工作中一般采用间断式复利，即一定的时间间隔计息。

**【例 2.11】** 某建筑公司向银行贷款 200 万元，每月计息一次，如果名义利率为 12%，每月末等额还款，要求三年还清，问每月需偿还多少？

**【分析】** 已知 $P=200$ 万元，$m=3\times12=36$ 次，$r=12\%$，则 $i_{\text{月}}=1\%$，求 $A$ 的值。

**【解】** 画出现金流量图如图 2.25 所示。

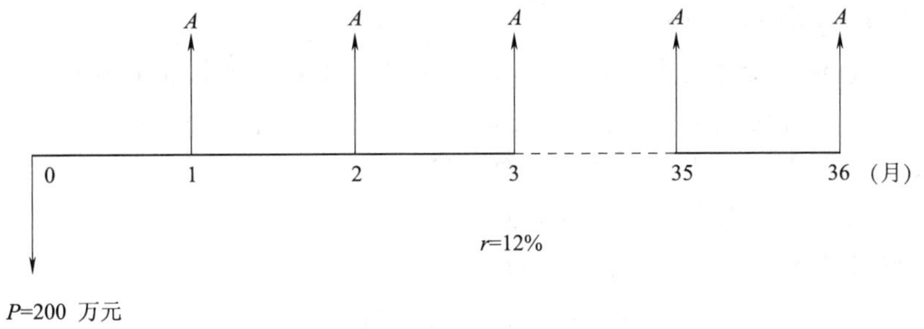


图 2.25　现金流量图

根据式(2.18)和(2.19)得

$$\begin{aligned}A &= P(A/P,i,n)\\ &= P\frac{i(1+i)^n}{(1+i)^n-1}\\ &= 200\times\frac{1\%\times(1+1\%)^{36}}{(1+1\%)^{36}-1}\\ &= 200\times 0.033\ 21 = 6.642(\text{万元})\end{aligned}$$

故三年内每月需等额偿还 6.642 万元。

**【例 2.12】**　上例中如果每年计息一次，每年末等额还款，要求三年还清，问每年偿还多少钱？

**【解】**　根据式(2.31)得

$$i_{\text{eff}} = (1+\frac{r}{m})^m - 1 = (1+\frac{12\%}{12})^{12} - 1 = 12.68\%$$

根据式(2.18)得

$$\begin{aligned}A &= P\frac{i(1+i)^n}{(1+i)^n-1}\\ &= 200\times\frac{12.68\%\times(1+12.68\%)^3}{(1+12.68\%)^3-1}\\ &= 200\times 0.421 = 84.2(\text{万元})\end{aligned}$$

也可写成：

$$\begin{aligned}A &= P(A/P,i,n)\\ &= 200\times(A/P,12.68\%,3)\\ &= 200\times 0.421 = 84.2\ (\text{万元})\end{aligned}$$

每年需要偿还 84.2 万元。

# 2.5　资金等值的应用

## 2.5.1　计算资金的未知量

**【例 2.13】**　某公司现在需要贷款 10 000 元，年利率为 6%，要求十年内偿还完，试计算下列四种偿还方式的偿还金额。

方案一：在每年底偿还利息600元，最后一年偿还本金和利息10 600元。

方案二：每年除偿还利息外，还要归还本金1 000元，十年末全部归还。

方案三：把十年利息加上本金总和均匀分摊到各年上。

方案四：十年末一次性偿还本金和利息。

**【解】** 四种偿还贷款方案如表2.7所示。

**表2.7　四种等值偿还贷款方案** 单位：元

| 年份 | 贷款额 | 四种等值偿还贷款方案 | | | |
|---|---|---|---|---|---|
| | | 一 | 二* | 三* | 四[8] |
| 0 | 10 000 | | | | |
| 1 | | 600 | 1 600 | 1 359 | |
| 2 | | 600 | 1 540 | 1 359 | |
| 3 | | 600 | 1 480 | 1 359 | |
| 4 | | 600 | 1 420 | 1 359 | |
| 5 | | 600 | 1 360 | 1 359 | |
| 6 | | 600 | 1 300 | 1 359 | |
| 7 | | 600 | 1 240 | 1 359 | |
| 8 | | 600 | 1 180 | 1 359 | |
| 9 | | 600 | 1 120 | 1 359 | |
| 10 | | 10 600 | 1 060 | 1 359 | 17 910 |
| 合计 | | 16 000 | 13 300 | 13 590 | 17 910 |

其中：

(1)第二栏中的值＝年还款本金＋剩余本金×年利率

＝年还款本金＋(总本金－已还本金)×年利率

如第二年偿还本息＝1 000＋(10 000－1 000)×6%＝1540元。

(2)第三栏中的值＝$P(A/P,i,n)$

＝10 000 $(A/P,6\%,10)$＝10 000×0.135 9＝1 359元。

(3)第四栏中的值＝$P(F/P,i,n)$

＝10 000 $(F/P,6\%,10)$＝10 000×1.797＝17 970元。

从上述计算结果可看出，四种方案偿还的总值虽然不相同，但这四种不同偿还方案与10 000元本金是等价的。从贷款人角度来看，四种方案中任何一种都可以偿付现在的贷款。从借款人的角度来看，只要同意在今后以四种方式中的任何一种来偿还，今天都可得到10 000元的资金使用权。

**【例2.14】** 某工程项目建设需要从银行贷款，每年初贷款100万元，年利率10%，求五年贷款总额的现值及第五年末的未来值各为多少？

**【分析】** 已知$A=100$万元，$i=10\%$，$n=5$年，求$P$、$F$的值。

**【解】** (1)画出现金流量图如图2.26所示。

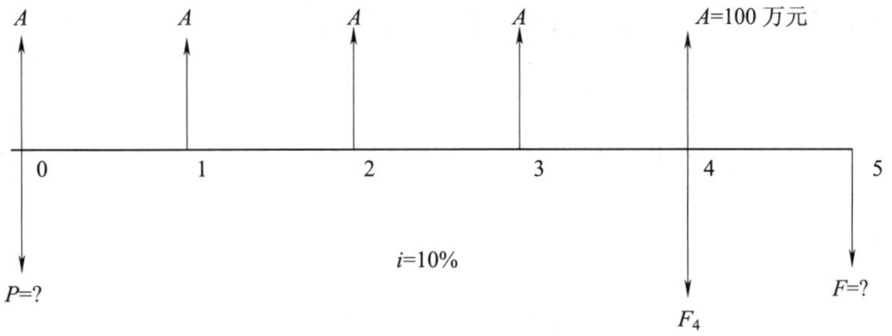


图 2.26　现金流量图

(2)解法一:先求 $P$,再求 $F$

$$P = A + A(P/A,10\%,4)$$
$$= 100 + 100 \times 3.170 = 417(万元)$$
$$F = P(F/P,10\%,5)$$
$$= 417 \times 1.616 = 671.79\ (万元)$$

(3)解法二:先求第 4 年末的 $F_4$,再求 $F$ 和 $P$

$$F_4 = A(F/P,10\%,4) + A(F/A,10\%,4)$$
$$= 100 \times 1.464 + 100 \times 4.641$$
$$= 610.50(万元)$$
$$F = F_4(F/P,10\%,1)$$
$$= 610.50 \times 1.100 = 671.55(万元)$$
$$P = F(P/F,10\%,5)$$
$$= 671.55 \times 0.6209 = 416.97(万元)$$

### 2.5.2　计算未知利率

在技术方案的等值计算时,有时会遇到这样的问题:现金流量 $P$、$F$、$A$ 以及计算期 $n$ 均为已知量,而利率 $i$ 为待求的未知量。例如,求方案的收益率、国民经济的增长率等就属于这种情况。这时,可以借助查附录相关复利系数表和利用线性内插法近似地求出 $i$ 来。

**【例 2.15】**　假设现在用 300 元进行投资,要想 9 年后一次获得 525 元。试问利率 $i$ 应为多少?

**【分析】**　已知 $P=300$ 元,$F=525$ 元,$n=9$ 年,求 $i$ 的值。

**【解】**　利用式(2.8)得

$$F = P(F/P,i,n)$$
$$525 = 300(F/P,i,9)$$
$$(F/P,i,9) = \frac{525}{300} = 1.750$$

从附录 1 复利终值系数表上查到,当 $n=9$ 时,1.750 是在利率 6% 和 7% 之间。利率为 6% 时,一次支付的终值系数为 1.689;利率为 7% 时,一次支付的终值系数为 1.838,可采用直线内插法求得未知数 $i$。

设两个已知的现金流量之比($F/P$,$F/A$ 或 $P/A$ 等)对应的系数为 $F_0$,与此最接近的两个利

率分别为 $i_1$，和 $i_2$（设 $i_1 < i_2$），$i_1$ 对应的系数为 $f_1$，$i_2$ 对应的系数为 $f_2$（$f_1 < f_2$）。如图 2.27 所示。

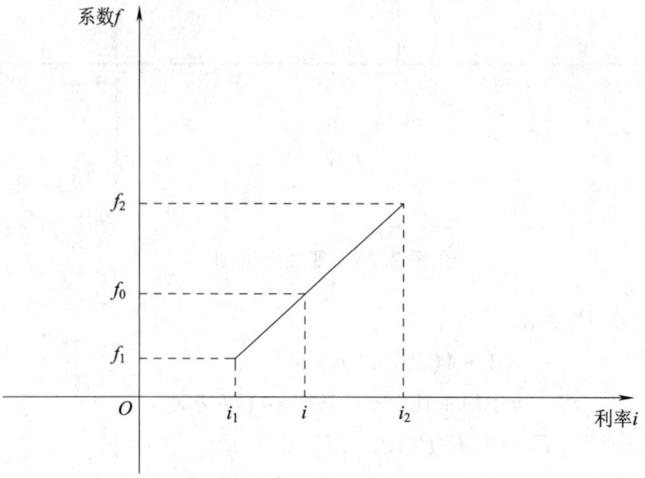


图 2.27　系数 $f_0$ 与利率 $i$ 的对应图

由图 2.27，求利率 $i$ 的内插法计算式为

$$i = i_1 + \frac{(f_0 - f_1)(i_2 - i_1)}{f_2 - f_1} \tag{2.32}$$

此式适用于一般情况。

上述例子代入内插法公式得

$$i = 6\% + \frac{(1.750 - 1.689)(7\% - 6\%)}{(1.838 - 1.689)} = 6.41\%$$

计算表明，利率 $i$ 为 6.41%。

**【例 2.16】**　某公司欲买设备，卖方提出两种付款方式：

(1) 若买时一次付清，则售价 30 000 元。

(2) 买时第一次支付 10 000 元，以后 24 个月内每月支付 1 000 元。

当时银行利率为 12%，问若这两种付款方案在经济上是等值的话，那么，对于等值的两种付款方式，其名义利率与实际利率各为多少？

**【分析】**　已知 $P = 20\ 000$ 元，$A = 1\ 000$ 元，$n = 24$ 个月，求月利率 $i$ 的值。

**【解】**　两种付款方式中有 10 000 元现值相同，剩下 20 000 元付款方式不同，根据题意：

$$P = A(P/A, i, n)$$
$$20\ 000 = 1\ 000(P/A, i, 24)$$
$$(P/A, i, 24) = 20 = F_0$$

查附录 5 年金现值系数表：

当 $i_1 = 1\%$ 时，$(P/A, 1\%, 24) = 21.243 = F_1$

当 $i_2 = 2\%$ 时，$(P/A, 2\%, 24) = 18.914 = F_2$

说明所求月利率 $i$ 介于与 $i_1$ 和 $i_2$ 之间，利用式(2.32)

$$i = i_1 + \frac{(f_0 - f_1)(i_2 - i_1)}{f_2 - f_1}$$

$$=1\% + \frac{(20-21.243)(2\%-1\%)}{18.914-21.243}$$

$$=1.534\%$$

其名义利率：

$$r=12\times1.534\%=18.408\%$$

其年实际利率：

$$i=(1+\frac{r}{n})^{n}-1=(1+\frac{18.408\%}{12})^{12}-1$$

$$=(1+0.01534)^{12}-1=20.04\%$$

上述的名义利率18.408%和实际利率20.04%都高于银行利率12%，因此，第一种付款方式对买方有利，买方应选择第一种付款方式。而第二种付款方式对卖方有利，按银行利率，卖方所得的现值为：

$$\begin{aligned}P&=P_1+A(P/A,i,n)\\&=10\,000+1\,000(P/A,1\%,24)\\&=10\,000+1\,000\times21.243\\&=31\,243.4(元)>30\,000(元)\end{aligned}$$

卖方提出的两种付款方式，从卖方角度来看，第二种付款方式的现值31 243.4元比第一种付款方式30 000元多收益1 243.4元。

**【例2.17】** 某人25岁打算投资人身保险，保险期50年，在保险期间内，每年末缴纳150元的保险费，若发生人身死亡或期末死亡，保险受益人均可获得10 000元。问投保期的实际利率？若该人活到52岁去世，银行年利率为6%，问保险公司是否吃亏？

**【分析】** 已知$A=150$元，$F=10\,000$元，$n=50$年，求$i$的值。

**【解】** (1)先画现金流量图如图2.28所示。

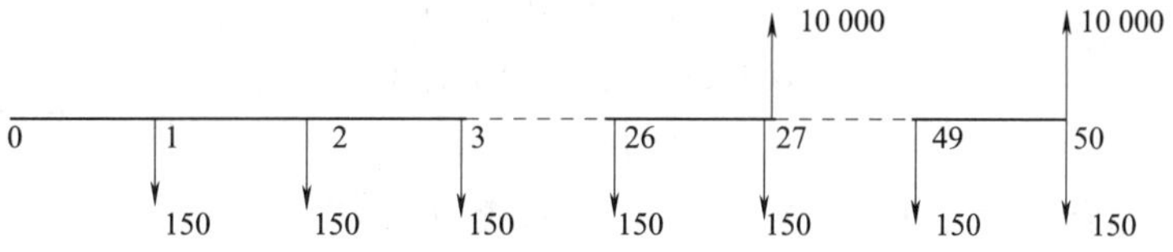


图2.28　现金流量图

根据式(2.13)

$$F=A(F/A,i,n)$$

$$10\,000=150(F/A,i,50)$$

$$(F/A,i,50)=\frac{10\,000}{150}=66.667=F_0$$

查附录3年金终值系数表：

$$i_1=1\%\text{时},(F/A,1\%,50)=64.463=F_1$$

$$i_2=2\%\text{时},(F/A,2\%,50)=84.579=F_2$$

说明所求的利率$i$介于$i_1$与$i_2$之间，代入式(2.32)得：

$$i=i_1+\frac{(f_0-f_1)(i_2-i_1)}{f_2-f_1}$$

$$=1\% + \frac{66.667-64.463}{84.579-64.463}(2\% - 1\%)$$
$$=1.11\%$$

(2)若此人活到52岁就去世了,则在保险期内的第27年保险公司要赔偿10 000元,看其是否吃亏,应与存入银行所得本利和作比较:

$$\begin{aligned} F &= A(F/A,i,n) \\ &= 150(F/A,6\%,27) \\ &= 150 \times 63.706 \\ &= 9\,555.9(\text{元}) \end{aligned}$$

保险公司亏损数额:10 000 − 9 555.9 = 444.1(元)

可见此人投保期内的实际利率只有1.11%,若此人52岁时去世,则保险公司就会损失444.1元。

此例说明社会保险是一项社会福利事业,而如果社会投保面广,经营得当,也是会盈利的。

### 2.5.3　计算未知年数

在计算技术方案的等值中另一种可能的问题是:已知方案现金流量 $P$、$F$ 或 $A$,以及方案的利率 $i$,而方案的计算期 $n$ 为待求的未知量。例如,要求计算方案的投资回收期,借款偿还期就属于这种问题。这时仍可借助查附录相关复利系数表,利用线性内插法近似地求出 $n$ 值。其求解基本思路与计算未知利率大体相同。

**【例2.18】**　假定国民经济收入的年增长率为10%,如果使国民经济收入翻两番,问从现在起需用多少年?

**【解】**　设现在的国民经济收入为 $P$,若干年后翻两番则为 $4P$,由式(2.9)得

$$F = P(F/P,10\%,n)$$
$$4P = P(F/P,10\%,n)$$
$$(F/P,10\%,n) = 4$$

$i=10\%$ 时,系数4介于14年与15年之间,查复利表:

当 $n_1 = 14$ 年时,$(F/P,10\%,14) = 3.797\,5 = F_1$

当 $n_2 = 15$ 年时,$(F/P,10\%,15) = 4.177\,2 = F_2$

用直线内插法:

$$n = n_1 + \frac{(f_0 - f_1)(n_2 - n_1)}{f_2 - f_1} \tag{2.33}$$

代入上式得:

$$n = 14 + \frac{(4-3.797\,5)(15-14)}{4.177\,2-3.797\,5} = 14.53(\text{年})$$

通过计算可知,若国民经济收入的年增长率为10%,从现在起需14.53年方能使国民经济收入翻两番。

**【例2.19】**　某企业向国外贷款200万元建一工程,第三年投产,投产后每年净收益40万元,若年利率10%,问投产后多少年能归还200万元贷款的本金和利息?

**【解】**　(1)先画出现金流量图如图2.29所示。

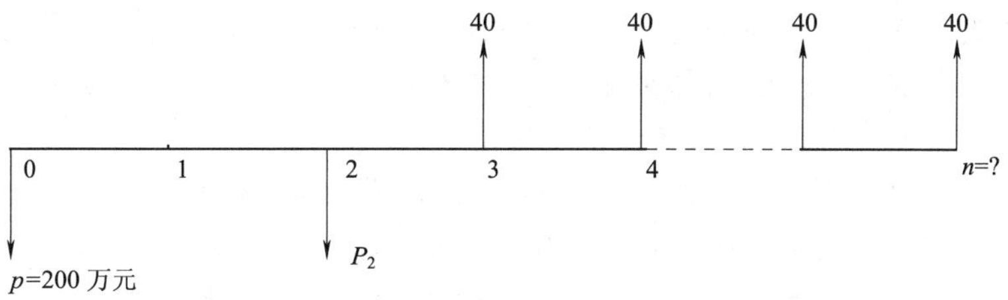


图 2.29　现金流量图

(2)为使方案的计算能方便利用公式,将第二年末(第三年初)作为基期,计算 $P_2$。

$$P_2 = 200(F/P,10\%,2)$$
$$=200\times1.210 = 242(\text{万元})$$

(3)利用式(2.17) 计算从投产后算起的偿还期 $n$。

$$P_2 = A(P/A,10\%,n)$$
$$242 = 40(P/A,10\%,n)$$
$$(P/A,10\%,n) = \frac{242}{40} = 6.05$$

查附录5年金现值系数表,使 $i=10\% =6.05$ 的 $n$ 介于第9年和第10年之间。

当 $n_1=9$ 年时,$(P/A,10\%,9)=5.759=F_1$

当 $n_2=10$ 时,$(P/A,10\%,10)=6.144=F_2$

根据式(2.33)

$$n = n_1 + \frac{(f_0-f_1)(n_2-n_1)}{f_2-f_1}$$
$$n = 9 + \frac{(6.05-5.759)(10-9)}{6.144-5.759}$$
$$=9.756(\text{年})$$

即投产后9.756年能偿还全部贷款的本金和利息。

# 本章小结

本章是工程技术经济分析的重要基础,要求重点掌握名义利率与实际利率的关系、现金流量与现金流量图、资金时间价值的概念及资金的等值计算。

在建设项目的投资中,项目寿命短则几年,长则十几年甚至更长。对不同时间发生的费用与收益不考虑资金时间价值,即用静态的观点分析显然过于粗糙和简单化。为了科学、准确地进行技术经济分析,必须考虑资金的时间价值,用动态的观点分析不同的时间发生的费用与收益。

**资金的时间价值**　资金的时间价值是指资金在生产和流通过程中,随着时间的推移在价值上会发生增值,这部分增值额就是资金的时间价值。资金时间价值的实现必须具备两个条件:一是资金随着时间的推移发生增值;二是资金必须参与生产和流通过程中才会发生增值。资金时间价值的衡量有绝对和相对两种尺度,实际中常采用相对尺度来度量。利息在计算方法上有单利和复利两种。单利是指在利息计算中,仅用最初本金计息,而利息不再计息。这种计息方法没有完全反映出各期利息的时间价值,因此单利计算资金的时间价值是不完善的。复利是指在利息计算中,不仅对本金计息,而且还要对前期利息计算利息的计息方法。复利对资金占用的数量、占用的时间更敏感,更科学地反映了资金时间价值。在建筑工程技术经济分析中,绝大多数情况下采用复利计算。

**现金流量**　考察对象在一定时期内各时点上实际发生的资金流入或资金流出称为现金流量,包括现金流入量、现金流出量和净现金流量。除现金流量表外,现金流量可用现金流量图来表示。现金流量图是一种反映经济系统资金运动状态的图式,可以把建设项目技术方案或投资方案整个寿命期内的现金流量与时间之间的对应关系方便、直观、形象地表示出来,是进行建设项目技术方案或投资方案动态分析的一个有效工具。

**资金等值**　资金等值是建筑技术经济分析中十分重要的概念。它是指不同时点发生,数额不等的资金具有相同的价值。应用资金的等值,可以把不同时点发生的现金流量换算到同一时点上,从而满足资金收支在时间上的可比性。

**资金等值计算**　资金等值计算主要包括一次系列支付、等额系列支付和等差系列支付三种,其中前两种是基本的计算,要熟练掌握。一次系列支付的特点是无论现金流入或流出,均发生在一个时点上,其终值和现值计算公式如表 2.8 所示。等额系列支付的特点是现金流入或流出,均以相等的金额发生在多个时点上,其计算包括终值计算、偿债基金计算、现值计算和回收基金计算,计算公式见表 2.8。等差系列支付的特点是各时点的现金流量按某一定值逐期增加或减少,形成一个等差数列,其计算包括终值计算、现值计算和年金计算三种,计算公式如表 2.8 所示。

**表 2.8　常用复利计算公式一览表**

| 编号 | 名称 | | 已知 | 求 | 公　式 | 复利函数符号 | 系数相互关系 |
|---|---|---|---|---|---|---|---|
| 1 | 一次支付 | 终值公式 | $P$ | $F$ | $F=P(1+i)^n$ | $F=P(F/P,i,n)$ | (1)和(2)互为倒数 |
| 2 | | 现值公式 | $F$ | $P$ | $P=F\frac{1}{(1+i)^n}$ | $P=F(P/F,i,n)$ | |
| 3 | 等额支付系列 | 终值公式 | $A$ | $F$ | $F=A\frac{(1+i)^n-1}{i}$ | $P=A(P/A,i,n)$ | (3)和(4)互为倒数 |
| 4 | | 偿债基金公式 | $F$ | $A$ | $A=F\frac{i}{(1+i)^n-1}$ | $A=F(A/F,i,n)$ | |
| 5 | | 现值公式 | $A$ | $P$ | $P=A\frac{(1+i)^n-1}{i(1+i)^n}$ | $P=A(P/A,i,n)$ | (5)和(6)互为倒数 |
| 6 | | 回收基金公式 | $P$ | $A$ | $A=P\frac{i(1+i)^n}{(1+i)^n-1}$ | $A=P(A/P,i,n)$ | |
| 7 | 等差支付系列 | 终值公式 | $G$ | $F$ | $F=A_1\frac{(1+i)^n-1}{i}+G\left[\frac{(1+i)^n-1}{i^2}-\frac{n}{i}\right]$ | $F=A_1(F/A,i,n)+G(F/G,i,n)$ | |
| 8 | | 现值公式 | $G$ | $P$ | $P=A_1\frac{(1+i)^n-1}{i(1+i)^n}+\left[\frac{(1+i)^n-1}{i^2(1+i)^n}-\frac{n}{i(1+i)^n}\right]$ | $P=A_1(P/A,i,n)+G(P/G,i,n)$ | |
| 9 | | 年金公式 | $G$ | $A$ | $A=A_1+G\left[\frac{1}{i}-\frac{n}{(1+i)^n-1}\right]$ | $A=A_1+G(A/G,i,n)$ | |

续表

| 编号 | 名称 | 已知 | 求 | 公式 | 复利函数符号 | 系数相互关系 |
|---|---|---|---|---|---|---|
| 10 | 实际利率公式 | $r$ | $i_{eff}$ | $i_{eff}=(1+\frac{r}{m})^{m}-1$ | | |

# 复习思考题

1. 何谓资金的时间价值？如何理解资金的时间价值？

2. 什么是现金流量？构成现金流量的基本要素有哪些？

3. 什么是名义利率和实际利率？二者相互关系如何？

4. 单利和复利的区别在哪里？试举例说明。

5. 什么是终值、现值？

6. 如何理解等值的概念？

7. 某人存入银行1 000元，年利率为9%，分别用单利和复利计算3年后获本利和各多少。

8. 现有两个投资机会，一是投资1 000万元，期限三年，年利率7%，单利计算；二是同样的投资及年限，但利率为6%，按复利计算，应选择哪种方式？

9. 某企业向银行贷款，第一年初借入10万元，第三年初借入20万元，利率为10%，第四年末偿还25万元，并打算第五年末一次还清。试计算第五年末应偿还多少？并画出以借款人（企业）为立脚点的现金流量图和以贷款人（银行）为立脚点的现金流量图。

10. 投资15万元，年收益率10%，求5年后一次回收多少钱？

11. 在年利率5%，要想在第5年末拿到4 000元，问现在需存入银行多少钱？

12. 年利率6%，每年年末存入银行100元，问连续存款5年的终值为多少钱？

13. 年利率10%，每年年末存款500元，问连续存款6年的终值为多少钱？

14. 年利率6%，每年年末连续支付六年，六年末积累金额5 000元。问每年年末等额支付多少钱？

15. 年利率6%，借款2 000元，计划借款后的第一年年末开始偿还，每年偿还一次，分4年还清。问现在应等额偿还多少钱？

16. 某建设项目投资贷款200万元，银行要求四年内等额回收全部投资贷款，已知贷款利率为8%，那么该项目年净收益应为多少才可按期偿还贷款？

17. 建设银行贷款给某建设单位，年利率为5%，第1年初贷给3 000万元，第2年初贷给2 000万元，该建设单位第3年末开始用盈利偿还贷款，按协议至第10年末还清。问该建设单位每年末应等额偿还多少？

18. 某建筑企业七年前用3 500元购买了一台机械，每年用此机械获得收益为750元，第一年维护费为100元，以后每年递增维护费20元。该单位打算现在（第七年末）转让出售，若年利率为10%，最低售价应为多少？

19. 某人计划从1年后开始存入500元，并且预计要在9年之内每年存款额将逐年增加100元，若年利率是5%，问该项投资的现值是多少？

20. 某技术转让项目，合同规定甲方向乙方第一年支付费用 4 万元，而后每年以 $i=6\%$ 递增支付，直到第十年，若银行利率为 10%，求与之等值的现值、终值和年值各为多少？

21. 一笔 10 万元的贷款，名义年利率 8%，每季复利一次，问 2 年后的本利和为多少？

22. 如果现在投资 1 000 元，10 年后可一次获得 2 000 元，问利率为多少？

23. 利率 10% 时，现在的 100 元，多少年后才成为 200 元。

24. 有一支付系列，第三年年末支付 500 元，以后十二年每年支付 200 元。设年利率为 10%，试画出此支付系列的现金流量图，并计算(1)零期的现值；(2)第十五年年末的终值；(3)第十年年末的等值。

25. 现有一项目，其现金流量：第一年末支付 1 000 万元，第二年末支付 1 500 万元，第三年受益 200 万元，第四年收益 300 万元，第五年收益 400 万元，第六年到第十年每年收益 500 万元，第十一年收益 450 万元，第十二年收益 400 万元，第十三年收益 350 万元，第十四年收益 450 万元。设年利率为 12%，求：(1)现值；(2)终值；(3)第二年末项目的时值；(收益均在年末计入)。

# 第3章 现金流量构成及建设项目经济要素

工程项目建设是我国国民经济基础性建设的组成部分,是关乎国计民生的大事。建设工程产品价值庞大,内蕴经济关系复杂,经济风险集中,运用经济手段对项目投资进行正确地评价显得尤为重要。而评价建设项目实质是考察特定经济系统净现金流量的大小,一个建设项目,其投入的资本,花费的成本,获得的收入,交纳的税金,分配的利润,都可以看成是以货币形式体现的现金流出或现金流入,它们也是构成建设项目评价的五个基本经济要素。准确界定各经济要素的内涵,把握不同经济要素的特征,是做好建设项目经济评价的前提和基础。

# 3.1　现金流量及现金流量表

## 3.1.1　现金流量

在第2章中曾简要地介绍了现金流量的概念，下面我们从工程经济分析的角度出发，对现金流量作进一步的介绍与分析。

(1)对项目进行经济评价时，首先应分清项目的投入与产出的内容，即分清收入与支出的内容，这是我们正确理解现金流量这个概念的前提。因为项目的现金流量是根据该项目在寿命期内的收入与支出情况来确定的。一个工程项目在某一时间内支出的费用称为现金流出，如在项目寿命期内发生的工程开发规划设计、征用土地、购置设备、土建施工、设备安装及其他建设费用等固定资产投资和流动资金投资、在项目生产期内发生的经营成本、税金等属于现金流出的内容。而现金流入是指项目在该时间内取得的收入，如在项目生产期内取得的销售收入，在项目寿命结束时应回收的固定资产余值和流动资金等均属于现金流入的范畴。现金流出和现金流入通称为现金流量。

(2)在计算项目的现金流量时，有一个需要注意的问题，就是现金流量只计算现金收支，不计算非现金收支；只考虑现金，不考虑借款利息。因为我们在进行项目的经济评价时，是把项目看作一个独立的系统，然后考察项目在建设期和生产期内各年流出系统的费用支出和流入该系统的现金流入，也就是考察现金流量，因此，那些发生在系统内部的资金转换，如折旧，以及只在账面显示并没有实际发生的收支内容，如应收账款、应付款项等，均不能计入现金流量。

## 3.1.2　现金流量表

现金流量表是反映建设项目或技术方案在整个寿命期内所有的现金流入和现金流出情况的报表，利用它可以进行现金流量分析，计算各项静态和动态评价指标，是评价项目投资方案经济效果的主要依据。在现金流量表中，应按时间先后顺序分项列出项目的现金流入与流出项目。现金流量表的一般形式(如表3.1所示)。

**表3.1　现金流量表**　　单位:万元

| 序号 | 年序<br>项目 | 建设期 | | 投产期 | | 达到设计生产能力期 | | | | 合计 |
|---|---|---|---|---|---|---|---|---|---|---|
| | | 1 | 2 | 3 | 4 | 5 | 6 | … | $n$ | |
| 1 | 现金流入 | | | | | | | | | |
| 1.1 | 产品销售(营业)收入 | | | | | | | | | |
| 1.2 | 回收固定资产余值 | | | | | | | | | |
| 1.3 | 回收流动资金 | | | | | | | | | |
| 2 | 现金流出 | | | | | | | | | |

续表

| 序号 | 年序/项目 | 建设期 | | 投产期 | | 达到设计生产能力期 | | | | 合计 |
|---|---|---|---|---|---|---|---|---|---|---|
| | | 1 | 2 | 3 | 4 | 5 | 6 | … | $n$ | |
| 2.1 | 固定资产投资 | | | | | | | | | |
| 2.2 | 流动资金 | | | | | | | | | |
| 2.3 | 经营成本 | | | | | | | | | |
| 2.4 | 销售税金及附加 | | | | | | | | | |
| 2.5 | 所得税 | | | | | | | | | |
| 3 | 净现金流量(1－2) | | | | | | | | | |
| 4 | 累计净现金流量 | | | | | | | | | |
| 5 | 所得税前净现金流量(3＋2.5) | | | | | | | | | |
| 6 | 所得税前累计净现金流量 | | | | | | | | | |

从表3.1可以看出，现金流量表的纵列是现金流量项目，其编排按现金流入、现金流出、净现金流量的顺序进行，表的横列是年份，按项目寿命期的各阶段来排列。整个现金流量表中既包含现金流量各个项目的基础数据，又包含计算的结果；既可纵向看各年的现金流动情况，又可横向看各项目的发展变化，直观方便，综合性强。

在现金流量表中一个重要的栏目是净现金流量栏目。净现金流量是指项目在一定时期内现金流入与现金流出的差额。通常现金流入取正号，现金流出取负号。根据项目所处在计算期的不同阶段，各年的现金流量有正有负，其计算分述如下：

(1)项目建设期内每年净现金流量如下式计算：

净现金流量＝－(固定资金投资＋流动资金投资)

在这个阶段由于只有现金流出，没有现金流入，因此净现金流量是负值。

(2)项目投产期的每年净现金流量如下式计算：

净现金流量＝销售收入－经营成本－销售税金－流动资金增加额

在这个阶段由于还未达到设计生产能力，销售收入不太稳定，因而导致净现金流量可能为正，也可能为负。

(3)项目达到设计生产能力期每年净现金流量如下式计算：

净现金流量＝销售收入－经营成本－销售税金－所得税

在这个阶段，一般情况下净现金流量是正值。如果出现负值，则说明项目亏损，是不可行的。

(4)项目寿命期最后一年的年净现金流量如下式计算：

净现金流量＝销售收入＋回收固定资产余值＋回收流动资金－
经营成本－销售税金－所得税

项目寿命期的最后一年也即项目终了的年份，在这个阶段，前期投入的流动资金要回收，还要回收固定资产余值，因此一般净现金流量是正值。

**【例3.1】**　某公司准备购入一台设备以扩大生产能力，需投资24 000元，使用寿命为5年，采用直线法计提折旧，5年后设备残值收入4 000元，5年中每年销售收入10 000元，经营成本一年为4 000元，以后随着设备陈旧，将逐年增加修理费200元，另需垫支营运资金

3 000元，假设所得税率为40%，试计算该方案的现金流量。

【解】　该投资方案现金流量表如表3.2所示。

**表3.2　投资方案现金流量表**　　单位：元

| 项目＼时间 | 0 | 1 | 2 | 3 | 4 | 5 |
| --- | --- | --- | --- | --- | --- | --- |
| (1)销售收入 | — | 10 000 | 10 000 | 10 000 | 10 000 | 10 000 |
| (2)固定资产余值 | — | | | | | 4 000 |
| (3)流动资金回收 | | | | | | 3 000 |
| (4)固定资产投资 | -24 000 | | | | | |
| (5)流动资产投资 | -3 000 | | | | | |
| (6)经营成本 | | 4 000 | 4 200 | 4 400 | 4 600 | 4 800 |
| (7)折旧 | | 4 000 | 4 000 | 4 000 | 4 000 | 4 000 |
| (8)税前净利 | | 2 000 | 1 800 | 1 600 | 1 400 | 1 200 |
| (9)所得税 | | 800 | 720 | 640 | 560 | 480 |
| (10)税后净利 | | 1 200 | 1 080 | 960 | 840 | 720 |
| (11)现金流量 | -27 000 | 5 200 | 5 080 | 4 960 | 4 840 | 11 720 |

表中：(11)现金流量=(1)+(2)+(3)-(4)-(5)-(6)-(9)

$$(7)\text{折旧}=\frac{\text{固定资产投资}-\text{设备残值}}{\text{折旧年限}}=\frac{2\ 400-4\ 000}{5}=4\ 000(\text{元})$$

(8)税前净利=(1)-(6)-(7)

(9)所得税=(8)×40%

(10)税后净利=(8)-(9)

### 3.1.3　现金流量的形式分类

现金流量的形式随技术经济分析的范围和经济评价方法的不同而不同，一般分为如下两种：

(1)财务现金流量：包括全部投资财务现金流量、自有资金财务现金流量等。财务现金流量主要用于财务评价。

(2)国民经济效益费用流量：包括全部投资国民经济效益费用流量、国内投资国民经济效益费用流量、经济外汇流量。国民经济效益费用流量用于国民经济评价。本书不讨论国民经济效益费用流量，有关这方面的问题请参考其他书籍。

**1.** 全部投资财务现金流量

全部投资财务现金流量不分投资来源，以项目为一独立系统，全部投资作为计算基础，反映项目在整个计算期(包括建设期和生产经营期)内现金的流入和流出，其现金流量构成如表3.3所示。财务现金流量的计算方法与常规会计方法不同，要点是只计算现金收支，不计算非现金收支(如折旧、应收应付账款等)，现金收支按发生的时间列入相应的年份。

表 3.3 全部投资财务现金流量表

| 序号 | 年份 / 项目 | 建设期 | | 投产期 | | 达到设计能力生产期 | | | | 合计 |
|---|---|---|---|---|---|---|---|---|---|---|
| | | 1 | 2 | 3 | 4 | 5 | 6 | … | $n$ | |
| | 生产负荷(%) | | | | | | | | | |
| 1 | 现金流入 | | | | | | | | | |
| 1.1 | 产品销售(营业)收入 | | | | | | | | | |
| 1.2 | 回收固定资产余值 | | | | | | | | | |
| 1.3 | 回收流动资金 | | | | | | | | | |
| 2 | 现金流出 | | | | | | | | | |
| 2.1 | 固定资产投资(含投资方向调节税) | | | | | | | | | |
| 2.2 | 流动资金 | | | | | | | | | |
| 2.3 | 经营成本 | | | | | | | | | |
| 2.4 | 销售税金及附加 | | | | | | | | | |
| 2.5 | 所得税 | | | | | | | | | |
| 3 | 净现金流量(1-2) | | | | | | | | | |
| 4 | 累计净现金流量 | | | | | | | | | |
| 5 | 所得税前净现金流量(3+2.5) | | | | | | | | | |
| 6 | 所得税前累计净现金流量 | | | | | | | | | |

计算指标:财务内部收益率
财务净现值
投资回收期

注:①根据需要可在现金流入和现金流出栏增减项目。
②生产期发生的更新投资作为现金流出可单独列项或列入固定资产投资项中。

### 2. 自有资金财务现金流量

自有资金财务现金流量是从投资者角度出发,以投资者的出资额作为计算的基础,把借款本金偿还和利息支付作为现金流出,考察项目自有资金的盈利能力。自有资金财务现金流量构成如表3.4所示。

表 3.4 自有资金财务现金流量表

| 序号 | 年份 / 项目 | 建设期 | | 投产期 | | 达到设计能力生产期 | | | | 合计 |
|---|---|---|---|---|---|---|---|---|---|---|
| | | 1 | 2 | 3 | 4 | 5 | 6 | … | $n$ | |
| | 生产负荷(%) | | | | | | | | | |
| 1 | 现金流入 | | | | | | | | | |
| 1.1 | 产品销售(营业)收入 | | | | | | | | | |
| 1.2 | 回收固定资产余值 | | | | | | | | | |
| 1.3 | 回收流动资金 | | | | | | | | | |
| 2 | 现金流出 | | | | | | | | | |

续表

| 序号 | 年份/项目 | 建设期 | | 投产期 | | 达到设计能力生产期 | | | | 合计 |
|---|---|---|---|---|---|---|---|---|---|---|
| | | 1 | 2 | 3 | 4 | 5 | 6 | … | $n$ | |
| 2.1 | 自有资金 | | | | | | | | | |
| 2.2 | 借款本金偿还 | | | | | | | | | |
| 2.3 | 借款利息支付 | | | | | | | | | |
| 2.4 | 经营成本 | | | | | | | | | |
| 2.5 | 销售税金及附加 | | | | | | | | | |
| 2.6 | 所得税 | | | | | | | | | |
| 3 | 净现金流量(1－2) | | | | | | | | | |

注:①根据需要可在现金流入和现金流出栏增减项目;
②自有资金是指项目投资者的出资额。

# 3.2　投资构成及其经济要素

## 3.2.1　投资的概念及其构成

**1.** 投资的概念

工程经济中的投资具有双重含义:一是指工程建设的经济活动,即经济主体为获得建设项目预期的经济效益而垫付一定数量的货币或其他经济资源的经济行为。这里的经济资源指有形资产和无形资产,它们要换算成货币金额来表示。二是指建设项目投放的资金,即为了实现预定的生产、经营目标而预先垫付的资金,包括固定资产投资和流动资金。工程技术经济学中的投资着重于后一种含义的阐述。

投资是一项复杂的经济活动,具有诸多特点,其中,收益性和风险性是其两个基本特征。任何投资项目的组织实施都是以一定的资金投入取得尽可能大的预期收益(利润)为目的。投资常伴随着收益不确定的投资风险,投资实施的结果并不必然会有较高的收益或增值,也可能会出现亏本而无法回收投资。投资的收益性与风险性特征,是进行投资项目技术经济分析评价,从而优选方案决策的前提条件。

**2.** 建设项目总投资构成

建设项目总投资主要是项目的固定资产投资和流动资金投资的总和,其投资以及资产构成如图3.1所示。

建设项目总投资所形成的资产,根据其特性可分为固定资产、无形资产、递延资产和流动资产,它们构成了建设项目的经济要素。下面逐一对它们进行分析。

## 3.2.2　固定资产

**1.** 固定资产有关概念

固定资产与无形资产都属于企业的长期资产,也可以说都是固定资产。前者是有形固定资产,即通常所说的固定资产;后者是无形固定资产,简称无形资产。

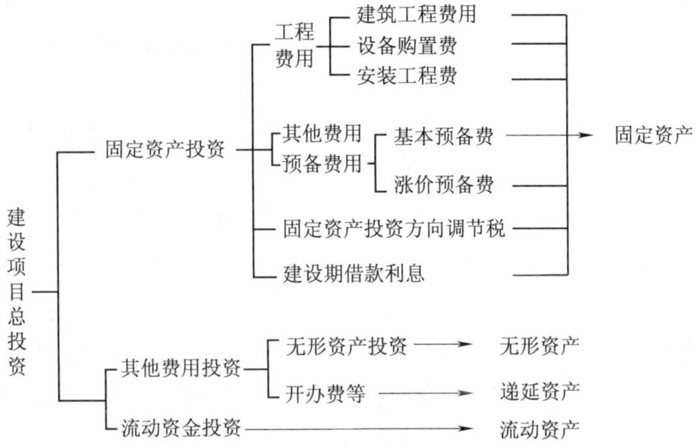


图3.1 建设项目总投资和资产构成

固定资产是指使用年限在一年以上,单位价值在规定限额以上,并在使用过程中保持原有物质形态的资产。固定资产在使用期内长期反复地参与生产过程,保持其原有的物质形态不变,而将其价值通过折旧等方式逐渐转移到利用它所生产的产品中。我国现行企业财务制度规定,固定资产是指使用期限超过一年的房屋、建筑物、机器、机械、运输工具以及其他与生产经营有关的设备、器具、工具等。不属于生产经营主要设备的物品,单位价值在2 000元以上,并且使用期限超过两年的,也应当作为固定资产。固定资产是项目建设经营和管理过程中不可缺少的物质条件,为了便于管理和核算,通常按照其经济用途、单项价值、使用时间等标准进行划分,凡达到规定标准的,作为固定资产管理和核算;达不到规定标准的,作为低值易耗品管理和核算。

在会计核算中,购建固定资产的实际支出(包括建设期借款利息、外币;借款汇兑差额及固定资产投资方向调节税)即为固定资产的原始价值,称为固定资产原值。当项目投入运营后,固定资产在使用过程中会逐渐磨损和贬值,其价值逐步转移到产品中去,这种伴随固定资产损耗发生的价值转移称为固定资产折旧。转移的价值以折旧费的形式计入产品成本,并通过产品的销售以货币形式收回到投资者手中。固定资产使用一段时间后,其原值扣除累计的折旧费总额称为当时的固定资产净值。由于社会经济条件的变化,固定资产净值往往不能反映当时的固定资产的真实价值,根据社会再生产条件和市场情况对固定资产的价值重新进行评估所得到的固定资产价值称为固定资产重估值。当固定资产寿命期结束时,固定资产的残余价值称为固定资产期末残值,对于某一工程项目,固定资产期末残值是一项在项目寿命期末可回收的现金流入。

**2.** 固定资产经济要素

固定资产构成如图3.1所示。固定资产投资由工程费用、工程建设其他费用、预备费用、固定资产投资方向调节税以及建设期借款利息构成。

1)工程费用

工程费用是指用于项目各种工程建设的投资费用,包括生产投资、辅助生产投资、“三废”处理工程投资、服务性工程投资、生活福利设施投资以及厂外工程投资等费用。工程费用是固定资产形成的主要投资费用,主要由以下三部分费用构成:

(1)建筑工程费用。建筑工程费用是指用于建造各种永久性和临时性的建筑物和构筑物的费用包括厂房、住宅、办公楼、仓库、实验室等建筑物、房屋建筑和包括在房屋预算内的各种管道,照明、通信、电气线路的铺设工程,以及设备基础、金属结构工程,油田、矿井、道路、水利、防空等特殊工程投资。

(2)设备购置费。设备购置费是指购置项目所需要的各种设备的费用,包括购置的达到固定资产标准的生产工艺设备,运输、生产维修等设备,试验和化验用仪器、模具、工具台等,以及为新建、扩建单位的新建车间购置的全部设备、工具和器具的费用。含进口设备的国内费用部分,即关税、进口产品税、国内保险费、国内运输费和外贸及银行手续费用。

(3)安装工程费。安装工程费是指设备及室内外的管线铺设、安装等费用。包括用于设备安装工程所追加的设备本身购置价值以外的费用。如工艺、计量、仪表、电力、通信、化验、医疗、维修等设备的安装、绝缘、防腐、保温、油漆,设备内部填充,附属设备及附件管线的装配和装设,设备单机试运转,系统联动无负荷试运转等费用。

2)工程建设其他费用

工程建设的其他费用是指从工程的开工到竣工投产为止的整个建设期内,除了工程费和预备费以外的其他费用。土地使用费、建设单位管理费、生产人员培训费、办公及生活家具购置费、勘察设计费、科学研究试验费、建设期内贷款利息费、工程保险费、工程监理费、项目开工的试运转费和管理费、国外引进项目的其他费用等。

3)预备费

根据我国现行有关规定,预备费包括基本预备费和涨价预备费。基本预备费是指为弥补项目规划设计中难以预料而在项目建设实施中可能增加的工程量的费用;涨价预备费是指项目在建设期内,由于投入物市场价格变化等因素增加资金而需要备用的费用。预备费又称未可预见费。

4)固定资产投资方向调节税

征收固定资产投资方向调节税,是为了贯彻国家产业政策,正确引导投资方向,优化资源配置而采取的一项重要经济措施。税款列入项目总投资内,并计入固定资产原值。

5)建设期利息

建设期利息是指建设项目投资过程中有偿使用的资金在建设期间应偿还的借款利息。除自有资金、国家财政拨款和发行股票外,凡属有偿使用性质的资金,包括国内银行和其他非银行金融机构贷款、出口信贷、外国政府贷款、国际商业贷款、在境内外发行的债券等,均应计算建设期利息。建设期利息可用自有资金支付,但在建设期项目无力支付利息时,以利息资本化的形式转入借款本金,增加借款总额。项目建设期的借款利息应计入项目总投资内,并摊入固定资产。

### 3.2.3　无形资产

**1.** 无形资产的概念

无形资产是指由特定主体控制的不具有独立实体,对生产经营能长期持续地发挥作用,并具有获利能力的资产。无形资产具有以下特点:

(1)无形资产无独立实体,但又依托于实体。例如土地使用权、专利权等与机器设备、厂房等各项实物资产相比,最明显的区别是不具有独立实体,但它又必须依托于实体而存在,如土地使用权必须依托于土地,商誉蕴含于企业或项目的整体资产组合之中。

(2)无形资产具有排他性。无形资产对生产经营活动能长期持续地发挥作用,具有获利能力,并由一定的主体排他性地占有;如果仅仅是偶尔对经济发挥作用不具有持续性,就不能视为无形资产,即使能持续地发挥作用,但因不能被排他性地占有,如政府发布的经济信息、公有技术、未经技术鉴定和未入贸易市场的技术等,均不是无形资产。

(3)无形资产是一种无形财产权。无形资产与固定资产相比不具有实物形态,但无形资产也属于生产资料或生产条件范畴,不是其他神秘莫测的东西。例如技术专利权、商标权、土地使用权等都是通过企业的生产和经营活动以及土地的使用开发加以体现的,无形资产的存在使有形的资产运营更有效益。

**2. 无形资产经济要素**

无形资产由可确指的和不可确指的无形资产两大类构成。

不可确指的无形资产主要指商誉,它是由企业的素质、管理水平以及经营历史等因素综合决定的,并通过超额利润来反映,其价值只能通过企业的整体资产评估的途径来确定。

可确指的无形资产根据内容可分为知识产权、行为权利、对物产权、公共关系等,知识产权指专利权、商标权、版权、服务标志、顾客名单等;行为权利如专营权、许可证;对物产权如土地使用权、矿业开发权、优惠融资权等;公共关系包括客户关系、销售网络、职工队伍等。

无形资产构成如图 3.2 所示。

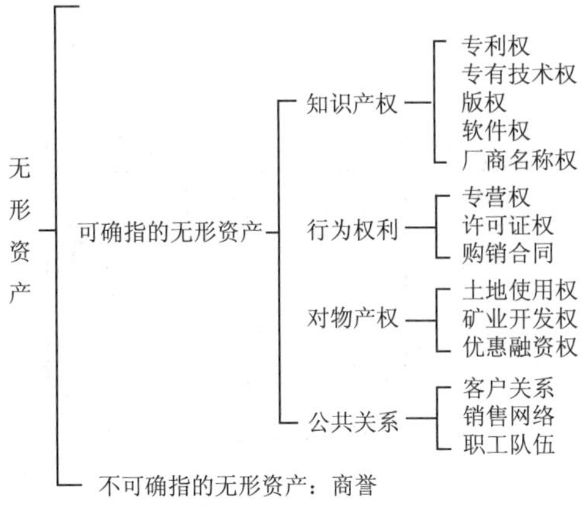


图 3.2　无形资产构成

## 3.2.4　流动资产

**1. 流动资金及构成**

流动资金是指企业生产和经营过程中购置劳动对象和支付职工报酬及其他周转费用所垫付的资金。流动资金投资形成流动资产,流动资金是流动资产的价值形态。流动资产投入生产和经营后,不断改变其原有物质形态,或在一个生产周期全部被消耗掉,与此同时其价值也随着实物消耗一次性地全部转移到产品中,并在产品的价值实现(即销售收入)中得到补偿。

由于建筑企业的生产对象具有单件性、非定型性且体积大、生产周期长等特点，使得建筑产品生产企业所需要的流动资金不同于一般的工业产品生产企业，具有需求量不定、波动性大的特点。主要表现在建筑产品生产企业承建规模不同、结构相异、用途有别的工程项目时，所需要的流动资金数额是不同的，甚至相差悬殊。即使在同一项目的施工期内，由于所处的施工阶段不同，施工内容不同也会使流动资金需用量有所不同。况且由于工程合同的内容不同，有时需要施工企业垫付流动资金，有时由建设单位供应建筑材料，特别是施工企业在原有工程施工已接近收尾，新的施工任务尚未落实的时期，企业留存大量的流动资产必将闲置浪费，遭受损失。因此，从建筑产品生产企业的生产特点出发，必然要求对流动资金需求数量有较大的灵活性，能随着生产的要求不断调整流动资金投入量。

流动资金在项目筹建阶段，最初表现为货币资金；项目建设过程中，大部分以原材料、燃料等生产储备资金形式被占用；投产后这些储备资金在生产过程中分别表现为在产品、半成品和产成品资金，通过销售产成品或半成品收回其价值，还原其货币资金形态。如此循环反复，周转使用，直到项目使用寿命期终结时一次性收回。因此，流动资金由储备资金、生产资金、成品资金、结算资金和货币资金构成。其资金以及资产构成如图 3. 3所示。

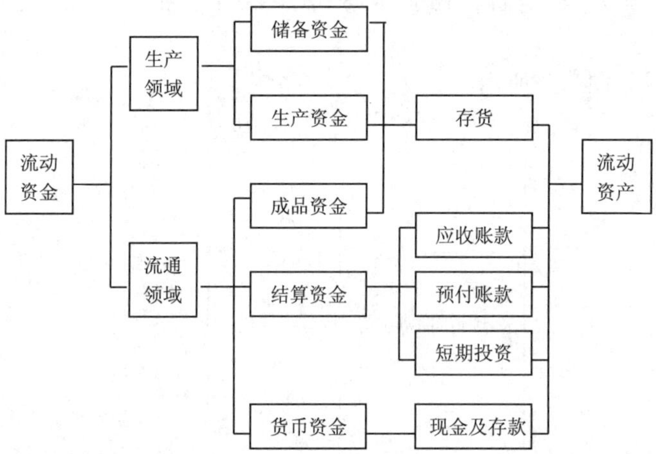


图 3. 3　流动资金和资产构成

(1)储备资金，包括生产准备阶段购置各种原材料、辅助材料、燃料、包装物、外购半成品、低值易耗品、修理备件等投入的资金。

(2)生产资金，指生产阶段投入的各项在制品、自制半成品的费用和待摊费用。

(3)成品资金，包括产出后待销售的各种库存产成品及外购商品。

(4)结算资金，指正在结算中的各种款项，如产品的应收账款、预付的购料款以及短期负债等。

(5)货币资金，指库存现金、备用金和银行存款。

**2.** 流动资产构成及其经济要素

流动资产是指可以在一年内或者超过一年的一个营业周期内变现或者耗用的资产，一般由存货、应收账款、预付账款、短期投资、现金及存款。流动资产构成如图 3. 3 所示。

1)存货

存货是指企业在生产经营过程中为销售或者耗用而储存的各种有形资产,如材料、低值易耗品、产成品等。流动资产中存货的价值占有较大的比重,其特点是不断处于销售和重置或耗用和重置中,一般情况下,其价值一次性转移,并随着产品销售的实现,被耗用的价值一次性得到补偿。

2)应收及预付账款

应收及预付账款是指企业在生产经营过程中,由于销售或购买产品,提供或接受劳务时应收或者预付其他单位或个人的各种款项。其中应收账款指应收销货款、应收票据及其他应收款。预付账款包括预付购货款、预付备料款等。

3)短期投资

短期投资是指能够随时变现,或者持有时间不超过一年的投资,包括股票、债券、基金等。

4)现金及存款

现金及存款是企业在生产经营过程中停留于货币形态的那部分资产,它的流动性最大。

### 3.2.5 投资资金的筹措渠道

我国目前的投资主体,有中央政府投资主体、地方政府投资主体、企业投资主体、个人投资主体和外国投资主体等。各投资主体既可以独立投资,也可以通过股份合资、合作等方式进行联合投资,构成了多元化、多层次的投资主体结构。各投资主体的投资资金筹措渠道不完全相同。

**1.** 中央政府投资主体的资金筹措渠道

中央政府主要是通过财政税收、财政信用和举借外债等渠道筹措资金。

(1)财政税收。它是指国家通过税收和其他非税收入所取得的财政收入中由中央政府留用和支配的部分。这部分财政收入除了用于中央政府经常性开支外,剩余部分可用于投资。

(2)财政信用。它是指以国家财政为主体的投资信用。它的具体融资工具是各类政府债券,如公债券、国库券、国家重点建设债券等。

(3)举借外债。它是指由财政部门出面,代表国家从国外借入款项,用于国内的投资建设。

**2.** 地方政府投资主体的资金筹措渠道

(1)财政税收。它是指通过税收和其他非税收入所取得的财政收入中由地方政府留用和支配的部分。这部分财政收入除了用于地方政府经常性开支外,剩余部分可用于投资。

(2)财政信用。它是指以地方财政为主体的投资信用,它是在中央财政信用完满实施的前提下展开的。其筹资工具是各类地方政府债券,如省电力债券、省化工债券等。

(3)其他自筹资金。如由地方行政与事业单位的收入结余筹集的地方财政资金、中央财政划拨资金等用于地方建设的投资资金。

**3.** 企业投资主体的资金筹措渠道

(1)自有资金。它是指生产经营性企业从其税后净利中的企业发展基金中筹措的用于生产与非生产项目的投资。

(2)银行信用。它是指以企业为主体向商业银行申请贷款用于投资。银行信用实行有借有还,有偿使用的原则,借款企业必须依合同在规定的期限内还本付息。

(3)发行股票和债券。股票是股份公司或股份企业为筹集资金发给认购者(投资者)的一种所有权凭证。股票的持有人即股份公司的股东。债券也是一种所有权证书。由企业发行的债券,称为(公司)企业债券,债券持有人与发行公司(企业)的关系是债权债务关系,债券本息按规定的偿还年限和债息一经还清,双方关系即告结束。

(4)民间集资。民间集资是指由企业组织职工、居民和其他组织等本着自愿的原则筹集的用于投资的资金。

(5)企业与外国资本合资、合作经营,或通过国际金融机构、外国商业银行贷款、发行国际股票、债券等形式筹集的投资资金。

**4.** 个人投资主体的资金筹措渠道

个人投资主体的资金筹资渠道主要有个人自有资金、民间集资和金融机构信用等。

### 3.2.6 资金成本

**1.** 资金成本的概念

建设项目投资所需要的资金,数额上是比较大的,完全由投资主体通过自筹解决往往难以实现,需要采用不同的方式多渠道筹集资金。筹集和使用资金需要考虑资金成本。

所谓资金成本,是指投资主体为筹集资金和使用资金而付出的代价。资金成本由资金筹集费和资金占用费两部分组成。资金筹集费是在筹集资金过程中支付的各项费用,包括银行手续费、发行股票及债券支付的印刷费、发行手续费、律师费、资信评估费、公证费、担保费、广告费等。资金占用费是占用或使用资金所支付的费用,包括银行借款、发行股票的利息、股票的股息等。资金占用费是投资主体在生产经营过程中经常发生的费用,而资金筹集费通常是在筹集资金时一次性发生,在计算资金成本时一般作为筹资额的扣除项。投资方案只有在投资收益率大于资金成本时才有利可图,这样的方案才是投资人可以接受的方案。否则,方案将被拒绝。

资金成本的大小,通常用资金成本率表示。资金成本率是项目资金占用费与扣除筹集费用的实际筹集资金额的比率,用公式表示如下:

$$K=\frac{D}{P-F} \tag{3.1}$$

或

$$K=\frac{D}{P(1-f)} \tag{3.2}$$

式中:$K$——资金成本;

$D$——资金占用费;

$P$——筹资金额;

$F$——资金筹集费;

$f$——资金筹集费占筹资金额的比率即筹资费率。

**2.** 资金成本的计算方法

不同来源和筹措渠道的资金成本是不同的。非股份公司的自筹资金往往被看成是自由支配且免费使用的,财政税收资金则具有强制性和无偿性的特点,一般可以不考虑这两种资金的成本。本节将主要研究债务资金和权益资金的资金成本计算方法。

1)债务资金成本

债务资金包括长期借款资金和债券资金。

(1)长期借款资金成本。长期借款资金成本由借款利息和筹资费用所组成。长期借款资金成本的计算公式如下:

$$K_L = \frac{I_L(1-T)}{L(1-F_L)} \tag{3.3}$$

或

$$K_L = \frac{R_L(1-T)}{1-F_L} \tag{3.4}$$

式中:$K_L$——长期借款资金成本;

$I_L$——长期借款年利息;

$T$——所得税率;

$L$——长期借款筹资额;

$F_L$——长期借款筹资费率;

$R_L$——长期借款利息率。

公式中考虑所得税是因为借款利息在财务上允许计入税前成本费用,使企业税前利润减少,从而起到了抵税的作用。

长期借款的筹资费,主要是借款手续费。当这部分费用很少时,也可以忽略不计。

**【例3.2】** 某房地产开发公司取得长期借款500万元,年利率9%,每年付息一次,到期一次还本付息,筹资费用率0.5%,公司所得税33%。求该项长期借款的资金成本。

**【解】** 由式(3.4)得

$$K_L = \frac{9\% \times (1-33\%)}{1-0.5\%} = 6.06\%$$

(2)债券的资金成本。发行债券的成本主要指债券筹资费用和债券利息。债券利息构成成本费用,亦可起到抵税的作用。因此,债券资金成本的计算公式如下:

$$K_b = \frac{I_b(1-T)}{B(1-F_b)} \tag{3.5}$$

式中:$K_b$——债券资金成本;

$I_b$——债券年利息;

$T$——所得税率;

$B$——债券筹资额;

$F_b$——债券筹资费率。

债券可以采用平价发行,也可以采用溢价发行和折价发行,计算债券资金成本应以实际发行价格作为债券筹资额。如果债券是溢价发行或折价发行,则应将发行差额按年进行摊销,这时债券资金成本的计算公式如下:

$$K_b = \frac{\left[I_b + (B_0 - B_i) \times \frac{1}{n}\right](1-T)}{B_i(1-F_b)} \tag{3.6}$$

式中:$K_b$——债券资金成本;

$I_b$——债券年利息；

$T$——所得税率；

$B_0$——债券的票面价值；

$B_i$——债券发行价；

$n$——债券的偿还年限；

$F_b$——债券筹资费率。

**【例 3.3】** 某公司发行总面额 2 000 万元的 10 年期债券，采用折价发行，筹集资金总额 1 980 万元，发行费率 5%，票面利率 10%，公司所得税 33%。求该债券的资金成本。

**【解】** 由式(3.6)得

$$K_b = \frac{\left[2\,000 \times 10\% + (2\,000 - 1\,980) \times \frac{1}{10}\right] \times (1 - 33\%)}{1\,980 \times (1 - 5\%)} = 7.2\%$$

2)权益资金成本

股票持有人享有发行股票的股份公司财产的所有权，因此，股票资金属于权益资金。股票分为优先股和普通股，两者的资金成本计算方法有所不同。

(1)优先股资金成本。优先股资金成本的计算公式为

$$K_p = \frac{D_p}{P_p(1 - F_p)} = \frac{R_p}{1 - F_p} \tag{3.7}$$

式中：$K_p$——优先股资金成本；

$D_p$——年支付优先股利；

$P_p$——优先股筹资金额；

$R_p$——优先股年股利率；

$F_p$——优先股筹资费率。

(2)普通股资金成本。普通股股本可通过两种方式获得，一是留存盈余转普通股，二是发行新普通股。如果股份公司不是将其税后净盈利以发放股利的形式分派给股东，而是留存这部分净盈利作为资本再投资，实际上相当于股份公司的追加投资。它的计算公式如下：

$$K_s = \frac{D_1}{P_0} + g \tag{3.8}$$

式中：$K_s$——留存盈余转普通股资金成本；

$D_1$——下年度预期股利额；

$P_0$——股票现行价格；

$g$——投资者期望的股利增长率。

公司新发行普通股资金成本除了资金的使用费(即股利)外，还包括筹资费用(或发行费用)。因此，新发行普通股资金成本的计算公式为

$$K_e = \frac{D_1}{P_0(1 - F_e)} + g = \frac{R_e}{1 - F_e} + g \tag{3.9}$$

式中：　$K_e$——新发行普通股资金成本；

$F_e$——新发行普通股筹资费用率；

$R_e$——新发行普通股收益率，即 $D_1/P_0$。

其余同式(3.8)。

**【例 3.4】** 某建筑公司新发行普通股本共计 1 000 万元,预计第一年股票收益率 12%,以后每年增长 1%,筹资费用率为 2.5%,求该公司新发行普通股的资金成本。

**【解】** 由式(3.9)得

$$K_e = \frac{12\%}{1-2.5\%} + 1\% = 13.31\%$$

3)总资金成本

投资主体通过多种渠道和方式筹集资金,不同来源资金的成本各不相同。在筹资决策中,需要确定项目投资所需全部资金的总成本。全部资金的总成本一般是将每笔不同成本的资金进行加权平均,总资金成本又称综合资金成本。总资金成本的计算公式为

$$\overline{K} = \frac{\sum_{i=1}^{n} M_i \cdot K_i}{\sum_{i=1}^{n} M_i} \tag{3.10}$$

或

$$\overline{K} = \sum_{i=1}^{n} W_i \cdot K_i \tag{3.11}$$

式中:$\overline{K}$——总资金成本;

$M_i$——第 $i$ 笔资金实际筹集额;

$K_i$——第 $i$ 笔资金的资金成本;

$W_i$——第 $i$ 笔资金实际筹资额在全部资金筹资额中所占比重。

# 3.3　成本构成及其经济要素

## 3.2.1　成本的概念及其构成

**1.** 成本的概念

在生产性投资项目中,产品成本是生产和销售产品所消耗的活劳动和物化劳动的货币表现。成本的实质是资源或劳动的消耗,其数量大小用货币额来反映。产品成本的大小受许多因素的影响。在同一种产品的生产中采用的生产技术、生产规模、组织管理方式、物资供应方式不同,在不同的自然和社会环境、商品销售市场、生产要素市场等条件下,形成的产品成本都可能有所差别,甚至差别很大。

工程经济分析中使用的成本概念与企业财务会计中使用的成本概念有所不同,主要表现在:

(1)财务会计中的成本是对生产经营活动中实际发生费用的记录,各种影响因素是确定的,所得到的成本数据是唯一的。而工程经济分析中的成本是对拟实施项目未来将要发生的费用的估计和预测,它要受到项目实施中的一些不确定的因素的影响,不同的实施方案会有不同的成本。

(2)工程经济分析中需要引入一些财务会计中所没有的成本概念,如边际成本、机会成本、沉没成本等。这些成本的经济含义与财务会计中成本的含义不同。

**2.** 总成本费用构成及其经济要素

按照各成本费用要素的经济性质和表现形态，总成本费用的构成如表 3.5 所示。

**表 3.5 总成本费用构成**

<table>
<tr><td rowspan="6">总成本费用</td><td colspan="2">折旧费、摊销费</td></tr>
<tr><td colspan="2">利息</td></tr>
<tr><td>外购材料、燃料、动力费</td><td rowspan="4">经营成本</td></tr>
<tr><td>工资及福利费</td></tr>
<tr><td>修理费</td></tr>
<tr><td>其他费用</td></tr>
</table>

1) 外购材料、燃料、动力费

(1) 外购材料费包括预计消耗的原材料、辅助材料、备品配件、外购半成品、包装物、低值易耗品的费用以及其他材料费用，其计算公式为

外购材料费 = 主要外购材料消耗定额 × 单价 + 辅助及其他材料费

(2) 外购燃料及动力费包括直接材料费中预计消耗的外购燃料及动力费，制造费、管理费以及销售费用中外购水电费等，其计算公式为

外购燃料及动力费 = 主要外购燃料及动力消耗量 × 单价 + 其他外购燃料及动力费

2) 工资及福利费

工资及福利费包括企业或项目所有人员的工资及福利费，其计算公式为

工资及福利费 = 职工总人数 × 人均年工资指标（含福利费）

3) 折旧费、摊销费

折旧费指全部固定资产的折旧费，摊销费是指无形资产和递延资产的摊销费用。这里递延资产是指不能全部计入当年收益应当在以后年度内分期摊销的费用，包括：开办费、固定资产大修理费用、租入固定资产的改良支出等。

4) 修理费

修理费是指为恢复固定资产原有生产能力，保持其原有使用效率，对固定资产进行修理或更换零部件而发生的费用，它包括制造费用、管理费用和销售费用中的修理费。固定资产修理费的计算公式为

修理费 = 固定资产原值 × 计提比率

5) 利息

利息指生产经营期间发生的利息净支出、汇兑损失以及相关的金融机构手续费。包括长期借款和短期借款利息。

6) 其他费用

其他费用是指制造费用、管理费用和销售费用之和中扣除上述计入各科目的费用后其他所有费用的统称。

## 3.2.2 工程经济中有关成本的概念

**1.** 经营成本

经营成本是在总成本费用中扣除折旧费、维修费、摊销费和利息之后的全部费用。用

公式表示为

$$经营成本 = 总成本费用 - 折旧费 - 维修费 - 摊销费 - 利息$$

经营成本是为方便经济分析，从产品总成本中分离出来的一部分费用，并在项目技术经济分析中把它作为一个单独的现金流出项目列出。在现金流量表中，各项现金流入和流出都必须与相应的流动时点相对应，也就是说收支在何时发生，就应在何时计算。由于投资已在其发生时作为一次性支出被计为现金流出，折旧作为对投资形成的资产磨损的价值补偿费用就不能计为现金流出，否则就发生了重复计算。维修费、摊销费与折旧费的性质一样，也不能重复计算。贷款利息是项目实际发生的现金流出，但全部资金现金流量表是以全部投资作为计算基础，不分资金来源，所以不必考虑贷款利息支出问题，而自有资金现金流量表已将利息单独列出，因此经营成本中也要扣除利息支出。

**2. 机会成本**

机会成本是指把一种具有多种用途的稀缺资源用于某一特定用途上时，所放弃的其他用途中的最佳用途的收益。人们在利用自己的经济资源时，往往选择实际收益大于机会成本的项目。例如，一笔资金可投资于A、B、C、D四个项目，它们的收益分别为30万元、60万元、40万元和100万元。通过比较投资者将这笔资金投入收益最佳的D项目，从而放弃了A、B、C三个投资机会，其中，收益次佳的B项目的收益即为投资于D项目的机会成本。

机会成本不是实际发生的支出，但在技术经济分析中，机会成本的概念十分重要。这是因为投资者能投入的资金或可利用的经济资源是有限的，具有稀缺性，当面对两个或多个备选方案时，只有把机会成本同时考虑进去，使收益大于机会成本，才能保证选用最佳方案投资，从而实现资源的最佳配置和利用。

**3. 沉没成本**

沉没成本是过去的成本支出，是项目投资决策评价前已经花费的，在目前的决策中无法改变的成本。在项目评价或决策中，当前决策所考虑的是未来可能发生的费用及所能带来的利益，沉没成本与当前决策无关，因此在决策中不予考虑。

**4. 边际成本**

边际成本是指增加一个单位产品产量时所增加的成本，也就是增加最后一个产品生产的成本。边际成本可用成本的增量与产量的增量之比来计算，公式为

$$边际成本 = \frac{成本增量}{产量增量}$$

### 3.2.3　成本费用中的折旧费与摊销费

折旧费和摊销费并不构成现金流出，但在估算利润总额和所得税时，它们是总成本费用的组成部分。一般说来，从企业角度看，企业总是希望多提和快提折旧和摊销额，以便少缴和推迟缴纳所得税；而从政府角度看，也要防止企业的这种倾向，保证正常的税收来源。

**1. 折旧的概念与折旧费计算**

1）折旧的概念

固定资产折旧，简称为折旧，是指固定资产在使用过程中，逐渐损耗而消失的那部分价

值。固定资产在使用中损耗的这部分价值,应当在固定资产的有效使用年限内进行分摊,形成折旧费用,计入各期的产品成本中。

生产中的固定资产可以长期反复参加生产经营活动,并在这一活动中保持其原有的实物形态不变,但其价值却随着固定资产的使用损耗而逐渐转移到所生产的产品中构成了生产费用,然后通过产品的销售活动,形成销售收入,回收货款,弥补成本费用,从而使这部分价值损耗得到补偿。固定资产的损耗可分为两种,即有形损耗和无形损耗,在第7章中将有详细论述。

2)影响折旧的因素

影响折旧额计算的因素主要有以下三个方面:

(1)折旧基数。指计算固定资产折旧的基数,一般为取得固定资产的原始成本,即固定资产原值。不同类型固定资产的原值构成也有所不同。新建项目的固定资产原值包括建筑安装工程费用、设备工具、器具购置费、其他投资费用摊销等;改扩建或更新改造项目的固定资产原值,是指建设前的原值加上建设中的费用支出,再减去不需用或报废的原值;零星购置的固定资产原值,是固定资产的购置、安装、调试等费用的总和。

(2)固定资产净残值。固定资产净残值是指预计在固定资产报废时可以收回的残余价值扣除预计清理费用后的数额。残余价值和清理费用只有在它被清理并在市场上出售后才能准确地计量,而折旧却是在使用中逐期计提的,因此折旧计算只能人为地估计,不可避免地会产生主观臆断。为了避免人为调整残值数额从而人为地调整计提折旧额,进而影响利润的获得和所得税的缴纳,我国企业会计制度规定,净残值按照固定资产原值的3% ~5%,由企业自主确定。由于情况特殊,需调整残值比例的,应报主管财政机关备案。

(3)固定资产使用年限。固定资产使用年限的长短直接影响着生产经营各期应计提的折旧额。确定固定资产使用年限时,不仅要考虑固定资产的有形损耗,还要考虑固定资产的无形损耗。由于这两种损耗均难以准确估计,因此,固定资产的使用年限也只能预计,同样具有主观随意性。国家为了控制所得税税源,对各类固定资产使用年限的范围做了规定,企业应根据国家的有关规定,结合本企业的具体情况合理地确定固定资产的折旧年限。

3)折旧费的计算

折旧费的计算方法很多,有平均年限法、工作量法和加速折旧法等。由于选用不同的固定资产折旧方法会直接影响到产品成本费用的计算,也影响到企业实现利润和纳税,从而影响着国家财政收入以及社会产品在国家、企业与个人之间的分配关系。因此对固定资产折旧方法的选用,国家历来都有比较严格的规定。目前,我国《施工、房地产开发企业财务制度》规定,企业固定资产折旧方法一般采用平均年限法和工作量法。技术进步较快和使用寿命受工作环境影响较大的施工机械和运输设备,经财政部批准,可采用双倍余额递减法和年数总和法计提折旧。固定资产计提折旧额的基本计算公式如下

$$应计提折旧额 = 折旧基数 \times 折旧率$$

(1)平均年限法。平均年限法又称直线法,是在固定资产的使用年限内,将折旧平均分摊到各期中的一种方法。计算公式为

$$年折旧率 = \frac{1 - 预计净残值率}{折旧年限} \tag{3.12}$$

$$年折旧额 = 年折旧率 \times 固定资产原值 \tag{3.13}$$

**【例3.5】** 某企业有一座仓库，原值为120万元，预计使用年限为20年，预计净残值率4%，试计算该仓库年折旧率和年折旧额为多少？

**【解】** 根据式(3.12)和式(3.13)得

$$年折旧率 = \frac{1-4\%}{20} \times 100\% = 4.8\%$$

$$年折旧额 = 120 \times 4.8\% = 5.76(万元)$$

采用平均年限法在固定资产使用年限内各年计提的折旧额均相等，反映这项固定资产在各期的损耗都相同，因此，它比较适合于固定资产在各个时期使用强度大体相等的情况。通常情况下，固定资产在初期使用的效率高，产出多，而在后期使用的效率低，产出也相对较少，所以使用平均年限法没有考虑到因固定资产对生产的贡献不同而应分摊不同折旧额这一因素。另外，一旦发生无形磨损，平均年限法下尚未分摊的折旧价值更大，对企业造成的经济损失也将更大。

(2)工作量法。工作量法是根据固定资产实际工作量计提折旧额的一种方法，其计算公式有如下两种：

①按照行驶里程计算。

$$单位里程折旧额 = \frac{固定资产原值 \times (1-预计净残值率)}{总行驶里程} \tag{3.14}$$

$$某项固定资产年折旧额 = 固定资产当年行驶里程 \times 单位里程折旧额 \tag{3.15}$$

②按照工作小时计算。

$$每工作小时折旧额 = \frac{固定资产原值 \times (1-预计净残值率)}{总工作小时数} \tag{3.16}$$

$$某项固定资产年折旧额 = 该固定资产当年工作小时数 \times 每工作小时折旧额 \tag{3.17}$$

**【例3.6】** 某企业购入货运卡车一辆，原值15万元，预计净残值率5%，预计总行驶里程为60万公里，当年行驶里程3.6万公里，求该项固定资产的年折旧额。

**【解】** 由式(3.14)和式(3.15)得

$$单位里程折旧额 = \frac{15 \times (1-5\%)}{60} = 0.2375(万元/万千米)$$

$$本年折旧额 = 3.6 \times 0.2375 = 0.855(万元)$$

工作量法实际上也是直线法，只不过是按照固定资产所完成工作量平均计算每期的折旧额。

(3)双倍余额递减法。双倍余额递减法是在不考虑固定资产残值的情况下，根据每一期初固定资产账面余额和双倍的直线折旧率计算固定资产折旧的一种方法。双倍余额递减法的计算公式为

$$年折旧率 = \frac{2}{预计使用年限} \times 100\% \tag{3.18}$$

$$折旧额 = 固定资产账面净值 \times 年折旧率 \tag{3.19}$$

为了使计算中最后一年的固定资产账面净值不低于其预计残值，采用双倍余额递减法计提折旧额时，应当在其固定资产使用年限到期以前的两年内，将固定资产净值扣除净残值的余额平均摊销。

**【例3.7】** 某高新技术企业进口一条生产线，固定资产原值40万元，预计使用5年，预计净残值1.6万元，该生产线按双倍余额递减法计算各年折旧额如下：

$$年折旧率=\frac{2}{5}\times 100\%=40\%$$

第一年计提折旧额 $=40\times 40\%=16$(万元)

第二年计提折旧额 $=(40-16)\times 40\%=9.6$(万元)

第三年计提折旧额 $=(40-16-9.6)\times 40\%=5.76$(万元)

第四年计提折旧额 $=\frac{(40-16-9.6-5.76)-1.6}{2}=3.52$(万元)

第五年计提折旧额 $=\frac{(40-16-9.6-5.76)-1.6}{2}=3.52$(万元)

上述计算结果如表3.6所示。

**表3.6　年折旧额计算结果计量**　　单位:万元

| 年　份 | 年初净值 | 折旧率(100%) | 折旧额 | 累计折旧 | 年末净值 |
|---|---|---|---|---|---|
| 0 | 0.00 | 0 | 0.00 | 0.00 | 40.00 |
| 1 | 40.00 | 40 | 16.00 | 16.00 | 24.00 |
| 2 | 24.00 | 40 | 9.60 | 25.60 | 14.40 |
| 3 | 14.40 | 40 | 5.76 | 31.36 | 8.64 |
| 4 | 8.64 | — | 3.52 | 34.88 | 5.12 |
| 5 | 5.12 | — | 3.52 | 38.40 | 1.60 |

(4)年数总和法。年数总和法也叫合计年限法，它是用固定资产的原值减去残值后的净额乘以一个逐年递减的折旧率计算各年的折旧额。这个折旧率的分子是固定资产尚可使用的年数，分母是使用年数的逐年数字的总和。年数总和计提折旧的计算公式如下：

$$年折旧率=\frac{尚可使用年限}{各年尚可使用年限之和} \tag{3.20}$$

或

$$年折旧率=\frac{预计使用年限-已使用年限}{预计使用年限\times(预计使用年限+1)\div 2} \tag{3.21}$$

$$年折旧额=(固定资产原值-净残值)\times 年折旧率 \tag{3.22}$$

**【例3.8】** 仍以例3.7中使用期限5年的固定资产为例，在采用年数总和法计提折旧时，在折旧期限内，各年的尚可使用年限分别为5年、4年、3年、2年和1年，年数总和为15年，求年折旧额。

**【解】** 由式(3.20)和式(3.22)得

第一年：

$$年折旧率=\frac{5}{15}$$

$$年折旧额=(40-1.6)\times\frac{5}{15}=12.80(万元)$$

第二年：

$$年折旧率=\frac{4}{15}$$

$$年折旧额=(40-1.6)\times\frac{4}{15}=10.24(万元)$$

第三年：
$$年折旧率=\frac{3}{15}$$
$$年折旧额=(40-1.6)\times\frac{3}{15}=7.68(万元)$$

第四年：
$$年折旧率=\frac{2}{15}$$
$$年折旧额=(40-1.6)\times\frac{2}{15}=5.12(万元)$$

第五年：
$$年折旧率=\frac{1}{15}$$
$$年折旧额=(40-1.6)\times\frac{1}{15}=2.56(万元)$$

上述计算结果如表3.7所示。

**表3.7　年折旧额计算结果**　　单位：万元

| 年份 | 尚可使用年限 | 原值—残值 | 折旧率 | 折旧额 | 累计折旧额 | 净值 |
|---|---|---|---|---|---|---|
| 0 | — | — | — | — | — | 40 |
| 1 | 5 | 38.4 | 5/15 | 12.80 | 12.80 | 27.20 |
| 2 | 4 | 38.4 | 4/15 | 10.24 | 23.04 | 16.96 |
| 3 | 3 | 38.4 | 3/15 | 7.68 | 30.72 | 9.28 |
| 4 | 2 | 38.4 | 2/15 | 5.12 | 35.84 | 4.16 |
| 5 | 1 | 38.4 | 1/15 | 2.56 | 38.40 | 1.6 |

在上述几种固定资产折旧方法中，双倍余额递减法和年数总和法属于加速折旧法。采用加速折旧法计提固定资产的折旧额，可使在固定资产使用的早期能多提折旧，后期少提折旧，其递减速度逐年加快。这样，可以在固定资产估计的耐用期限内加快速度得到补偿，从而尽可能减少由于技术进步引起无形损耗致使固定资产提前淘汰所造成的损失。

**2.** 摊销费计算

摊销费是指无形资产在一定期限内分期摊销的费用。无形资产是指企业能长期使用而没有实物形态的资产，包括专利权、非专利技术、商标权、商誉、著作权和土地使用权等。无形资产从开始使用之日起，按照有关协议书或合同在受益期内分期平均摊销，没有规定受益期的按不少于10年的期限平均摊销。

递延资产从项目开始运营之日起，按照有关协议书或合同在受益期内分期平均摊销，没有规定受益期的按不少于5年的期限平均摊销。

无形资产、递延资产的摊销价值通过销售收入得到补偿，增加企业盈余资金，可用于还款、周转资金或其他用途。

若各项无形资产摊销年限相同，可根据全部无形资产的原值和摊销年限计算出各年的摊销费；若各项无形资产摊销年限不同，则要根据《无形及递延资产摊销估算表》计算各项无形资产的摊销费，然后将其相加，即可得到生产经营期各年的无形资产摊销费。

# 3.4 营业收入、税金和利润构成及其经济要素

## 3.4.1 营业收入构成及其经济要素

营业收入是企业向社会出售商品或提供劳务的货币收入,是企业生产成果的货币表现。企业的营业收入包括产品销售收入和其他销售收入。产品销售收入包括销售产成品、自制半成品、工业性劳务取得的收入;其他销售收入包括材料销售、技术转让、包装物出租、外购商品销售、承担运输等非工业性劳务所取得的收入。营业收入的计算公式为

$$营业收入 = 商品销售量 \times 单价$$

营业收入与总产值是有区别的。总产值是企业生产的成品、半成品和处于加工过程中的在制品的价值总和,可按当前市场价格或不变价格计算;而营业收入是指出售商品的货币收入,是按出售时的市场价格计算的。企业生产的产品只有在市场上出售,才能成为给企业带来收益的有用的劳动成果。因此营业收入才是反映工业项目真实收益的经济参数。

## 3.4.2 税金构成及其经济要素

税金是国家依据法律对有纳税义务的单位和个人征收的各种税款,是纳税人为国家提供积累的重要方式,具有强制性、无偿性、固定性的特点。我国目前的工商税制分为流转税、资源税、所得税、财产税、特定行为税五类,其中与项目经济性评价有关的主要税种是:从销售收入中扣除的增值税、营业税、资源税、城市维护建设税和教育费附加;计入总成本费用的房产税、土地使用税、车船使用税、印花税等;计入固定资产总投资的固定资产投资方向调节税以及从利润中扣除的所得税等。现将主要税种简述如下:

**1.** 流转税

流转税是以商品生产、商品流通和劳动服务的流转额为征收对象的各种税,包括增值税、消费税和营业税。

1)增值税

增值税是针对商品生产、流通和加工、修理、修配等各种环节的增值额征收的一种流转税;其纳税人是在中国境内销售货物或者提供加工、修理、劳务以及进口货物的单位和个人。

增值税税率设基本税率、低税率和零税率三档。出口货物适用零税率(国务院另有规定的除外);粮食、食用植物油、自来水、暖气、冷气、热水;煤气、石油液化气、天然气、沼气、图书、报纸、杂志、农业生产资料等适用低税率为13%,其他适用基本税率为17%,增值税的计税依据是增值额。计税公式为

$$应纳税额 = 当期销项税额 - 当期进项税额$$

销项税额是按照销售额和规定税率计算并向购买方收取的增值税额。

$$销项税额 = 销售额 \times 适用增值税率$$

进项税额是指纳税人购进货物或者应税劳务所支付或负担的增值税额。准予从销售税额中抵扣的进项税额是指从销售方取得的增值税专用发票上注明的增值税额或从海关取得的完税凭证上注明的增值税额。

小规模纳税人销售货物或者应税劳务，采用简易办法计算，按销售收入全额及规定的征税率计算增值税，征税率为6%。

2）消费税

消费税是对一些特定的消费品或消费行为的流转额或流转量作为课税对象的一种税，其纳税义务人是在我国境内生产、委托加工和进口某些消费品的单位和个人。根据《中华人民共和国消费税暂行条例》，征收消费税的消费品大体分为五类：第一类是一些过度消费会对人类健康、社会秩序、生态环境等造成危害的特殊消费品如烟、酒、鞭炮等；第二类是奢侈品、非生活必需品，如化妆品、贵重首饰及珠宝、玉石等；第三类是高能耗及高档消费品，如小汽车、摩托车等；第四类是不可能再生性稀缺资源消费品，如柴油、汽油等；第五类是消费普遍、税基宽广、征税不会明显影响人民生活水平但有一定财政意义的产品，如汽车轮胎、护肤品、护发品等。

消费税的计税依据是应税消费品的销售额或者销售量，税率或单位销售量税额依不同消费品类别分若干档次，采用从价定率计税和从量定额计税两种办法。

从价定率计税时，指以应税商品的价值量为计税依据，公式为

$$应纳税额=应税消费品销售额\times消费税税率$$

从量定额计税时，指以应税商品的数量为计税依据，公式为

$$应纳税额=应税消费品销售数量\times消费税单位税额$$

3）营业税

营业税是对在我国境内从事交通运输、建筑、金融保险、邮政电讯、文化体育、娱乐、服务、转让无形资产、销售不动产等业务的单位和个人，就其营业收入或转让收入征收的一种税，不同行业采用不同的适用税率。

对于符合国家规定的出口产品，国家免征或退还已征的增值税、消费税及为出口产品支付的各项费用中所含的营业税。

除娱乐业适用5%～20%的税率外，金融保险、服务、转让无形资产、销售不动产的税率均为5%，其余均为3%。营业税可按下式计算：

$$应纳税额=营业额\times税率$$

**2.** 资源税类

资源税类指以被开发或占用的资源为征税对象的各种税，包括资源税、土地使用税等。

1）资源税

资源税是对在我国境内开采原油、天然气、煤炭、其他非金属矿原矿、黑色金属矿原矿、有色金属矿原矿及生产盐的单位和个人征收的一种税。征收资源税的主要目的在于调节因资源条件差异而形成的资源级差收入，促使资源的合理开采与利用，同时为国家取得一定的财政收入。资源税的应纳税额按照应税产品的课税数量和规定的单位税额计算：

$$应纳税额=课税数量\times单位税额$$

课税数量是指纳税人开采或者生产应税产品的销售数量或自用数量。单位税额根据开采或生产应税产品的资源状况而定，具体按《资源税税目税额幅度表》执行。如原油：8～

30 元/吨；有色金属矿原矿：0.4 ~ 30 元/吨。

2）土地使用税

土地使用税是国家在城市、县城、建制镇、工矿区、农村，对使用土地的单位和个人征收的一种税。土地使用税以纳税人实际占用的土地面积为计税依据，按大、中、小城市和县城、建制镇、工矿区、农村分别规定单位面积年税额。

$$应纳税额 = 使用土地面积 \times 单位面积税额$$

国家规定对农、林、牧、渔业等生产用地，国家机关、人民团体、军队及事业单位的自用土地免征土地使用税。对一些重点发展产业，也有相应的减免税规定。

**3.** 所得税类

所得税是以单位、个人在一定时期内的所得额为征收对象的一种税，有企业所得税和个人所得税两种。

企业所得税是指对企业生产、经营所得和其他所得征收的一种工商税。企业的生产、经营所得和其他所得，包括来源于中国境内和境外的所得。企业所得税的纳税人是在我国境内实行经济核算的企业，包括国有企业、集体企业、私营企业、联营企业、股份制企业。

企业所得税的计税依据是应纳税所得额，即纳税人每一纳税年度的收入总额减去国家规定准予扣除项目后的余额。

收入总额中包括生产经营收入、财产转让收入、利息收入、租赁收入、特许权使用费收入、股息收入及其他收入。

准予扣除的项目是指与纳税人取得收入有关的成本、费用和损失，具体包括以下内容：

（1）纳税人在生产、经营期间，向金融机构借款的利息支出，按照实际发生数扣除；向非金融机构借款的利息支出，在不高于按照金融机构同类、同期贷款利率计算的数额以内，准予扣除。

（2）纳税人支付给职工的工资，按照计税工资扣除。计税工资是指在计算应纳税所得额时，允许扣除的标准工资。计税工资的具体标准，由省、自治区、直辖市人民政府在财政部规定的范围内规定，并报财政部备案。

（3）纳税人的职工福利费、工会经费、职工教育经费，分别按计税工资总额的 14%、2%、1.5% 计算扣除。

（4）纳税人用于公益、救济性的捐赠，在年应纳税所得额 3% 以内的部分，准予扣除。

（5）纳税人按规定支付的与生产、经营有关的业务招待费、保险费、坏账损失、财产清查净损失、上级管理费等，经主管税务机关审核后准予扣除。

（6）纳税人的国债利息收入扣除。

计税时不得扣除的项目包括以下内容：

（1）资本性支出。指纳税人购置、建造固定资产和对外投资的支出。

（2）无形资产受让、开发支出。

（3）违法经营的罚款和被没收财物的损失。

（4）各项税收的滞纳金、罚款和罚金。

（5）自然灾害或意外事故损失有赔偿的部分，指纳税人参加保险之后，因遭受自然灾害或意外事故而由保险公司给予的赔偿。

（6）超过国家规定允许扣除的公益、救济性捐赠，以及非公益、救济性的捐赠。

(7)各种赞助支出,指各种非广告性质的赞助支出。

(8)与取得收入无关的其他各项支出。

企业所得税原则上实行33%的比例税率,但我国的所得税暂行条例对民族自治区地方企业、高新技术产业开发区的高新技术企业、第三产业、利用废物为主要原料的企业、边穷地区的新办企业、校办企业等也规定了税收优惠政策。

**4. 财产税类**

财产税类是以企业和个人拥有和支配的财产数量、价值为课税对象的税类,包括车船税、房产税和土地增值税等。

1)车船税

车船税是对行驶于公共道路的车辆和航行于国内河流、湖泊、领海口岸船舶按其种类、吨位征收的一种税。纳税义务人为拥有车船的单位和个人。

2)房产税

房产税是以房屋为征收对象的一种税,按照房产的余值或出租房屋的租金收入进行征收,纳税义务人为拥有房屋产权的单位和个人。计算公式为

$$\text{应纳税额} = \text{房产原值} \times (1 - \text{折旧率}) \times \text{税率}$$

房产税税率为1%～5%,从租金征收的税率为租金收入的12%。

3)土地增值税

土地增值税是对纳税人转让房地产所取得的土地增值额所征收的一种工商税。凡是转让国有土地使用权、地上建筑物及其附着物的经营活动,无论出售土地使用权或是房屋产权和土地使用权一并出售,均缴纳土地增值税。

土地增值税以纳税人转让房地产所取得的增值额,即以纳税人转让房地产所取得的收入减除允许扣除项目金额后的余额为计税依据。土地增值税允许扣除的项目有:取得土地使用权所支付的金额;开发土地的成本、费用;新建房及配套设施的成本、费用,或者旧房及建筑物的评估价格,与转让房地产有关的税金;财政部规定的其他扣除项目。

土地增值税实行四级超额累进税率,简便计算公式为

$$\text{土地增值税应纳税额} = \text{增值额} \times \text{适用税率} - \text{扣除项目金额} \times \text{速算扣除系数}$$

另外,纳税人建造普通标准住宅出售,增值额未超过扣除项目金额的20%者,以及因城市实施规划,国家建设需要而被政府批准依法征用、收回的房地产免征土地增值税。表3.8为土地增值税税率及速算扣除系数表。

**表3.8　土地增值税税率及速算扣除系数表**

| 土地增值额占扣除项目金额的百分比(%) | 适应税率(%) | 速算扣除系数(%) |
| --- | --- | --- |
| 50及其以下 | 30 | 0 |
| 50～100 | 40 | 5 |
| 100～200 | 50 | 15 |
| 200以上 | 60 | 35 |

**5. 特定行为税类**

特定行为税类是指国家为达到某种特定行为而设立的各种税,主要有固定资产投资方向调节税、城乡维护建设税等。

1)固定资产投资方向调节税

固定资产投资方向调节税(简称投资方向调节税)是以投资行为为征税对象的一种税,国家征收投资方向调节税的目的在于利用经济手段对投资活动进行宏观调控,贯彻产业政策,控制投资规模,引导投资方向,保证重点建设。

固定资产投资方向调节税根据国家产业政策确定的产业发展序列和经济规模的要求,实行差别税率,对基本建设项目投资适用税率的具体规定如下:

国家急需发展的投资项目,如农业、林业、水利、能源、交通、通信、原材料、科教、地质、勘探、矿山开采等基础产业和薄弱环节部门的投资项目,适用零税率。

对国家鼓励发展但受能源、交通等制约的投资项目,如钢铁、化工、石油、水泥等部分重要原材料项目,以及一些重要机械、电子、轻工工业和新型建材的项目,实行5%的税率。

为配合住房制度改革,对城乡个人修建、购买住宅的投资实行零税率;对单位修建、购买一般性住宅投资,实行5%的低税率;对单位用公款修建、购买高标准独门独院、别墅式住宅投资,实行30%的高税率;

对家严格限制发展的投资项目,课以重税,税率为30%。

对不属于上述四类的其他投资项目,实行中等税收政策,税率为15%。

固定资产投资方向调节税以固定资产投资项目实际完成投资额为计税依据。固定资产投资项目实际完成投资额包括:建筑工程费、设备及工器具购置费、安装工程费、工程建设其他费用及预备费。更新改造项目以建筑工程实际完成的投资额为计税依据。

从2000年1月1日起,国家暂停征收此税。

2)城乡维护建设税

城乡维护建设税是为保证城乡维护和建设有稳定的资金来源而征收的一种税。凡有经营收入的单位和个人(除另有规定外),都是城乡维护建设税的纳税义务人。城乡维护建设税以纳税人实际缴纳的消费税、增值税、营业税额为计税依据。由各省、市、自治区根据当地经济状况与需要确定不同市县的适用税率。一般来说,市区税率为7%,县城或镇5%,农村1%。

### 3.4.3　利润构成及其经济要素

利润是企业在一定时期内全部生产经营活动的最终成果。利润的实现表明企业生产耗费得到了补偿,并取得了盈利。企业利润既是国家财政收入的基本来源又是企业扩大再生产的重要资金来源。

项目投产后所获得的利润可分为销售利润、利润总额和税后利润三个层次。

$$销售利润 = 销售收入 - 生产成本 - 期间费用 - 销售税金及附加$$

$$利润总额 = 销售利润 + 投资净收益 + 营业外收支净额$$

投资净收益指企业对外投资所取得的投资收益扣除投资损失后的净额。营业外收支净额指营业外收入减去营业外支出后的数额。

$$税后利润 = 利润总额 - 所得税$$

企业的税后利润按国家《企业财务通则》规定,一般采用下列顺序进行分配:

(1)弥补以前年度亏损;

(2)提取法定公积金,用于弥补企业亏损及按照国家规定转增资本金等;

(3)提取公益金,主要用于职工福利设施支出;

(4)向投资者分配利润。

## 本章小结

项目的建设可以看成是货币形式体现的现金流入或现金流出,投资、成本、销售收入、利润、税金构成现金流量的五个要素内容。

**现金流量表** 现金流量表是反映建设项目或技术方案在整个寿命期内所有的现金流入和现金流出情况的报表,利用它可以进行现金流量分析,计算各项静态和动态评价指标,是评价项目投资方案经济效果的主要依据。现金流量表有财务现金流量和国民经济效益费用流量两种形式。

**现金流量构成** 建设项目投入的资本,花费的成本,得到的收益,都可以看成是货币形式体现的现金流出或现金流入。因此,工程项目现金流量是由投资、成本费用、收入、税金和利润五部分构成,每一部分又是由各自的基本经济要素构成。

**投资** 投资具有双重含义,工程经济学中的投资指为了实现生产经营目标而预先垫付的资金。建设项目总投资包括固定资产投资、无形资产投资、递延资产投资及流动资金,这四者分别形成固定资产、无形资产、递延资产及流动资产。

**成本** 成本是反映项目经营过程中资源消耗的一个主要基础数据,是影响经济效益的重要因素。按照成本费用构成要素,总成本可分为外购材料和燃料动力费、工资及福利费、折旧摊销费、修理费、利息支出等。折旧是对固定资产价值损耗的补偿,其计算方法有直线折旧法、工作量法、年数总和法、双倍余额递减法。

**销售收入** 销售收入是企业向社会出售商品或提供劳务的货币收入,是企业生产成果的货币表现。销售收入包括产品销售收入和其他销售收入。

**税金** 税金是国家依据法律对有纳税义务的单位和个人征收的各种税款,是纳税人为国家提供积累的重要方式,具有强制性、无偿性、固定性的特点。我国目前的工商税制分为流转税、资源税、所得税、财产税、特定行为税五类,其中与项目经济性评价有关的主要税种是:从销售收入中扣除的增值税、营业税、资源税、城市维护建设税和教育费附加;计入总成本费用的房产税、土地使用税、车船使用税、印花税等;计入固定资产总投资的固定资产投资方向调节税以及从利润中扣除的所得税等。

**利润** 利润是企业在一定时期内全部生产经营活动的最终成果。企业利润既是国家财政收入的基本来源又是企业扩大再生产的重要资金来源。项目投产后所获得的利润可分为销售利润、利润总额和税后利润三个层次,税后利润按国家有关规定进行分配。

## 复习思考题

1. 什么是固定资产投资?什么是流动资金?二者有什么区别?
2. 简述无形资产的概念。无形资产包括哪些资产?

3. 产品总成本费用要素包括哪些?

4. 我国目前不同投资主体的投资资金来源渠道有哪些?

5. 什么是资金成本? 计算资金成本有什么意义?

6. 什么是经营成本? 什么是机会成本、沉没成本和边际成本? 它们在项目技术经济分析中有何意义?

7. 什么是折旧? 影响折旧额计算的因素有哪些?

8. 营业收入与利润有何不同? 建筑企业应缴纳哪些主要税金?

9. 何谓经营成本? 为什么要在工程经济分析中引入经营成本的概念?

10. 哪些税金可计入成本? 哪些税金从利润中扣除? 投资方向调节税是否计入产品成本?

11. 某一固定资产原值20万元,预计使用年限20年,固定资产残值为1万元,用直线折旧法计算年折旧额、年折旧率及月折旧额。

12. 某一固定资产原值6万元,预计使用年限5年,固定资产残值为5 000元,分别用年数总和法和双倍余额递减法以及直线折旧法计算各年的折旧额。

13. 某企业取得3年期长期借款200万元,该项借款年利率11%,每年付息一次,到期一次还本,筹资费用率0.5%,企业所得税33%,试计算该项借款的资金成本。

14. 某公司发行普通股共800万元,预计第一年股利率14%,以后每年增长1%,筹资费用率3%,该普通股的资金成本是多少?

15. 某企业账面上反映的长期资金共500万元,其中应付长期借款额100万元,应付长期债券50万元,普通股250万元,保留盈余100万元,其资金成本分别为6.7%、9.17%、11.26%、11%,试计算该企业的综合资金成本率。

16. 一台设备的原值为26 000元,折旧年限为5年,预计净残值2 000元。要求:分别用直线折旧法、双倍余额递减法和年数总和折旧法计算这台设备各年的折旧额和年末账面价值。

17. 某大型施工机械原值为200 000元,预计净残值3 000元,按规定可使用2 000个台班,当年实际使用台班为300个,试用工作量法计算当年应计提的折旧额。

# 第4章

# 项目单方案经济评价（建设项目经济评价基本指标）

单方案经济评价是对独立建设项目或技术方案进行经济效果财务分析与评价，为投资项目或方案取舍提供决策依据，是工程经济评价的主要内容。本章将重点介绍工程经济评价的基本指标，包括静态评价指标和动态评价指标。

# 4.1　方案计算期的确定

对投资项目或技术方案进行评价和分析时，都是根据方案特定时期内的现金流量进行的，因此首先应了解项目的计算期。项目计算期也称项目经济寿命期，是指对拟建项目进行现金流量分析时应确定的项目的服务年限。项目计算期包括拟建项目的建设期和生产期两个阶段。

**1.** 建设期

项目建设期是指项目从开始施工到全部建成投产所需要的时间。建设期的主要工作是：安排建设计划、签订经济合同、筹集资金、组织施工、检查工程进度、进行生产准备。建设期的长短与投资项目规模大小、行业性质和建设方式有关，应根据实际需要加以确定。在这里需要指出的是：由于在建设期内，一般只有投入没有或很少有产出，因此建设期过长，会增加项目的投资成本；同时，项目的建成投产标志着项目开始产生投资收益，建设期过长，会推迟这种获利机会的到来，从而影响到项目预期的投资效果。因此可以说，在确保建设项目工程建设质量的前提下，项目建设期应尽可能缩短。

**2.** 生产期

生产期一般又分为达产期和正常运营期，投产后达到设计生产能力的时间称为达产期，达到设计生产能力后的时期称为正常运营期。项目生产期一般不等同于该项目建成后的服务期，而是根据该项目的性质、技术水平、技术进步即实际服务期的长短来合理确定。除某些采掘工业受资源储量限制需合理确定开采年限外，一般工业项目的生产期可按固定资产综合折旧寿命计，一般项目 15 年左右，其项目生产期可延长至 25 年，甚至 30 年以上，需要根据行业的特点来具体确定。

对于不同的投资项目，其现金流量的分布、资金的回收时间安排往往会有差异。若项目的计算期定得太短，就有可能在决定项目取舍或投资方案比较或选择时，错过一些具有更大潜在盈利机会的投资项目；但项目的计算期又不宜定得过长，一方面经济情况发生变化的可能性会变大，从而使计算误差变大，另一方面按折现法计算，将几十年后的收益金额折现为现值，数额较小，不会对评价结论发生关键性影响。因此，我们在投资项目的经济分析和投资决策过程中应该合理地确定项目的计算期。

# 4.2　基准收益率

## 4.2.1　基准收益率的选择与确定

采用净现值指标评价和选择方案时，正确选择和确定基准收益率非常重要，它关系到方案评价的正确性和项目的盈利水平的合理确定。基准收益率又称目标收益率、最低期望收益率,用来贴现求现值,又称贴现率。它是投资者可以接受的按其风险程度在金融市场上可以获得的收益率。

常用的基准收益率主要有行业财务基准收益率和社会折现率。行业财务基准收益率是项目财务评价时计算财务净现值的折现率。用行业基准收益率作为基准折现率计算的净现值,叫做行业评价的财务净现值。行业财务基准收益率,代表行业内投资资金应当获得的最低财务盈利水平,代表行业内投资资金的边际收益率。社会折现率,是项目国民经济评价时计算净现值的折现率,用社会折现率作为基准折现率计算的净现值,叫国民经济评价的经济净现值。社会折现率表示从国家角度对资金机会成本和资金时间价值以及对资金盈利能力的一种估量。确定和采用适当的社会折现率,有助于合理使用建设资金、引导投资方向、调控投资规模、促进资金在短期和长期项目之间的合理配置。

### 4.2.2　基准收益率的确定

利用基准收益率或目标收益率来选择确定项目,实际上是用它来作为一个衡量标准,这个标准收益率水平的高低对方案的选择有很大的影响。如果标准收益率定得太高,可能会使许多经济效益好的方案被拒绝;若标准收益率定得太低,可能会接受一些经济效益并不好的方案。从资金投入即收益的时间上来分析,当基准收益率定得偏高时,则时间间隔越长的未来价值在总现值中的比重越小,即对只有近期效益的项目有利。因此,如果资金短缺,应当把收益率标准定得稍高一些。这样,有利于把资金用在获利高、且短期效益好的项目上,有利于资金的增值。

基准收益率的确定必须考虑资金成本、目标利润、投资风险、资金限制。

**1.** 资金成本

资金成本是为取得资金使用权所支付的费用。项目投资后所获的利润额必须能够补偿资金成本,方有利可图,因此基准收益率最低限度不应小于资金成本,否则便无利可图。

**2.** 目标利润

建设项目投资的经济效益不仅应能回收资金和支付利息,而且应能获得一定的利润额。因此,在确定基准收益率时,必须考虑一定数目的目标利润。

**3.** 投资风险

通常,项目投资都存在发生亏损的可能性,即投资都是有风险的。为此,投资者自然就要求获得利润,否则它是不愿意去冒风险的。为了限制对风险大、盈利低的项目进行投资,可以采取提高基准收益率的办法来进行项目经济评价。

**4.** 资金限制

资金越少,越需要精打细算,使之利用得更加有效。为此,在资金短缺时,应通过提高基准收益率的办法进行项目经济评价,以便筛选掉盈利能力较低的项目。

总之,资金成本和目标利润是确定基准收益率的基础,投资风险和资金限制是确定基准收益率必须考虑的影响因素。

# 4.3　静态评价指标

静态评价指标是不考虑资金时间价值的指标。这里只讨论静态投资回收期和投资收益率指标的概念、计算和判据。

## 4.3.1　静态投资回收期($P_t$)

投资回收期又叫投资返本期或投资偿还期。所谓投资回收期是指以项目的净收益抵偿全部投资所需要的时间。这里所说的净收益主要是指利润，此外还可以包括按制度规定允许作为还款用的折旧、摊销及其他资金；全部投资包括固定资产投资、固定资产投资方向调节税、建设期贷款利息和流动资金。

投资回收期，是反映项目财务上投资回收能力的重要指标，是用来考察项目投资盈利水平的经济效益指标。计算投资回收期(以年为单位)一般从方案投资时算起，若从投产开始时算起应予以注明。投资回收期的计算，按是否考虑时间价值而分为静态投资回收期与动态投资回收期。

静态投资回收期的表达式为

$$\sum_{t=0}^{P_t} (CI - CO)_t = 0 \tag{4.1}$$

如果投产或达产后的年净收益相等，或用年平均净收益计算时，则投资回收期的表达式转化为

$$P_t = \frac{P}{A} \tag{4.2}$$

式中：$P_t$——投资回收期(年)；

$P$——全部投资；

$A$——等额年收益或年平均净收益；

CI——现金流入量；

CO——现金流出量；

$(CI - CO)_t$——第 $t$ 年的净现金流量。

实际上，投产或达产后的年净收益不可能都是等额数值，因此，投资回收期亦可根据全部投资财务现金流量表中累计净现金流量计算求得，表中累计净现金流量等于零或出现正值的年份，即为项目投资回收的终止年份。其计算公式为

$$\text{静态投资回收期}(P_t) = \text{累计净现金流量出现正值的年份} - 1 + \frac{\text{上年累计净现金流量的绝对值}}{\text{当年净现金流量}} \tag{4.3}$$

式中的小数部分也可化为月数，从而可用年和月表示计算结果。

设基准投资回收期为 $P_c$，则判别准则为：若 $P_t \leq P_c$，则项目可以接受；若 $P_t > P_c$，则项目应予以拒绝。

**【例4.1】** 某方案的有关数据如表4.1所示,其建设期为3年,生产期为20年,并且各年的收益不同,已知基准投资回收期为11年,试用投资回收期指标评价方案。

**【解】** 根据表4.1所列,方案的建设期为三年,累计净现金流量出现正值的年份为第11年,当年的净现金流量为1 074万元,上年累计净现金流量的绝对值为282万元,按公式计算静态投资回收期。

**表4.1　某方案有关数据表**

| 年份 | 年初投资 | 年现金流入 | 累计净现金流量 | 年份 | 年初投资 | 年现金流入 | 累计净现金流量 |
|---|---|---|---|---|---|---|---|
| 1 | -1 250 | | -1 250 | 13 | | 1 074 | +2 984 |
| 2 | -1 500 | | -2 750 | 14 | | 1 074 | +4 014 |
| 3 | -1 500 | | -4 250 | 15 | | 1 074 | +5 088 |
| 4 | -750 | 374 | -4 626 | 16 | | 1 074 | +6 162 |
| 5 | | 374 | -4 252 | 17 | | 1 074 | +7 236 |
| 6 | | 374 | -3 878 | 18 | | 1 074 | +8 310 |
| 7 | | 374 | -3 504 | 19 | | 1 074 | +9 384 |
| 8 | | 1 074 | -2 430 | 20 | | 1 074 | +10 458 |
| 9 | | 1 074 | -1 356 | 21 | | 1 074 | +11 532 |
| 10 | | 1 074 | -282 | 22 | | 1 074 | +12 606 |
| 11 | | 1 074 | +792 | 23 | | 1 074 | +13 680 |
| 12 | | 1 074 | +1 866 | | | 1 074 | |

$$P_t=(11-1)+\frac{|-282|}{1\ 074}=10.26$$

由于$P_c=11$,$P_t<P_c$,所以方案是可取的。

## 4.3.2　投资收益率

投资收益率也称投资报酬率,是指项目达到设计生产能力后的一个正常年份的净收益额与项目总投资的比率,对生产期内各年的净收益额变化幅度较大的项目,则计算生产期年平均净收益额与项目总投资的比率。投资收益率的含义是表明项目投产后单位投资所创造的净收益额,因此,也是进行财务盈利能力分析和考察项目投资盈利水平的重要指标。其计算公式为

$$R=\frac{A}{P} \tag{4.4}$$

式中:$R$——投资收益率;

$P$——项目总投资;

$A$——项目达产后正常生产年份的净收益或年平均净收益额。

按分析目的不同,$A$可以是年利润总额或年平均利润总额,也可以是年利税总额或年平均利税总额。

设$i_c$为基准投资收益率,则判别准则为:若$R\geqslant i_c$,则项目可以考虑;若$R<i_c$,则项目应予以拒绝。

在实际评价工作中,根据分析的具体目的不同,主要计算以下三种投资收益率指标。

**1.** 投资利润率

投资利润率是指项目达到正常生产年份的利润总额或生产期年平均利润总额与项目总投资的比率。计算公式为

$$投资利润率=\frac{年利润总额或年平均利润总额}{项目总投资}\times 100\%$$

式中:年利润总额=年产品销售收入-年产品销售税金及附加-年总成本费用;

年产品销售税金附加=年增值税+年营业税+年资源税+年城市建设维护税+年教育费附加;

项目总投资=固定资产投资+固定资产投资方向调节税+建设期贷款利息+流动资金。

项目的投资利润率,可根据项目评价损益表中有关数据计算求得,并与有关部门或行业的平均利润率相比较,以判别项目单位投资盈利能力是否已达到本行业平均水平。

**【例4.2】** 某建设项目,投资估算总额为85 780万元,建设期贷款利息为6 457.35万元,流动资金为4 025万元,固定资产投资方向调节税为零。投产期年利润总额分别为3 167万元、4 846万元,达到设计能力生产期为16年,年利润总额为7 836万元,求投资利润率。

**【解】** (1)按年利润总额计算:

$$投资利润率=\frac{7\ 836}{85\ 780+6\ 457.35+4\ 025}\times 100\%$$

$$=\frac{7\ 836}{96\ 262.35}\times 100\% =8.14\%$$

(2)按年平均利润总额计算:

$$投资利润率=\frac{(3\ 167+4\ 846+7\ 836\times 16)\div 18}{96\ 262.35}\times 100\%$$

$$=\frac{7\ 410.5}{96\ 262.35}\times 100\% =7.7\%$$

**2.** 投资利税率

它是指项目达产后正常生产年份的利税总额或生产期年平均利税总额与项目总投资的比率。计算公式为

$$投资利税率=\frac{年利税总额或年平均利税总额}{项目总投资}\times 100\%$$

式中:年利税总额=年销售收入-年总成本费用;

或　年利税总额=年利润总额+年产品销售税金及附加。

投资利税率,可根据项目评价损益表中数据计算求得,并与部门或行业的平均利税率相比较,以判别项目单位投资对国家积累的贡献水平是否达到本行业的平均水平。

**3.** 资本金利润率

资本金利润率是指达产后正常生产年份的利润总额或生产期年平均利润总额与项目资本金的比率。计算公式为

$$资本金利润率=\frac{年利润总额或年平均利润总额}{资本金}\times 100\%$$

资本金利润率是反映项目的资本金盈利能力的重要指标。

一般地讲,投资收益率指标与项目的投资回收期指标互为倒数关系,即

$$R = 1/P_t \text{或} P_t = 1/R$$

在《建设项目经济评价方法与参数》(第二版)中,财务基准收益率 $i_c$ 和财务基准投资回收期 $P_c$ 是作为项目财务评价的基准判据,而平均投资利润率与平均投资利税率是用来衡量项目的投资利润率或投资利税率是否达到或超过本行业平均水平的评判参数,只作为项目评价的参考依据,不作为项目投资利润率和投资利税率是否达到本行业最低要求的判据。

# 4.4 动态评价指标

动态评价指标是考虑资金时间价值的评价指标,它们更能准确反映项目的经济效果。这里讨论动态投资回收期、净现值、净现值率、净终值和内部收益率的概念、计算和判据。

## 4.4.1 动态投资回收期($P'_t$)

为了克服静态投资回收期未考虑资金时间价值的缺陷,可采用动态投资回收期指标对技术方案进行评价和比选。所谓动态投资回收期是指在考虑资金时间价值条件下按设定的利率收回全部投资所需要的时间。其计算公式为

$$\sum_{t=0}^{P'_t} (\mathrm{CI} - \mathrm{CO})_t (1 + i_c)^{-t} = 0 \tag{4.5}$$

式中:$P'_t$——动态投资回收期(年)。

如果项目投产后或达到正常生产能力后年净收益相等,则动态投资回收期的计算公式可推导如下:

设总投资 $P$ 在计算期期初一次性投入,设定利率为 $I$,年净收益为 $A$。根据动态投资回收期计算公式,有

$$-P + A(P/A, i, P'_t) = 0$$

解得

$$P'_t = \frac{-\lg\left(1 - \frac{P \cdot i}{A}\right)}{\lg(1 + i)} \tag{4.6}$$

**【例4.3】** 某企业初始投资为1 000万元,投产后每年获得收益200万元,如投资贷款年利率为8%,求该企业的投资回收期。

**【解】** (1)解法一:由式(4.6)求精确解:

$$P'_t = \frac{-\lg\left(1 - \frac{0.08 \times 1\,000}{200}\right)}{\lg(1 + 0.08)} = 6.64(\text{年})$$

(2)解法二:由式(4.5),$-1\,000 + 200(P/A, 8\%, P'_t) = 0$

$$(P/A, 8\%, P'_t) = \frac{1\,000}{200} = 5$$

查附录5年金现值系数表，查得8%利率时，$(P/A,i,n)$ 系数为5的值在6~7年之间。用插入法

| | |
|---|---|
| 6年 | 4.622 9 |
| $P_t'$年 | 5.000 0 |
| 7年 | 5.206 4 |

$$P_t' = 6 + \frac{5.000\,0 - 4.622\,9}{5.206\,4 - 4.622\,9} \times 1 = 6.65(\text{年})$$

与精确值相比略有出入，一般已够精度要求。假如该例题不考虑资金时间价值，则静态投资回收期为5年。显然，由于复利计算的结果，动态投资回收期大于静态投资回收期。但在投资回收期不长和折现率不大的情况下，两种投资回收期差别不大，不致影响项目或方案的选择。因此，只有在静态投资回收期很长的情况下，才有必要进一步计算动态投资回收期。

如果投资方案各年的现金流量为非等额数值，可以用现金流量表计算，其计算方法与静态投资回收期类似，其公式为

$$\text{动态投资回收期}(P_t') = \text{累计净现金流量出现正值的年份} - 1 + \frac{\text{上年累计净现金流量的绝对值}}{\text{当年净现金流量}} \tag{4.7}$$

**【例4.4】** 某项目有关数据如表4.2所示，设 $i_c = 10\%$，计算该项目的动态投资回收期。

**表4.2　某项目有关数据表**　　单位：万元

| 年　序 | 0 | 1 | 2 | 3 | 4 | 5 | 6 | 7 |
|---|---|---|---|---|---|---|---|---|
| 投　资 | 20 | 500 | 100 | | | | | |
| 经营成本 | | | | 300 | 450 | 450 | 450 | 450 |
| 销售收入 | | | | 450 | 700 | 700 | 700 | 700 |
| 净现金流量 | -20 | -500 | -100 | 150 | 250 | 250 | 250 | 250 |
| 折现系数1/(1+10%) | 1.000 0 | 0.909 1 | 0.826 4 | 0.751 3 | 0.683 0 | 0.620 9 | 0.564 5 | 0.513 2 |
| 净现金流量现值 | -20 | -454.6 | -82.6 | 112.7 | 170.8 | 155.2 | 141.1 | 128.3 |
| 累计净现金流量现值 | -20 | -474.6 | -557.2 | -444.5 | -273.7 | -118.5 | 22.6 | 150.9 |

**【解】** 根据式(4.7)，得

$$P_t' = 6 - 1 + \frac{|-118.5|}{141.1} = 5.84(\text{年})$$

动态投资回收期用于投资方案的判别准则可根据净现值的判别准则推出。根据净现值的计算公式和动态投资回收期的计算公式，可以得到：

当 $NPV=0$ 时，有 $P_t'=n$，即净现值等于零时的动态投资回收期就是方案的寿命期；

当 $P_t'<n$ 时，则 $NPV>0$，方案可以考虑接受；

当 $P_t'>n$ 时，则 $NPV<0$，方案不可行。

投资回收期具有明确的经济意义，计算简单、直观，便于投资者衡量项目的风险能力，并能在一定程度上反映投资效益的优劣。项目决策面临着未来的不确定性因素的挑战，这种不确定性所带来的风险随着时间的推移而增加。为了减少这种风险，人们自然希望投资

回收期越短越好,基准投资回收期就是使项目风险尽可能小的时间界限。因此,作为能够反映一定经济性和风险性的投资回收期指标,在项目评价中具有独特的地位和作用,并被广泛用作项目评价的辅助指标。然而,投资回收期也有其固有的局限性:①没有考虑计划投资的项目使用年限;②没有考虑投资回收期以后的收益。因此,投资回收期作为评价判据时,有时会使决策失误,往往要与其他指标结合使用,以弥补其不足。

### 4.4.2　净现值(NPV)

净现值是反映工程项目在建设期和生产服务年限内获利能力的综合性动态评价指标。净现值指标有财务净现值指标、经济净现值指标和外汇净现值指标,分别适用于项目的财务评价、国民经济评价、涉及外贸项目的评价。三类计算指标的计算方法是相同的。

**1.** 净现值的含义与判别准则

净现值(NPV)是根据项目方案所期望的基准收益率,将方案在计算期内的现金流量折算到基准年的所有现值的代数和。其数学表达式为

$$NPV = \sum_{t=0}^{n}(CI - CO)_t(1 + i_c)^{-t} \tag{4.8}$$

式中:NPV——净现值;

$CI_t$——第 $t$ 年的现金流入量;

$CO_t$——第 $t$ 年的现金流出量;

$i_c$——基准收益率(也称基准折现率);

$n$——项目计算期。

当 NPV 为零,表示方案正好满足预定的收益率;NPV 为负,表示达不到预定的收益率,但并不一定亏损;NPV 为正,表示除了保证方案达到预定的收益率外,尚有超额剩余。因此,净现值指标的判别准则为

$NPV \geq 0$ 时,方案可以考虑接受。

$NPV < 0$ 时,方案应予以拒绝。

净现值的优点在于:①考虑了资金的时间价值,进行动态评价;②考虑了方案整个计算期的现金流量,因而它能比较全面地反映方案的经济状况;③它能够直接以货币额表示项目的净收益,经济意义明确。

净现值的缺点在于:①必须首先确定一个符合经济现实的基准收益率,而收益率的确定往往是比较困难的;②不能说明在项目运营期间各年经营成果,它只能表明项目的盈利能力超过、等于或未达到要求的水平;③不能直接反映项目投资中单位投资的使用效率。

**【例 4.5】**　某项目各年的现金流量如表 4.3 所示。已知 $i_c = 10\%$,试用净现值指标评价其经济可行性。

**【解】**　(1)由表中各年净现金流量和式(4.8)得

$$\begin{aligned} NPV &= -2\,000 - 2\,000(P/F,10\%,1) + 1\,400(P/A,10\%,6)\cdot(P/F,10\%,1) \\ &= 1\,724.6(\text{万元}) \end{aligned}$$

**表 4.3　某项目各年的现金流量表**　　单位:万元

| 项目＼年份 | 0 | 1 | 2~7 |
| --- | --- | --- | --- |
| 1. 销售收入 | | | 1 500 |
| 2. 投资 | 2 000 | 2 000 | |
| 3. 经营成本 | | | 100 |
| 4. 净现金流量 | -2 000 | -2 000 | 1 400 |

计算结果表明,该投资方案达到预定的10%收益率外,还有现值为1 724.6的余额,因此该方案可行。

(2)求净现值还可在现金流量表上计算,如表4.4所示。

**表 4.4　现金流量表求净现值**　　单位:万元

| 项目＼年份 | 0 | 1 | 2 | 3 | 4 | 5 | 6 | 7 |
| --- | --- | --- | --- | --- | --- | --- | --- | --- |
| 销售收入 | | | 1 500 | 1 500 | 1 500 | 1 500 | 1 500 | 1 500 |
| 投资 | 2 000 | 2 000 | | | | | | |
| 经营成本 | | | 100 | 100 | 100 | 100 | 100 | 100 |
| 净现金流量 | -2 000 | -2 000 | 1 400 | 1 400 | 1 400 | 1 400 | 1 400 | 1 400 |
| 折现系数$(1+i_c)^{-t}$ | 1.000 0 | 0.909 1 | 0.826 4 | 0.751 3 | 0.683 0 | 0.620 9 | 0.564 5 | 0.513 2 |
| 净现金流量现值 | -2 000 | -1 818.2 | 1 156.96 | 1 051.82 | 956.20 | 869.26 | 790.30 | 718.48 |
| 累计净现金流量现值 | -2 000 | -3 818.2 | -2 661.24 | -1 609.42 | -653.22 | 216.04 | 1 006.34 | 1 724.82 |

由表4.4计算结果可知,净现值为1 724.82万元,说明该方案达到预定收益率的要求,还有额外剩余,因此该方案可行。

**2. 净现值 NPV 与利率的关系**

净现值NPV与利率$i$之间存在着一定的函数关系。

在净现值公式$\text{NPV}=\sum_{t=0}^{n}(\text{CI}-\text{CO})_t(1+i_c)^{-t}$中令$(\text{CI}-\text{CO})_t$为$F_t$。在常规投资条件下,即$F_0<0,\sum_{t=0}^{n}F_t>0,(t=1,2,\cdots,n)$,$n$为有限值,$F_t$仅改变一次符号,则NPV$(i)$可展开为:

$$\text{NPV}(i)=F_0+F_1(1+i)^{-1}+F_2(1+i)^{-2}+\cdots+F_n(1+i)^{-n}$$

设NPV$(i)$为连续函数,因此:

$$\frac{\text{dNPV}(i)}{\text{d}i}=\frac{\text{dNPV}(i)}{\text{d}(1+i)}=-\frac{F_1}{(1+i)^2}-\frac{2F_2}{(1+i)^3}-\cdots-\frac{nF_n}{(1+i)^{n+1}}<0$$

$$\frac{\text{d}^2\text{NPV}(i)}{\text{d}i^2}=\frac{\text{d}^2\text{NPV}(i)}{\text{d}\,(1+i)^2}=+\frac{2F_1}{(1+i)^3}+\frac{6F_2}{(1+i)^4}+\cdots+\frac{n(n+1)F_n}{(1+i)^{n+2}}>0$$

故NPV$(i)$为向下凸的单调递减的函数曲线,如图4.1所示。从图中可以看出净现值NPV与利率$i$之间有如下关系:

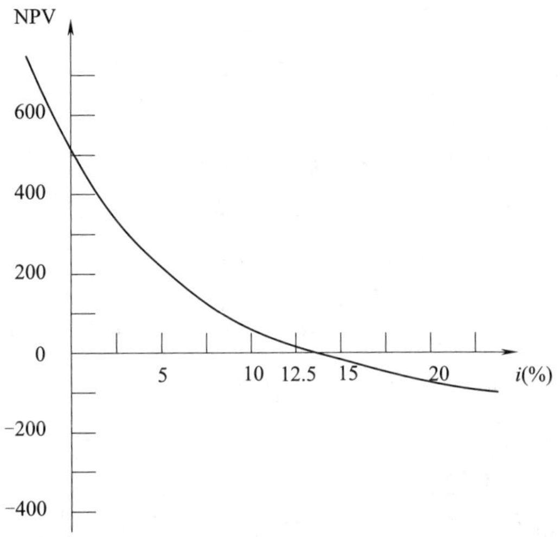


图4.1　净现值与利率的关系

(1)NPV($i$)为向下凸的单调递减的函数,同一净现金流量系列的净现值随折现率 i 的增大而减小。实际的投资方案大多数现金流量都是开始有支出,而后有一系列收入的常规投资方案,故基准折现率 $i_c$ 定得越高,所能被接受的方案越少。

(2)NPV($i$) >0,则 $i$ 最大可以大到多少,仍可使方案可行呢? 很明显,$i$ 可以大到使 NPV($i$) =0,这时 $i$ 达到了其临界值 $i^*$,称为内部收益率,其意义将在稍候部分介绍。

(3)在某一个 $i^*$ 值上(本图中 $i^*$ =12.5%),曲线与横坐标相交,表示在该折现率下的 NPV =0,且当 $i<i^*$ 时,NPV($i$) >0;$i>i^*$ 时,NPV($i$) <0。

## 4.4.3　净现值率(NPVR)

为了考察资金的利用效率,可采用净现值率作为净现值的补充指标。所谓净现值率也称净现值指数,是指方案的净现值与其投资现值之比。计算公式为

$$\text{NPVR} = \frac{\text{NPV}}{K_p} = \frac{\sum_{t=0}^{n} (\text{CI} - \text{CO})_t (1 + i_c)^{-t}}{\sum_{t=0}^{n} k_t (1 + i_c)^{-t}} \qquad (4.9)$$

式中:NPVR——净现值率;

$K_p$——项目总投资现值。

净现值率的经济含义是方案确保基准收益率外,单位投资现值所取得的净现值额,也就是单位投资现值所获得的超额净收益。这个收益越大,说明每元投资的效率越高,也即方案的经济性越好。

仍用例4.5的数据,可得

$$\text{净现值率(NPVR)} = \frac{1\,724.6}{2\,000 + 2\,000(P/F,10\%,1)} = 0.45$$

在经济评价中,净现值率判据同净现值判据一样,可以用于单方案评价,同时它作为投资的效率指标,也可用于多方案的排序。

### 4.4.4 净年值(NAV)

净年值(NAV)通常称年值,是指将方案计算期内的净现金流量,通过基准收益率折算成与其等值的各年年末等额支付序列。计算公式为

$$NAV = NPV(A/P, i_c, n)$$
$$= \sum_{t=0}^{n} (CI - CO)_t (1 + i_c)^{-t} (A/P, i_c, n) \tag{4.10}$$

净年值判别准则与净现值指标判别准则相同。即

NAV≥0,方案可以接受;

NAV<0,则方案应予以拒绝。

净现值的含义是项目寿命期内取得的超出目标的盈利收益的现值,而净年值给出的是项目寿命期内平均每年取得的等额超额收益。

### 4.4.5 净终值(NFV)

净终值(NFV)通常称为终值,它是指方案计算期内的净现金流量,通过基准收益率折算成未来某一点的终值代数和。计算公式为:

$$NFV = NPV(F/P, i_c, n)$$
$$= \sum_{t=0}^{n} (CI - CO)_t (1 + i_c)^{-t} (F/P, i_c, n) \tag{4.11}$$

净终值判别准则与净现值判别准则相同。即

NFV≥0,方案可以接受;

NFV<0,则方案应予以拒绝。

由于$(A/P, i_c, n) = \dfrac{i_c (1 + i_c)^n}{(1 + i_c)^n - 1}$,$(F/P, i_c, n) = (1 + i_c)^n$,当$i_c$和$n$为有限值时,它们都是常数。即

$$NAV = NPV \times 常数$$
$$NFV = NPV \times 常数$$

这样现值、年值、终值是成比例的,因而在项目单方案评价中,净现值、净年值、净终值指标,实质上没有什么不同,只是他们计算的基准时间不同,三种判据所得的结论是一致的,结果等效的。在项目经济评价中,人们较多地使用净现值,净终值几乎不用,而净年值多用于寿命不同的方案比较。

### 4.4.6 内部收益率(IRR)

若把考虑资金时间价值的净现值、净年值指标称为价值型指标,那么内部收益率、净现值率就是考虑资金时间价值的效率型指标。内部收益率是方案盈利能力分析的重要评价判据。

**1.** 内部收益率的概念及其经济含义、判别准则

内部收益率,又称内部报酬率,是指项目在整个计算期内各年净现金流量现值代数和等于零(或净年值等于零)时的折现率。前面已经讨论过,常规投资方案净现值曲线,在 $0 < i < \infty$ 的范围内,只与横轴相交于一点,此时方案的 NPV($i$)的利率 $i^*$ 定义为该方案的内部收益率 IRR。它反映项目所占用资金的盈利能力,是考察项目资金使用效率的重要指标。其定义和计算公式为

$$\sum_{t=0}^{n} (CI - CO)_t (1 + IRR)^{-t} = 0 \tag{4.12}$$

式中:IRR——项目内部收益率。

内部收益率是方案经济评价的重要判断依据,由于它是由项目本身的现金支出和现金收入所决定的,取决于方案的"内部",故称内部收益率。内部收益率的经济含义是:它反映的是项目全部投资所能获得的实际最大收益率,是项目借入资金利率的临界值;它表明了项目对所占用资金的一种恢复(收回)能力,在项目整个计算期内尚未恢复的资金,按这一利率 $i$ = IRR 进行恢复,到寿命终了时恰好恢复完毕,内部收益率值越高,说明方案的恢复能力越强,方案的经济越好。

假定某投资方案的现金流量系列如图 4.2 所示,其内部收益率为 10%,从图 4.2 中可以看出,初始投资 1 000 元的投资方案,各年的净收益分别为 400 元、370 元、240 元和 220 元,第一年末尚未恢复的投资等于以 10% 利率占用的待恢复投资 1 100 元 - 恢复资金 400 元 =700 元;第二年末尚未恢复的投资等于以同样利率占用的待恢复投资 770 元 - 恢复资金 370 元 =400 元;第三年末尚未恢复的投资等于以同样利率占用的待恢复资金 440 元 - 恢复资金 240 元 =200 元;第四年末尚未恢复的投资等于以同样利率占用的待恢复资金 220 元 - 恢复资金 220 元 =0。到此为止,以 10% 利率占用的投资全部得到恢复。可见内部收益率是未恢复的投资所赚的利率,它不仅受项目初始投资规模的影响,而且受项目寿命期内各年净收益大小的影响。

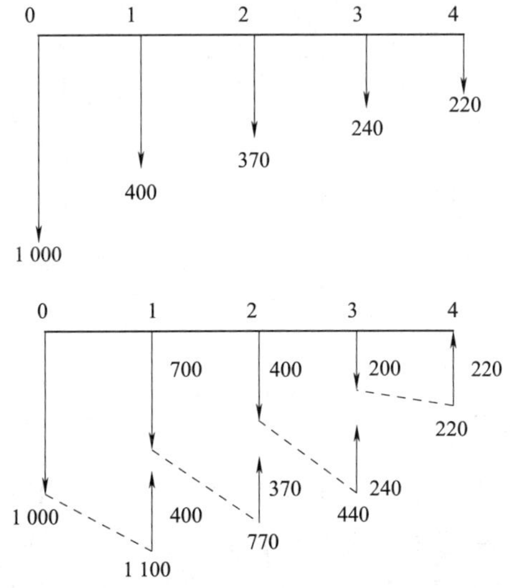


图 4.2　资金恢复图

内部收益率的判别准则为：计算求得的内部收益率 IRR 与项目的基准收益率 $i_c$ 相比较：

若 IRR $\geqslant i_c$ 时，则表明项目的收益率已超过基准折现率水平，项目可行；

若 IRR $< i_c$ 时，则表明项目的收益率未达到基准折现率水平，项目不可行，应予以拒绝。

**2.** 内部收益率的计算

内部收益率实际上是净现值(年值、终值)的反算，计算净现值时利率 $i$ 为已知值，而收益率 IRR 的计算，由式(4.12)可知是一个一元高次方程，不宜直接求解，在实际工作中，多采用试算插值法，即利用 NPV($i$)曲线的特点，求解 IRR 的近似值。根据净现值与利率的函数关系(参见图 4.1)，当 $i<$ IRR 时，NPV($i$) $>0$；$i>$ IRR 时，NPV($i$) $<0$；只有当 $i=$ IRR 时，NPV $=0$。因此，可先选择两个折现率 $i_1$ 与 $i_2$，且使得 NPV($i_1$) $>0$ 和 NPV($i_2$) $<0$，然后用线性内插法求出 NPV($i$) $=0$ 时的折现率 $i^*$，此即是欲求出的内部收益率。用线性内插法计算内部收益率的步骤如下：

第一步：首先估计和选择两个适当的折现率 $i_1$ 和 $i_2$，且 $i_1<i_2$，然后分别计算净现值 NPV($i_1$)和 NPV($i_2$)，并使得 NPV($i_1$) $>0$ 和 NPV($i_2$) $<0$。这样内部收益率即净现值为零时的利率必然是在 $i_1$ 与 $i_2$ 之间，即 $i_1<\text{IRR}<i_2$。

第二步：推导求内部收益率 IRR 的计算式。用线性内插法求内部收益率 IRR 的示意图，如图 4.3 所示。则有

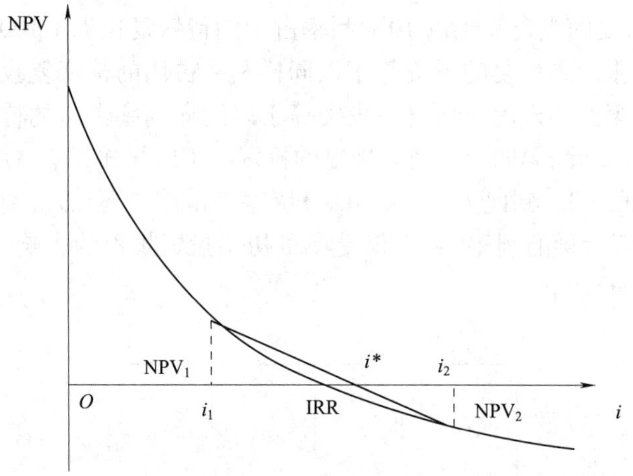


图 4.3　用线性内插法求 IRR 的示意图

$$\frac{\text{NPV}(i_1)}{|\text{NPV}(i_2)|}=\frac{\text{IRR}-i_1}{i_2-\text{IRR}}$$

解之得：

$$\text{IRR}=i_1+\frac{\text{NPV}(i_1)}{\text{NPV}(i_1)+|\text{NPV}(i_2)|}(i_2-i_1) \tag{4.13}$$

应当指出，用线性内插法计算式(4.13)计算的误差($i^*-\text{IRR}$)与估计选用的两个折现率差额($i_2-i_1$)的大小有直接关系。为了控制误差不宜过大，通常试算用的两个折现率之差($i_2-i_1$)一般介于 2% ~5% 之间。

**【例 4.6】**　某项目计算期内净现金流量如表 4.5 所示，基准收益率为 10%，试用内部收益率指标判断项目经济上是否可行。

**表 4.5　净现金流量表**　　单位:万元

| 年份(年末) | 0 | 1~9 | 10 |
|---|---|---|---|
| 净现金流量 | -5 000 | 100 | 7 000 |

**【解】**　为了求 IRR 的值,可列出等式:

$$NPV(i) = -5\ 000 + 100(P/A, IRR, 9) + 7\ 000(P/F, IRR, 10) = 0$$

取 $i_1 = 5\%$,计算净现值:

$$NPV(5\%) = -5\ 000 + 100(P/A, 5\%, 9) + 7\ 000(P/F, 5\%, 10) = 69.64 > 0$$

结果为正值,由于 NPV($i$)值随 $i$ 的增加而减少,为使净现值为零或负值,取 $i_1 = 6\%$,计算净现值:

$$NPV(6\%) = -5\ 000 + 100(P/A, 6\%, 9) + 7\ 000(P/F, 6\%, 10) = -355.19 < 0$$

可见,内部收益率必然在 5% ~6% 之间,代入线性内插法计算式,得

$$\begin{aligned} IRR &= i_1 + \frac{NPV(i_1)}{NPV(i_1) + |NPV(i_2)|}(i_2 - i_1) \\ &= 5\% + 1\% \times \frac{69.64}{69.46 + 335.19} \\ &= 5.16\% \end{aligned}$$

因为 IRR = 5.16% < 10%,故该方案在经济上应予以拒绝。

**3.** 求内部收益率的几种情况

内部收益率方程式(4.12)是一元高次方程。为方便于分析问题,令 $X = (1 + IRR)^{-1}$,$F_t = (CI - CO)_t (t = 0, 1, 2, \cdots, n)$,则内部收益率方程式可简写为如下形式:

$$F_0 + F_1 X + F_2 X^2 + \cdots + F_n X^n = 0$$

这是一元 $n$ 次方程,$n$ 次方程应该有 $n$ 个根(包括重根),其中正实数根才可能是项目的内部收益率,而负根无经济意义。如果只有一个正实数根,则其应该是该项目的内部收益率,如果有多个正实数根,则需经过检验符合内部收益率经济含义的根才是项目的内部收益率。

根据 $n$ 次多项式狄斯卡尔符号规则,系数为实数的 $n$ 次多项式的正实数根的个数,不超过其系数数列符号变更的次数。因此内部收益率的解也一定不超过现金流量列 $F_0, F_1, F_2, \cdots, F_n$ 的符号变更次数。这样就可能出现如表 4.6 所列的情况,无根、负根和多根。这将影响内部收益率作为判据使用,因此有必要进行讨论。

**表 4.6　常规投资方案净现值方程解表**

| 年末 | $A$ | $B$ | $C^*$ | $D^*$ | $E$ | $F$ | $G$ | $H$ |
|---|---|---|---|---|---|---|---|---|
| 0 | +1 000 | -1 000 | -1 000 | -1 000 | -500 | +500 | +500 | -2 000 |
| 1 | +100 | -500 | +100 | 0 | +200 | -200 | +400 | +9 200 |
| 2 | +100 | -400 | +500 | +500 | +200 | -200 | -1 000 | -13 700 |
| 3 | +400 | -100 | +200 | 0 | 0 | 0 | +1 000 | +6 600 |
| 4 | +200 | -500 | +400 | +800 | 0 | 0 | +100 | 0 |
| 方程解 | 无解 | 无解 | 一个正值解 | 一个正值解 | 无正值解 | 无正值解 | 多解 | 10%,50%,100% |

注:* 表示常规投资方案,余者为非常规投资方案。

(1)常规投资方案净现值曲线,只有一个正值解,见表4.6的方案$C$、$D$。

(2)非常规投资方案H,根据上述符号规则,现金流量的符号改变三次,满足方案的解有三个,即10%,50%和100%,此时难以确认哪个是方案H的内部收益率。这是内部收益率判据的一个缺点。但在经济评价中非常规投资方案并不多见,如遇这种情况,可采用其他方法进行评价。

(3)方案A、B的无解和方案E、F的无正值解的情况,在实际工作中,可凭直观加以判别。遇有这种情况,可辅以其他方法进行评价。

(4)如果互比方案年度现金流入不同,内部收益率则不能正确地反映投资方案的经济效益。例如把30万元资金投入方案A,10年后收益150万元;或投入方案B,寿命10年,每年可得8万元,若利率为10%,A、B两方案的净现值为

$NPV(10\%)_A = -30 + 150(P/F, 10\%, 10) = 27.88$(万元)

$NPV(10\%)_B = -30 + 8(P/A, 10\%, 10) = 12.8$(万元)

$A$、$B$两方案的内部收益率为:

$NPV_A = -30 + 150(P/F, IRR_A, 10) = 0$　　$IRR_A = 17.8\%$

$NPV_B = -30 + 8(P/A, IRR_B, 10) = 0$　　$IRR_B = 23.4\%$

因此,内部收益率判据的结论与净现值结论并不一致,所以内部收益率不应用于多方案比较。

内部收益率的优点:考虑了资金时间价值以及项目在整个寿命期的经济状况;能够直接衡量项目的真正投资收益率;不需要事先确定一个基准收益率,而只需要知道基准收益率的大致范围即可。内部收益率的不足:需要大量的与投资有关的数据,计算比较麻烦,对于具有非常规现金流量的项目来讲,其内部收益率往往不是唯一的,在某些情况下甚至不存在。

**4.** 净现值与内部收益率的关系

设$(CI - CO)_t$为$F_t$,由净现值公式得

$$NPV = \sum_{t=0}^{n} \frac{F_t}{(1+i_c)^t} \qquad ①$$

$$0 = \sum_{t=0}^{n} \frac{F_t}{(1+IRR)^t} \qquad ②$$

在常规投资条件下,$F_0 < 0$,$F_t(t = 1, 2, \cdots, n) > 0$

①-②式,得

$$\begin{aligned} NPV &= \sum_{t=0}^{n} \frac{F_t}{(1+i_c)^t} - \sum_{t=0}^{n} \frac{F_t}{(1+IRR)^t} \\ &= \left(\sum_{t=1}^{n} \frac{F_t}{(1+i_c)^t} - F_0\right) - \left(\sum_{t=0}^{n} \frac{F_t}{(1+IRR)^t} - F_0\right) \\ &= \sum_{t=1}^{n} \frac{F_t}{(1+i_c)^t} - \sum_{t=1}^{n} \frac{F_t}{(1+IRR)^t} \end{aligned}$$

当$IRR = i_c$时,$NPV = 0$;当$IRR > i_c$时,$NPV > 0$;当$IRR < i_c$时,$NPV < 0$。因此,在常规投资条件下,净现值与内部收益率的评价结论完全一致。

## 本章小结

本章讨论项目单方案经济评价的问题,涉及项目计算期、基准收益率、静态和动态评价指标几个方面。

**项目计算期** 项目计算期也称项目经济寿命期,是指对拟建项目进行现金流量分析时应确定的项目的服务年限。项目计算期包括拟建项目的建设期和生产期两个阶段。

**基准收益率** 基准收益率主要有行业财务基准收益率和社会折现率。行业财务基准收益率是项目财务评价时计算财务净现值的折现率 ,代表行业内投资资金应当获得的最低财务盈利水平。社会折现率,是项目国民经济评价时计算净现值的折现率,表示从国家角度对资金机会成本和资金时间价值以及对资金盈利能力的一种估量。基准收益率的确定必须考虑资金成本、目标利润、投资风险、资金限制等方面的因素。基准收益率的高低应恰当,如果基准收益率定得太高,可能会使许多经济效益好的方案被拒绝;如果基准收益率定得太低,可能会接受一些经济效益并不好的方案。

**评价指标** 技术方案经济评价指标按评价内容可分为价值型指标、效率型指标和时间型指标。价值型指标包括净现值、净年值、净终值;效率型指标包括内部收益率、净现值率、投资收益率;时间型指标包括投资回收期、贷款偿还期。上述指标按是否考虑资金时间价值分为静态评价指标和动态评价指标。静态评价指标包括静态投资回收期、投资收益率等;动态评价指标包括动态投资回收期、净现值、净现值率、净年值、内部收益率等。其中净现值和内部收益率是两个最主要的评价指标;净现值、净年值、净终值是等效指标。

一般来说,内部收益率比较直观,能直接反映项目投资的盈利能力。但它的计算较为烦琐,且对于非常规投资方案,内部收益率可能无解或有多个解,而使其失去实际意义。现实中的投资项目绝大部分为常规投资方案。

净现值指标虽然没有内部收益率的缺点,但只能表明项目投资的盈利能力超过、等于或达不到要求的水平,而该项目的盈利能力究竟比要求的水平高多少,则无法表明。

净现值率是在净现值基础上发展起来的,可作为净现值的一个补充指标,它反映净现值与投资现值的关系。净现值率越高,说明资金的利用效率越高。

投资回收期简单、直观,是兼有经济性和风险性测度功能的辅助评价指标。但其最大的缺点是不能反映投资回收期以后方案的收支情况,因而不能全面反映项目在整个寿命期内的真实经济效果,一般用于粗略评价。

在独立方案的经济评价中,用净现值、净年值和内部收益率指标来判断项目的可行性,所得出的结论是一致的。

## 复习思考题

1. 什么是投资回收期? 如何计算?
2. 什么是投资收益率? 如何计算?
3. 什么是基准收益率? 如何确定?
4. 什么是内部收益率? 有何经济意义? 如何计算?

5. 某方案的现金流量如表4.7所示，试求投资回收期和投资利润率。

**表4.7　某方案现金流量表**　　单位：元

| 年　末 | 现 金 流 量 |
| --- | --- |
| 0 | -3 000.00 |
| 1~5 | 791.55 |

6. 各方案的现金流量系列如表4.8所示，试求各方案的净现值、净年值和净终值。

**表4.8　各方案现金流量表**　　单位：万元

| 年　末 | *A* | *B* | 年　末 | *A* | *B* |
| --- | --- | --- | --- | --- | --- |
| 0 | -2 000 | -2 000 | 3 | 650 | 590 |
| 1 | 450 | 590 | 4 | 700 | 600 |
| 2 | 550 | 590 | 5 | 800 | 600 |

7. 已知表4.9现金流量表，试绘出现值NPV($i$)关于利率$i$的函数的曲线。

**表4.9　现金流量表**　　单位：万元

| 年　　末 | 0 | 1 | 2 | 3 | 4 |
| --- | --- | --- | --- | --- | --- |
| 现金流量 | -8 000 | 2 000 | 2 000 | 2 000 | 2 000 |

8. 某投资方案的数据见表4.10，基准收益率为10%，试求：(1)画出现金流量图；(2)计算静态投资回收期、动态投资回收期、净现值和内部收益率。

**表4.10　某投资方案数据表**　　单位：万元

| 年　　末 | 现金流量 | 年　　末 | 现金流量 |
| --- | --- | --- | --- |
| 0 | -2 500 | 2~10 | 1 200 |
| 1 | -2 000 | | |

9. 建一临时仓库需8 000元，一旦拆除即毫无价值。假定仓库每年能得净收益1 260元，问：(1)假设使用期为8年，其投资收益率为多少？(2)若希望达到收益率10%，则该仓库至少应使用多少年才值得投资？

# 下 篇

# 建筑工程技术经济分析的实际应用

# 第5章 项目多方案的经济评价

在实际项目投资决策中，常存在多个投资备选方案。由于备选方案之间的关系不同，其经济评价选择的评价指标和方法不同，故而结论就不同。本章将根据项目各方案之间的经济关系，着重讨论互斥型、独立型、相关型多方案比选的常用方法。

# 5.1　概　　述

## 5.1.1　项目多方案评价简介

**1.** 项目多方案评价的概念

项目多方案的比较和选择是指对根据实际情况所提出的各个备选方案，通过选择适当的经济评价方法和指标，对各个方案的经济效益进行比较，最终选择出最佳投资方案。

**2.** 项目多方案评价的现实意义

在投资决策过程中，企业所面临的往往是多个投资方案的选择问题。与单方案经济评价相比，多方案的比选要复杂得多，由于不同的投资方案投资、收益、费用及方案的寿命期都不相同，使得我们在单方案分析中所使用的方法、所得出的一些结论不能直接用于多方案的比较和选择。多方案比选中不仅要考虑单方案的经济可行性，还要考虑项目多个方案的整体最优。同时，并不是任何方案之间都是直接可以比较的。不同方案产出的数量和质量、产出的时间、费用的大小和寿命期都不相同，因此在进行多方案的比选时，就需要有一定的前提条件和判别标准。另外，多方案的比较和选择不仅涉及经济因素，而且还涉及技术因素以及项目内外部环境等其他相关因素（如产品质量、市场竞争、市场营销等），只有对这些因素进行全面地、系统地调查、分析和研究，才能选出最佳方案，做出科学的投资决策。

我们以事例来加以说明。现有两个方案可供选择，其主要资料如表5.1所示，问哪个方案更有利。

**表5.1　两方案主要资料**　　单位：万元

| 方案 | 投资额 | 净现值 | 内部收益率 |
|---|---|---|---|
| A | 2 000 | 160 | 30 |
| B | 3 000 | 180 | 25 |

根据给定的数据，若按照净现值指标进行评价，因B方案的净现值比A方案的净现值大20万元，应该是B方案比A方案更有利；但若根据内部收益率指标进行评价，因A方案的内部收益率指标大于B方案，显然又应该是A方案比B方案有利。这样按照两种方法得出的结论是相互矛盾的。

由此可见，我们在单方案分析中使用的各种指标和评价方法是不能直接适用于多方案选择的。这是因为在多方案选择问题中，我们所追求的不是单一方案的局部最优，而是多方案的整体最优。因此，在多方案评价过程中，除考察每个方案的经济性外，还必须研究项目各方案之间的相互关系。在本章第二节我们将着重讨论项目方案之间的关系和方案组合。

## 5.1.2　方案比选应遵循的原则

项目方案比较选择时应遵循可比性原则和差异比较原则。

**1.** 可比性原则

所谓可比性原则是指进行技术经济比较时，项目的各方案必须在相同的前提条件下用相应的技术指标才能进行比较。

比如有Ⅰ、Ⅱ两个方案，其年利润如表 5.2 所示，比较此两个方案的优劣。

**表 5.2　方案比较表**

| 方案 | 年利润 | 结论 |
|---|---|---|
| Ⅰ | 8 亿元 | 谁好？ |
| Ⅱ | 3 亿元 | |
| Ⅰ | 5 亿元 | 是否一样好？ |
| Ⅱ | 5 亿元 | |

不难看出，这两个方案仅在现有条件下不能轻易得出谁好、谁不好的结论，因为缺少比较前提，即在什么情况下进行上述指标的比较。技术经济分析通常表现为对不同技术方案经济效益的分析、比较、论证和选优。可比性原则是讨论方案比较时应具备哪些条件，在哪些方面具备可以比较的条件，才能进行方案比较。可比性原则包括以下四方面：

1）满足需要可比

任何技术方案都要求其产品的产量、质量和品种满足特定的需要。若同时存在几个技术方案，必须能满足相同需要才可相互比较和相互替代。

（1）产量可比。这里说的产量是指实际产出量（也称之为净出量）。例如水力、火力发电方案相比较，假定社会需要发电容量 10 万 kW，发电量 4 亿 kW·h，能否根据将 10 万 kW 装机容量和 4 亿 kW·h 发电量的水电站建设方案与相同装机容量和发电量的火电站建设方案相比较呢？我们说不能。从表面上看，虽然两个方案都具备相同的装机容量和发电量，似乎可以满足同一需要。其实不然，因为水电站和火电站自己都需要一部分电量，如自用电等。同时为保证正常运转尚需一定的事故用电、抢修用电和负荷备用电。因此，扣除自用电后，两方案都不能满足社会需要，且两种电站的自用电量不同，最后为社会实际提供的发电量亦不同。

（2）质量可比。质量不同，满足程度也将不同，所以，参加比较的方案必须在产出质量上可比。在质量不一样的情况下，有时可以折合，有时不能折合。对于技术方案来讲，满足需要应包括质量需要，因为没有质量就不可能达到预定效用。因此，参加比较的方案要求质量上可比。

（3）品种可比。现有两个方案，甲方案生产 A、B、C 三种产品以满足社会需要，乙方案只生产 A、B 两种产品，则在满足需要上，乙就不具备，必须将乙方案扩建以生产 A、B、C 三种产品，或者再建一个生产 C 产品的丙方案，此时甲方案要与乙、丙两个方案之和进行比较。

2）消耗费用可比

在技术方案的经济比较中，由于实际所要比较的是满足相同需要的不同技术方案的经济效果，而经济效果包括满足需要和消耗费用两个方面，所以，除了要比较技术方案具有满足需要上的可比条件外，还必须具有消耗费用上的可比条件。对于同时满足相同需要的不同技术方案来说，由于它们涉及的人、财、物、环境等不尽相同，各自消耗费用也必定不同。

这里所说的消耗费用可比，是指用统一的计算原则和方法计算费用，且考虑的内容应一致，而且要计算全部消耗费用。在计算投资时不能某一方案只计算固定投资，另一方案只计算流动资金，两种投资均应该计算。在计算方案总耗费时，要计算投资费用，也要计算经营费用，等等。具体应考虑：

第一，既要考虑技术方案本身的生产费用，又要考虑其产品的储运、销售、使用费用。在运用这一原则时，还要结合比较的目的，灵活掌握。如对于满足相同需要的公寓建设方案进行比较，不仅要考虑公寓的建设费用、销售费用，还要同时考虑用户在使用过程中所发生的各种维修、保养等费用。

第二，根据评价目的的不同，有时既要考虑技术方案本身的消耗费用，又要考虑与技术方案实施直接联系的相关部门所增加的费用。这是由于国民经济各部门之间、各企业之间，在固定资产、材料供应与产品销售等方面都存在着相互协作、相互制约的联系，一个部门技术方案的实施，必然要引起相关部门的相关投资和相关费用的变化。

3）价格指标可比

价格是价值的货币表现。评价技术方案的经济效果，离不开价格指标。因为不论是劳动消耗方面，还是产生的有用效果方面，都只有从价值形态上才能加以综合，并通过价格加以反映。然而，在对技术方案进行实际比较时，可能涉及不同的价格体系。例如，有的技术方案采用境外价格，有的技术方案采用境内价格，有的技术方案采用计划价格，有的技术方案采用市场价格，采用不同的价格体系计算出来的各技术方案的经济效果是不一样的。价格是计算各种经济效益分析指标的一种尺度，尤其是当价格波动较大时，计算不同技术方案的经济效果时必须要采用合理的价格。

一般来说，当产品的价格和价值一致时，可采用现行价格计算；当产品价格不能正确反映价值时，可依据相对稳定时期内的不变价格来计算，也可依据影响因素而采用修正价格来计算。如对于远期技术方案的比较，应考虑到技术进步及劳动生产率的不断提高使产品成本不断下降的趋势，采用远景价格；不同时期的技术方案相比较，应采用价格指数的办法将过去价格都折算成现行价格进行比较；进行企业经济评价时，一般采用现实市场价格；进行国民经济评价时，一般采用影子价格。

4）时间因素可比

时间因素可比是指技术方案比较时，其服务年限应取一致或应折为一致，同时应考虑资金随时间变化的影响，即要考虑资金运动的增值效应（资金的时间价值）。需注意以下两点：

第一，相互比较的各技术方案必须采用相同的计算期。

第二，由于相互比较的各技术方案的各项投入和产出在时间的先后顺序上会有所不同，因此，技术方案在不同时期发生的收益和费用不能直接相加减，而必须按资金时间价值折算到同一时点上才具有可比性。

**2. 差异比较原则**

所谓差异比较原则是指在进行技术方案比较时，将经济效益方面等同的因素略去，而只比较在经济效益方面不同的因素。这样做的好处是可以减少计算工作量，又不会影响比较结果的可靠性。具体地说，当比较方案的耗费水平一定时，只需比较其效果水平。同样，当效果水平一定时，只需比较其耗费上的差异。

### 5.1.3　方案比选的内容

多方案经济效果的评价通常包含两方面的内容：一是首先评价各个方案自身的经济效果，即进行方案的绝对效果检验。所谓绝对（经济）效果检验是指用经济效果评价标准（如净现值 NPV≥0，净年值 NAW≥0，内部收益率 IRR≥$i_0$等）只检验方案自身的经济性，达标即可。二是在参选的各个方案自身经济效果可行的条件下，对各个备选方案选优，即进行相对效果检验。相对（经济）效果检验指用经济效果评价标准（如增量净现值 ΔNPV≥0，增量净年值 ΔNAW≥0，增量内部收益率 ΔIRR≥$i_c$）来检验两个方案差额现金流量的经济性。两种检验的目的和作用不同，通常缺一不可。只有在众多互斥方案中必须选择其中之一（非选不可）时，才可以只进行相对效果检验。

## 5.2　多方案之间的关系类型和方案组合

投资方案之间的关系不同，其经济评价选择的方法和结论就不同。在进行投资方案的比较和选择时，首先应明确投资方案之间的相互关系，然后才能考虑用适宜的评价指标和方法进行方案的比选。

### 5.2.1　方案关系类型

首先以银行向建筑公司贷款为例说明方案关系类型的含义。现有甲、乙两个银行考虑分别以不同的条件向建筑公司贷款。

甲银行面对的是借给 A 建筑公司多少钱合适的问题。贷款的方案有三种，皆为一年后收回本利和，贷款金额和获得的利息如表 5.3 所示。对于 A 公司来说，利率越小就越想多借。甲银行现有可用余款 3 000 万元，因此每个方案都是可能实施的。银行成本利率为 5%。

**表 5.3　甲银行借给 A 公司多少钱的问题**

| 方案 | 贷款金额（万元） | 贷款利率（%） | 利息额（万元） |
|---|---|---|---|
| A1 方案 | 1 000 | 10 | 100 |
| A2 方案 | 2 000 | 8 | 160 |
| A3 方案 | 3 000 | 6 | 180 |

乙银行面对的是在众多的借款者中选择借给谁合适的问题。借款者有三家建筑公司，即 A、B、C 三家建筑公司，借款的条件如表 5.4 所示。问：①乙银行若有可用余款 3 000 万元，应如何选择方案？②若无资金限制，又如何选择方案？银行成本利率为 5%。

显然，对于甲银行来说，借给 A 公司 3000 万元可使利息（对银行而言即是利润）最大，最有利的方案是 $A_3$。对于乙银行来说，在资金限制 3 000 万元时，即当资金有限时应该借给

A 和 B 才能使利息额最大，这时最有利的方案是 A 和 B；当资金无约束时，可同时选择三个方案，这时 A、B、C 方案的组合是最有利方案。

**表 5.4　乙银行借给 A、B、C 三个公司的选择问题**

| 方案 | 贷款金额(万元) | 贷款利率(%) | 利息额(万元) |
|---|---|---|---|
| A 方案 | 1 000 | 10 | 100 |
| B 方案 | 2 000 | 8 | 160 |
| C 方案 | 3 000 | 6 | 180 |

甲、乙两银行在同样的方案利率下，选择的贷款方案的结果却如此不同，根本原因是甲乙两家银行面对的多方案之间的关系有本质上的区别。甲银行从三个备选方案中仅能选择一个方案，方案之间的关系是互斥型关系。而乙银行可从三个备选方案中任意选择，直到自有资金得到充分利用为止，方案之间的关系是资金有限的独立型关系。如果乙银行资金不受限制的话，A、B、C 三种方案都可以选，方案之间的关系是无资金限制条件的独立型关系。

一般来说，方案间的关系可以划分为互斥型关系、独立型关系、相关型关系和独立且互斥型(混合型)关系。

**1.** 互斥型关系(排他型)

互斥型关系指决策者接受一系列方案中某一个方案时，就排斥了所有的其他方案。处于互斥型关系中的方案称为互斥型方案。例如，在某一个确定的地点有建工厂、商店、住宅、公园等方案，此时因选择其中任何一个方案其他方案就无法实施，即具有排他型，因此这些方案间的关系就是互斥型的。

互斥型方案的比选有两个基本步骤：先进行绝对效果检验，然后进行相对效果检验。

**2.** 独立型关系

独立型关系指决策者接受一系列方案中某一个方案时，并不影响对其他方案的接受，只要资金充裕，可以同时采纳多个方案。独立型备选方案的特点是诸方案之间没有排它性，各个投资方案的现金流量是独立的，其中某一方案的采用与否与自己的可行性有关，而与其他方案是否采用没有关系。相互独立方案之间的效果具有可加性(即投资、经营费用与投资收益之间具有可加性)。独立型方案的选择可能出现两种情况：

1)完全独立型关系

完全独立型关系是在企业可利用的资金足够多的情况下的独立关系，其评价特点是对于项目所有备选方案来说，只要其自身具有好的经济效益，就应被接受。处于完全独立型关系中的方案称为完全独立型方案，即通常所说的无资金限制条件独立方案。完全独立型方案的经济评价只需要进行绝对效果检验即可。单一方案的评价问题可看作是独立方案的特例。

2)资金有限独立型关系

资金有限独立型关系是在企业可利用的资金有限的条件下的独立关系，其评价特点是在不超出资金限额的条件下，决策者可选择出最佳的方案组合。处于资金有限独立型关系中的方案称为资金有限型独立方案。由于有资金的限制条件，使原来具有独立型关系的各方案之间具有了相关性，换言之，由于投资者在资金上有限制，则不能自由地选择要投资的方案。资金有限型独立方案比选处理的方法，是把独立型关系转化为一定程度上的互斥型关系，这样就可以参照互斥型方案的比选方法选择出最佳方案。

一般情况下，企业高层决策人员遇到的多属独立型方案选择的问题。如建筑施工企业购置挖土机、采购混凝土搅拌机、配置信息管理系统等，这些项目（方案）之间就是独立型关系。

**3. 相关型关系**

相关型关系是指在各个投资方案之间，其中某一方案的采用与否，会对其他方案的采用与否或现金流量带来一定的影响。处于相关型关系中的方案称为相关型方案。相关型关系主要有依存型关系和现金流量相关型关系两种类型。

1）依存型关系

依存型关系是指决策者接受和实施一个方案，是以另一方案的接受为前提的。在依存型关系中，某一（些）方案的接受是以另一（些）方案的接受作为前提条件，后者叫做前提方案，前者叫做从属方案。例如：有在城市郊区投资建设一座水泥厂和修一条连接水泥厂厂区与市区的公路这两个方案，那么公路的投资建设是以水泥厂的投资建设为前提的，只有决定建设水泥厂方案才会决定修建连接厂区与市区的公路方案，这两个方案之间就是依存型方案关系，其中水泥厂的投资建设方案是前提方案，而修建连接厂区与市区的公路方案是从属方案。

2）现金流量相关型方案关系

现金流量相关型方案关系是指决策者对一个方案的取舍会直接导致另一个方案现金流量的变化。例如：在市区某一地块上投资建设高档公寓，如果其相邻地块上建设污染性严重的化工厂必然影响高档公寓的投资效果，对其现金流量产生负的影响。相反，若投资建设大型休闲娱乐场所，那将对其现金流量产生正的影响。

相关型方案比选处理的基本思路，也是将相关型关系转化为互斥型关系。

**4. 独立且互斥型（混合型）关系**

独立且互斥型（混合型）关系是指兼有互斥型和独立型两种关系的混合型关系。

例如：亿佳房地产开发有限公司就明年的生产经营进行决策，要求其各个部门（营销、生产、工程部门）提出明年的年度计划方案，并规定每个部门提交的方案只能通过一个。但是营销部门提交了三个可行方案，生产部门提交了两个可行方案，工程部门只提交了一个方案。就每个部门而言，其所提交的各个可行方案是互斥型的，但是各部门之间则是彼此独立的，这些方案之间就是独立且互斥型关系。

一般说来，工程技术人员遇到的问题多为排他型方案的选择；高层计划部门遇到的问题多为独立型方案或独立且互斥型方案的选择。不论方案之间是何种关系，项目方案经济评价的宗旨只有一个：最有效地分配有限资金和获得最好的经济效益。

### 5.2.2　方案组合

方案组合就是列出由投资建议（建议方案）组成的所有可能方案组（组合方案），这样组成的方案在经济上都是互不相容的互斥方案。方案组合的方法通常是：①采用排列组合的方法将独立方案转化为互斥方案组合。如果 $m$ 代表相互独立的方案数目，则可以组成的相互排斥的方案组合数目 $n$ 为：$n=2^m$。②如果有约束条件，再根据约束条件对上述组合方案进行筛选、淘汰，以得到所有可能组合方案。

现举例加以说明。

**【例 5.1】**　表 5.5 所列的三个建议方案，可组成多少互斥方案？

**表 5.5　建议方案**

| 建议方案 | 初始投资额（万元） |
|---|---|
| A | 150 |
| B | 200 |
| C | 300 |

**【解】**　用排列组合法列出 A、B、C 建议方案组成的所有互斥方案。首先每次取 A、B、C 建议方案中的任一个，可组成三个互斥方案；其次每次取 A、B、C 建议方案中的任两个，可组成三个互斥方案；以此类推得出所有可能方案组合，包括不投资（或称零投资）方案，其结果如表 5.6 所示，一共 8 个互斥方案。

**表 5.6　组合方案**

| 组号 | 方案组合 | 组合投资额（万元） | 组号 | 方案组合 | 组合投资额（万元） |
|---|---|---|---|---|---|
| 1 | 0 | 0 | 5 | A + B | 350 |
| 2 | A | 150 | 6 | A + C | 450 |
| 3 | B | 200 | 7 | B + C | 500 |
| 4 | C | 300 | 8 | A + B + C | 650 |

现在可用上面的例子，讨论约束条件如何影响方案组合的数目。

(1)假定投资预算为 450 万元，超过这个限额的方案组 B + C 和 A + B + C 将被排除。

(2)若是受到互斥条件的约束，假如 A 和 B 为相互排斥的方案，投资限额仍为 450 万元，由于 A 和 B 是相互排斥的，这就否定了同时包含 A + B 在一组的方案，因而可行投资方案组合只有 A、B、C 和 A + C 四个组合。

(3)此外，相关型关系也会减少方案组合的数目，如 B 从属于 A，即 B 要实现 A 也一定要实现，A 实现 B 可以不实现，就是说 A 可以没有 B 而单独存在这个约束条件要求从可行方案组合中排除 B 或包含 B 而没 A 的组合，投资限额仍为 450 万元，于是可行方案组合只有 A、C、A + B 和 A + C 四个组合方案。

当然，还可以用其他约束条件来反映更现实、更复杂的情况，但上述三点足以说明这类约束条件的作用，可以减少可能方案组合的数目。然后我们便可从剩下的互斥方案中选择效益最好的方案。

另外，混合型方案的组合比较复杂，我们还是以上述亿佳房地产开发有限公司的例子讲其方案组合方法。如图 5.1 所示，在进行经济分析、评价之前，这些混合型方案可转变成互斥的方案组合。

如果投资方案中有 $K$ 个独立部分，每一部分的互斥方案个数为 $n_i$，则可供选择的项目组合的总数目为：

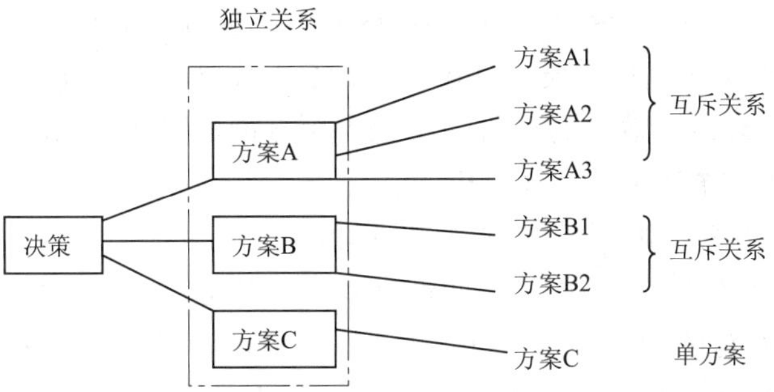


图 5.1　方案的独立且互斥

$$n=\prod_{i=1}^{K}(n_i+1)=(n_1+1)(n_2+1)\cdots(n_K+1) \tag{5.1}$$

在上例中可供选择的组合数为 $4\times3\times2=24$ 种。

### 5.2.3　多方案比选影响因素和注意问题

与单方案评价相比，多方案的比选要复杂得多，所涉及的影响因素以及要考虑的问题都要多得多。归纳起来，主要有以下五个方面：

**1.** 备选方案的筛选

通过备选方案的筛选，剔除不可能的方案。因为不可能的方案是没有资格参加方案比选的。

**2.** 进行方案比选时所考虑的因素

多方案比选可针对方案的全部因素计算多个方案的全部经济效益与费用，进行全面的分析对比，也可仅就各个方案的不同因素计算其相对经济效益和费用，进行局部的分析对比。另外还要注意各个方案间的可比性，要遵循效益与费用计算口径相一致的原则。

**3.** 各个方案的结构类型

对于不同结构类型的方案比较，要选用不同的比较方法和评价指标。考察结构类型所涉及的因素有：方案的计算期是否相同，方案所需的资金来源是否受限制，方案的投资额是否相差过大等。

**4.** 备选方案之间的关系

备选方案之间的关系不同，决定了所用的评价方法也会有不同。方案之间的关系如前所述，即互斥型关系、独立型关系、相关型关系、独立且互斥型关系。

**5.** 技术方案的技术不可分性

一个完整的技术方案作为一项资产，决策时总是完整地被接受或是拒绝，不可能将一个完整的技术方案分成若干个部分来执行和实施。

## 5.3　互斥型方案的比较选择

前面已介绍了互斥型关系的概念，互斥型方案又可称为排他型方案、对立型方案、替代型方案等。进行互斥型方案比选时，在多个备选方案中只能选择一个投资方案，其余方案均必须放弃。同时,互斥型方案的选择不涉及资金约束问题,因为超过投资限额的方案不能参选。故互斥型方案的比选实质上是在一组方案中选出一个最优方案的问题。

如前所述,多方案经济效果的评价通常包含两方面的内容:一是首先评价各个方案自身的经济效果,即进行方案的绝对效果检验;二是在参选的各个方案自身经济效果可行的条件下,对各个备选方案选优,即进行相对效果检验。

各个互斥型方案投入的原料、产出的产品及产品的品种、质量、数量、方案的寿命期限都不尽相同。对于方案投入、产出的不同,在市场经济条件下,都可以表现为方案投入和产出货币量(即投资、成本费用、收入、利润)上的变化,从而使方案中不同因素具备可比性。按互斥型方案寿命期限是否相同,我们可以将其分为各方案寿命相等和各方案寿命不等两类进行讨论。在这两类中,按对各方案是进行全部经济效益比较还是只对不同因素产生的相对经济效益进行比较,又可分为全面比较法和局部比较法。

全面比较法通常包括净现值法、净年值法、投资差额净现值法、投资差额内部收益率法;局部比较法有最小费用法,包括费用现值法和年费用法。

### 5.3.1 寿命相同方案的比较与选择

寿命期相同的互斥型方案的比选方法一般有净现值法(净年值法、净终值法)、差额净现值法、差额内部收益率法、最小费用法等。

**1.** 净现值法、净年值法、净终值法

净现值法的基本步骤如下:

(1)首先计算各个备选方案的净现值、净年值、内部收益率等,检验各个方案的绝对经济效果,淘汰净现值 NPV <0、净年值 NAV <0 以及 IRR < $i_c$ 等的方案。

(2)对绝对经济效果合格的方案,比较其净现值,以净现值最大的方案为最优方案。上述方法、步骤同样适用于净现值的等效指标——净年值和净终值,即计算净年值和净终值指标也会得出一致的结论。

**【例 5.2】** 有三个互斥投资方案 A、B、C,各自的初期投资额、每年年末的收益及费用如表 5.7 所示。各投资方案的寿命期皆为 10 年,10 年后残值额为 0,基准利率 $i_c = 15\%$,试进行方案比较。(单位:万元)

**表 5.7 A、B、C 投资方案收益和费用表** 单位:万元

| 投资方案 | 初期投资 | 年销售收益 | 年作业费用 | 净现金流量 |
|---|---|---|---|---|
| A | 5 000 | 2 400 | 1 000 | 1 400 |
| B | 8 000 | 3 100 | 1 200 | 1 900 |
| C | 10 000 | 4 000 | 1 500 | 2 500 |

**【解】** 为了准确的选择方案,首先画出三个方案的现金流量图(图 5.2)。当各方案的寿命期都相同时可用下述方法求解。

①净现值法。这种方法就是将包括初期投资额在内的各期的净现金流量换算成现值的比较方法。

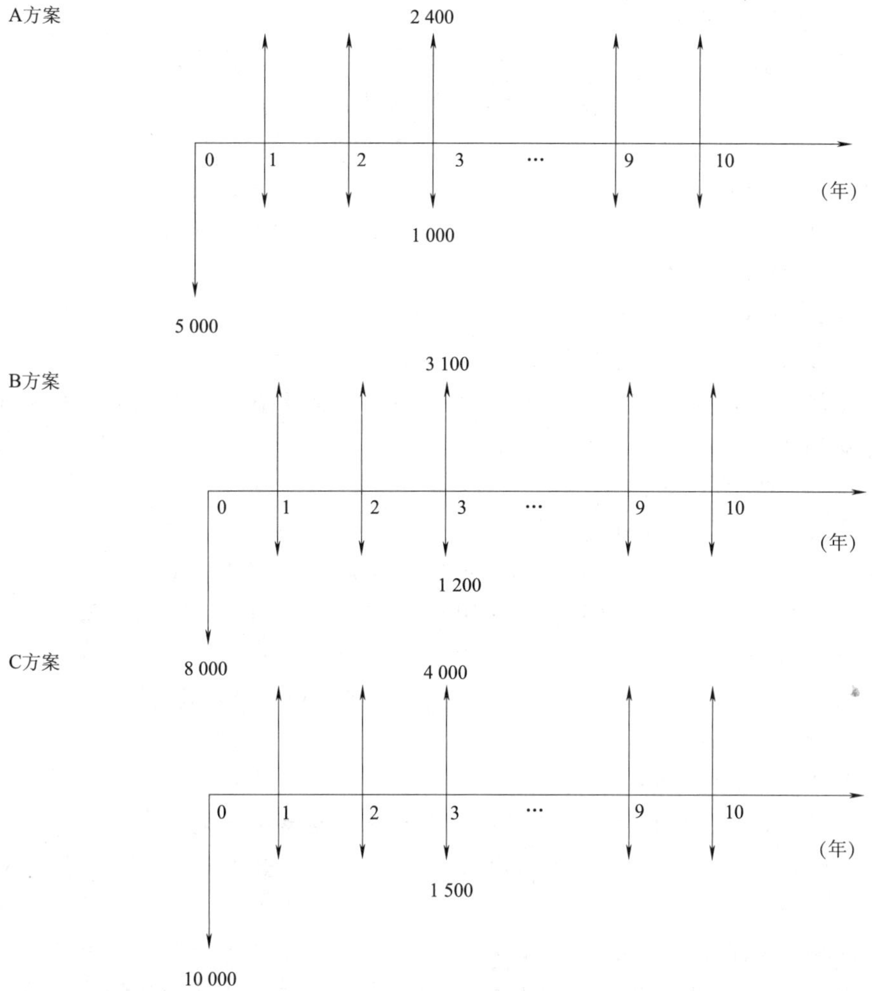


图 5.2　现金流量图

第一步:绝对效果评价

各方案的净现值 $NPV_A$、$NPV_B$、$NPV_C$ 计算如下:

$$NPV_A = -5\,000 + (2\,400 - 1\,000)\frac{(1+15\%)^{10}-1}{15\%(1+15\%)^{10}} = 2\,027(\text{万元})$$

$$NPV_B = -8\,000 + (3\,100 - 1\,200)(P/A,15\%,10) = 1\,536(\text{万元})$$

$$NPV_C = -10\,000 + (4\,000 - 1\,500)(P/A,15\%,10) = 2\,547(\text{万元})$$

由于 $NPV_A > 0$ ,$NPV_B > 0$ ,$NPV_C > 0$,故三个方案均通过绝对效果检验。

第二步:相对效果评价

由于 C 方案的净现值较 A 方案多 320 万元,较 B 方案多 1 011 万元,$NPV_B < NPV_A < NPV_C$。

所以应采用 C 方案而拒绝 A 和 B 方案。

②年值法。年值法是净现值法的变形,它是将方案的净现值等值变换到寿命期各年呈等额支付系列形式后进行对比。其比选原则与净现值法相同,即在 NAV≥0 的方案中选等年值最大的方案为最优方案。

第一步:绝对效果评价

各方案的年值 $NAV_A$、$NAV_B$、$NAV_C$ 计算如下:

$NAV_A = -5\,000(A/P,15\%,10) + 2\,400 - 1\,000 = 404$(万元)

$NAV_B = -8\,000(A/P,15\%,10) + 3\,100 - 1\,200 = 306$(万元)

$NAV_C = -10\,000(A/P,15\%,10) + 4\,000 - 1\,500 = 507$(万元)

由于 $NAV_A > 0$,$NAV_B > 0$,$NAV_C > 0$,故三个方案均通过绝对效果检验。

第二步:相对效果评价

由于 $NAV_B < NAV_A < NAV_C$

所以应采用 C 方案而拒绝 A 和 B 方案。依然是 C 方案最有利。

③净终值法。净终值法是净现值法的变形,它是将方案各期的净现金流量换算成终值的比较方法。

第一步:绝对效果评价

各方案的净终值 $NFV_A$、$NFV_B$、$NFV_C$ 计算如下:

$NFV_A = -5\,000(F/P,15\%,10) + (2\,400 - 1\,000)(F/A,15\%,10) = 8\,195.6$(万元)

$NFV_B = -8\,000(F/P,15\%,10) + (3\,100 - 1\,200)(F/A,15\%,10) = 6\,209.6$(万元)

$NFV_C = -10\,000(F/P,15\%,10) + (4\,000 - 1\,500)(F/A,15\%,10) = 10\,300$(万元)

由于 $NFV_A > 0$,$NFV_B > 0$,$NFV_C > 0$,故三个方案均通过绝对效果检验。

第二步:相对经济评价

由于 $NFV_B < NFV_A < NFV_C$

所以应采用 C 方案而拒绝 A 和 B 方案。依然是 C 方案为最优方案。

从以上计算可以看出,不论采用哪种方法都是 C 方案最有利,A 方案次之,B 方案最不利。

**2.** 差额净现值法

在实践中,有时推测各投资方案的收益和费用的绝对值是很不容易的。但是在研究各方案不同经济要素时,很多情况下找出现金流量的差额却比较容易。研究两方案现金流量的差额,由差额的净现值、净年值或净将来值的正负判定方案的优劣是有效的方法,这种方法就是差额法。投资差额净现值法的比选原理是:以基准贴现率为基准,判定投资多的方案比投资少的方案所增加的投资是否值得。即投资差额部分与寿命期内增加的收益的净现值之和是否大于或等于零。当然,除了投资差额部分应满足基准贴现率的收益水平外,两方案的相同部分(基础方案)必须首先满足这一基准水平。

在具体比选上,分为以下几个步骤进行:

(1)先将寿命期相同的排他型方案按投资额递升顺序排列。零投资的方案 $A_0$ 也被排入,以判定基础方案是否满足基准贴现率要求的收益水平。

(2)将投资额小的方案 $A_i$ 作为临时最优方案,投资额大的方案 $A_j$ 作为竞争方案($j > i$)。按方案投资的递升顺序逐步计算两方案投资差额部分 $A_j - A_i$ 的净现值 $\Delta NPV_{A_j - A_i}$。若 $\Delta NPV_{A_j - A_i} \geqslant 0$ 则表明投资增额部分是值得的,即 $A_j$ 方案优于 $A_i$ 方案。故竞争方案取代原临时最优方案作为新的临时最优方案;若 $\Delta NPV_{A_j - A_i} < 0$,则竞争方案不如临时最优方案而被淘汰。

(3)按顺序以新的竞争方案与临时最优方案比较,不断重复步骤(2),直至所有方案比较完毕，找出最后最优方案。

【例5.3】 以例5.2的数据为例，采用投资差额净现值法选择最优方案。

【解】 用差额净现值法对互斥型方案进行比选。

①按初始投资额递增顺序排列方案，如表5.8所示，其中0表示零投资方案。

**表5.8 方案现金流量情况表**

| 方案 | 0 | A | B | C |
|---|---|---|---|---|
| 初始投资额 | 0 | 5 000 | 8 000 | 10 000 |
| 年净现金流量 | 0 | 1 400 | 1 900 | 2 500 |

②将零投资方案0作为临时最优方案，计算A-0方案净现值。

$$\begin{aligned}\Delta NPV_{A-0} &= -5\ 000+(1\ 400-0)(P/A,15\%,10)\\ &=2\ 027(\text{万元})\end{aligned}$$

$\Delta NPV_{A-0}>0$，A方案为合格方案，作为临时性最优方案。

③B方案与A方案差额的比较。B方案较A方案初期投资多3 000万元，每年的净收益多500万元。用$\Delta NPV_{B-A}$表示B方案较A方案增加现金流量部分的净现值，其差额的现值为

$$\begin{aligned}\Delta NPV_{B-A} &= NPV_B-NPV_A\\ &= -8\ 000+5\ 000+(1\ 900-1\ 400)(P/A,15\%,10)\\ &= -491(\text{万元})<0\end{aligned}$$

因$\Delta NPV_{B-A}<0$，因此可以判定A方案较B方案有利。

④同样，C方案与A方案差额的比较，其差额的现值为：

$$\begin{aligned}\Delta NPV_{C-A} &= NPV_C-NPV_A\\ &= -10\ 000+5\ 000+(2\ 500-1\ 400)(P/A,15\%,10)\\ &=521(\text{万元})>0\end{aligned}$$

由此判定A方案不如C方案有利。因而最优方案是C方案。这与前面求解的结果一致。

上述方法称为“差额的净现值法”。当将上述差额的现金流量折算成净年值和净将来值进行比较时，则分别称为“差额的净年值法”、“差额的净将来值法”。当然，其结论都是相同的。

### 3. 差额内部收益率法

内部收益率指标是项目经济评价中经常使用的指标之一，也是衡量项目综合能力的重要指标。但是在进行多方案比选时，必须使用基于内部收益率法的增量分析法，即差额内部收益率法来比选。如果直接按各个方案内部收益率的高低来评选方案，有时会得出错误的结论。

差额内部收益率法的表达式为

$$\sum_{t=0}^{n}(\Delta CI-\Delta CO)_t\cdot(1+\Delta IRR)^{-t}=0 \tag{5.2}$$

式中：$\Delta IRR$——方案的差额内部收益率。

采用差额内部收益率指标对互斥方案进行比选的基本步骤和投资差额净现值的做法

基本相同，只是取舍方案的标准不一样。差额内部收益率评选方案的标准是：

若 $\Delta IRR \geqslant i_c$，则说明投资额大的方案优于投资小的方案，保留投资大的方案；

若 $\Delta IRR < i_c$，则保留投资额小的方案。

需要说明的是，差额内部收益率只能说明增量投资部分的经济合理性，即 $\Delta IRR \geqslant i_c$，并不能说明全部投资的经济效果，所以在采用差额内部收益率进行方案的比选时，首先应对比选方案进行单方案检验，只有可行的方案才能参加方案的评选。

**【例 5.4】** 还以例 5.2 中的数据为例，分别采用内部收益率法和差额内部收益率法进行比选。

**【解】** 1）采用内部收益率法

（1）计算各方案的内部收益率。按照内部收益率的计算方法，可得到三个方案的内部收益率（计算过程略）分别为

$$IRR_A = 25.0\% ; IRR_B = 19.9\% ; IRR_C = 21.9\%$$

所以
$$IRR_A > IRR_C > IRR_B > 15\%$$

（2）净现值和净年值结果分析。

根据上例结果，从净现值看：$NPV_C > NPV_A > NPV_B$

从净年值看：$NAV_C > NAV_A > NAV_B$

按净现值和净年值高低排列选择方案是可靠的，由此可知，C 方案为最优方案。但从内部收益率高低排列看，有：$IRR_A > IRR_C > IRR_B$，似乎方案 A 最优，这与净现值法、净年值法发生了冲突。可见对于从若干方案中选择一个最优方案的互斥型方案问题，不能使用内部收益率作为判断优劣的尺度。

2）采用差额内部收益率法

计算步骤与差额净现值法基本相同。

（1）先把方案按照初始投资的递升次序排列（同表 5.8）。

（2）选择初始投资最少的方案作为临时最优方案。这里选定零投资方案作为临时最优方案。

（3）由式（5.2），使 A 方案相对于零方案的投资差额净现值等于零，以求出其内部收益率 $\Delta IRR_{A-0}$。即

$$(-5\,000+0)+(1\,400-0)(P/A, \Delta IRR_{A-0}, 10)=0$$

由此可得：$\Delta IRR_{A-0}=25.0\%$。

由于 $\Delta IRR_{A-0}$ 大于 15%，方案 A 成为第一临时最优方案，把零方案淘汰。其次，取方案 B 同方案 A 比较，计算此投资增额的内部收益率 $\Delta IRR_{B-A}$，由式（5.2）得

$$-3\,000+500(P/A, \Delta IRR_{B-A}, 10)=0$$

由此，可得 $\Delta IRR_{B-A}=10.5\% < 15\%$

因此 A 仍是临时最优方案，淘汰 B 方案。再比较 C 方案与 A 方案，由式（5.2）得

$$-5\,000+1\,100(P/A, \Delta IRR_{C-A}, 10)=0$$

得
$$\Delta IRR_{C-A}=17.6\% > 15\%$$

即方案 C 的总投资 1 亿元中有 5 000 万元的收益率与方案 A 相同都是 25%，另有 5 000 万元收益率则较低，只有 17.7%，但大于基准收益率，如果不选方案 C 而选方案 A，从机会成本角度考虑，增量投资 5 000 万元仅能取得基准收益率 15% 的收益水平，所以，应选择投

资方案C。

由此可知,在对互斥型方案进行比较选择时,净现值最大准则(以及净年值最大准则、费用现值和费用年值最小准则)是正确的判别准则。而内部收益率最大准则不能保证比选结论的正确性。

净现值最大准则的正确性是由基准折现率——最低希望收益率的经济意义决定的。一般来说,最低希望收益率应该等于被拒绝的投资机会中最佳投资机会的盈利率,因此净现值就是拟采纳方案较之被拒绝的最佳投资机会多得的净收益,其值越大越好。这符合盈利最大化的决策目标的要求。

内部收益率最大准则只在基准折现率大于被比较的两方案的差额内部收益率的前提下成立。也就是说,如果将投资大的方案相对于投资小的方案的增量投资用于其他投资机会,会获得高于差额内部收益率的盈利率,用内部收益率最大准则进行方案比选的结论就是正确的。但是倘若基准折现率小于差额内部收益率,用内部收益率最大准则选择方案就会导致错误的抉择。由于基准折现率是独立确定的,不依赖于具体待比选方案的差额内部收益率,故用内部收益率最大准则比选方案是不可靠的。

特别值得注意的是:ΔIRR 并不等于两方案 IRR 之差。

**4. 最小费用法**

在工程项目的经济评价中经常会遇到这种情况,即参加评选的方案其所产生的效益无法或很难用货币来计量,比如一些教育、环保等项目,对这些方案进行比选时,由于得不到方案的净现金流量,所以也就无法采用现值法和差额内部收益率法对方案进行经济评价。在这种情况下,我们假设各方案产生的收益是相同的,对各方案的费用进行比较,以参选方案的费用最小者为最优方案,这种评选方案的方法称为最小费用法,属于局部比较法。最小费用法包括费用现值法和费用年值法,费用年值法可参考寿命期不同方案的比选方法,它实质上是净现值法的一个特例。

1)费用现值法

费用现值法是指利用此方法所计算出的净现值只包括费用部分,即只计算各备选方案的费用现值,并进行对比,以费用现值最低的方案为最佳方案,它实质上是净现值法的一个特例。其表达式为

$$PC = \sum_{t=0}^{n} CO_t \cdot (1 + i_c)^{-t}$$

**【例5.5】** 某项目有两个可选的互斥方案,寿命年限相同,均能满足同样的生产技术需要,其有关费用支出情况如表5.9所示,试用费用现值法选择最优方案,已知 $i_c = 10\%$。

**表5.9　A、B两个方案费用支出表**　　单位:万元

| 方案 | 第一年初投资额 | 年经营成本(2~10年末) | 寿命期 |
|---|---|---|---|
| A | 700 | 300 | 10 |
| B | 900 | 260 | 10 |

**【解】** 根据费用现值的计算公式分别计算出A、B两个方案的费用现值为

$$PC_A = 700 + 300(P/A,10\%,9)(P/F,10\%,1)$$
$$= 2\ 270.65(\text{万元})$$

$$PC_B = 900 + 260(P/A,10\%,9)(P/F,10\%,1) = 2\,261.23（万元）$$

由于 $PC_A > PC_B$，所以选择方案 B 为最优方案。

2）费用年值法

费用年值法是通过计算各备选方案的年等额费用并进行比较，以年费用最小的方案为最佳方案的一种方法，其公式表达式为

$$AC = \sum_{t=0}^{n} CO_t \cdot (P/F,i_c,n)(A/P,i_c,n)$$

**【例 5.6】** 根据例 5.5 的资料，试用年费用法比选最优方案。

**【解】** 根据公式可计算出 A、B 两方案的等额年费用如下：

$AC_A = [700 + 300(P/A,10\%,9)(P/F,10\%,1)](A/P,10\%,10) = 369.43$（万元）

$AC_B = [900 + 260(P/A,10\%,9)(P/F,10\%,1)](A/P,10\%,10) = 367.90$（万元）

由于 $AC_A > AC_B$，所以选择方案 B 为最优方案。

采用费用年值法和费用现值法对方案进行比选的结论是完全一致的。因为实际上费用现值法和费用年值法之间可以很容易进行换算。即

$$PC = AC(P/A,i,n)$$

或

$$AC = PC(A/P,i,n)$$

所以根据最小费用的选择原则，两种方案的计算结果是一致的。因此在实际运用中对于效益相同或基本相同但又难以具体估算的互斥型方案进行比选时，若寿命期相同，则可任意选择其中一种方法，若方案的寿命期不同，则一般适用费用年值法。

### 5.3.2 寿命不同方案的比较与选择

项目多方案评价工作中，相当多的备选方案的服务寿命常常是不同的。当备选方案具有不同的经济寿命时，不能直接采用净现值、差额内部收益率等评价方法对方案进行比选，因为时间比较基础不同。需要采取一些变通方法，使备选方案比较的时间基础相一致。为了满足时间上的可比性要求，通常采用最小公倍数法、研究期法、年值法等对寿命期不同的方案进行比选。

**1.** 最小公倍数法

最小公倍数法是以各备选方案的服务寿命的最小公倍数作为方案进行比选的共同的期限，并假定各个方案均在这样一个共同的期限内反复实施，对各个方案分析期内各年的净现金流量进行重复计算，直到分析期结束，如有残值也应绘入现金流量图中，视为再投资的投入。

**【例 5.7】** 有两种疏浚灌溉渠道的方案，一是用挖泥机清除渠道淤泥；二是在渠底铺设砼板，增加水流速度，确保渠道不淤。两方案费用支出为：方案 A 购置挖泥机 65 000 元，使用寿命 10 年，机械残值 3 000 元，年作业费 22 000 元，控制水草生长的年费用 12 000 元；方案 B 渠底铺设砼板 50 万元，可使用 50 年，年维护费 1 000 元，5 年修补一次费用 30 000 元。设基准收益率 $i_c = 10\%$，试进行方案选择。

**【解】** 这是一个寿命期不同的互斥型方案的比选问题，可考虑利用最小公倍数法，采

用费用净现值指标进行评价。

(1)建立比较基础，确定比较期。10、50 和 5 的最小公倍数为 50，因此以 50 年作为比较期，方案 A 重复 5 次。

(2)画出两方案的现金流量图，如图 5.3 所示。

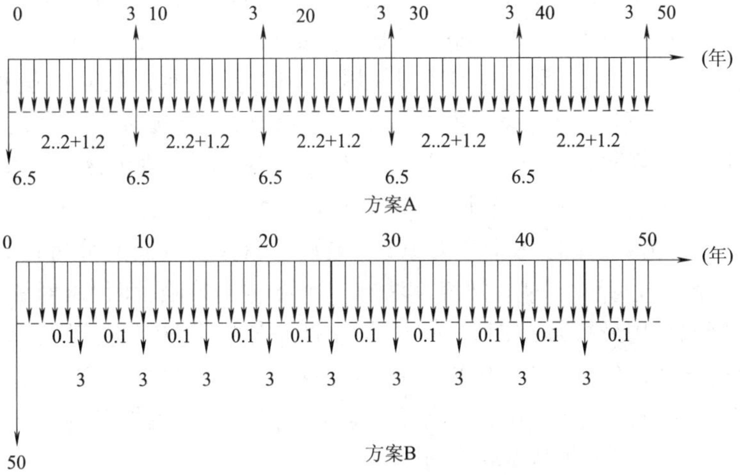


图 5.3　疏浚渠道方案现金流量图

(3)采用费用净现值法

$$PC_A = 65\ 000 + \frac{62\ 000}{(1+10\%)^{10}} + \frac{62\ 000}{(1+10\%)^{20}} + \frac{62\ 000}{(1+10\%)^{30}} - \frac{62\ 000}{(1+10\%)^{40}} - \frac{3\ 000}{(1+10\%)^{50}} + 3\ 400 \times \frac{(1+10\%)^{50}-1}{10\%(1+10\%)^{50}}$$

$$= 440\ 120.74(\text{元})$$

或根据 10 年期实际利率　　$i_{10年} = (1+10\%)^{10} - 1 = 159.374\ 25\%$

$$PC_A = 6\ 500 + 6\ 500 \times \frac{(1+159.374\ 25\%)^4 - 1}{159.374\ 25\%(1+159.374\ 25\%)^4} - 3\ 000 \times \frac{(1+159.374\ 25\%)^5 - 1}{159.374\ 25\%(1+159.374\ 25\%)^5} + 34\ 000 \times \frac{(1+10\%)^{50}-1}{10\%(1+10\%)^{50}}$$

$$= 440\ 120.74(\text{元})$$

$$PC_B = 500\ 000 + 1\ 000 \times \frac{(1+10\%)^{50}-1}{10\%(1+10\%)^{50}} + \frac{30\ 000}{(1+10\%)^5} + \frac{30\ 000}{(1+10\%)^{10}} + \frac{30\ 000}{(1+10\%)^{15}} + \frac{30\ 000}{(1+10\%)^{20}} + \frac{30\ 000}{(1+10\%)^{25}} + \frac{30\ 000}{(1+10\%)^{30}} + \frac{30\ 000}{(1+10\%)^{35}} + \frac{30\ 000}{(1+10\%)^{40}} + \frac{30\ 000}{(1+10\%)^{45}}$$

$$= 558\ 379.91(\text{元})$$

或根据 5 年期实际利率 $i_{5年} = (1+10\%)^5 - 1 = 61.051\%$

$$PC_B = 500\ 000 + 1\ 000 \times \frac{(1+10\%)^{50}-1}{10\%(1+10\%)^{50}} + 30\ 000 \times \frac{(1+61.051\%)^9 - 1}{(1+61.051\%)^9 \times 61.051\%}$$

$$= 558\ 379.91(\text{元})$$

由于 $PC_B > PC_A$，所以应选择方案 A 为最优方案。尤其当考虑到挖泥机还可出租经营，采用方案 A 更具有优势。

**2. 研究期法**

在用最小公倍数法对互斥型方案进行比选时，如果诸方案的最小公倍数较大，则就需对计算期较短的方案进行多次的重复计算，而这与实际情况不相符合，因为技术是在不断地进步，一个完全相同的方案在一个较长的时期内反复实施的可能性不大，因此用最小公倍数法得出的方案评价结论就不太令人信服。这时可以采用一种称为研究期法的评价方法。

所谓研究期法，就是针对寿命期不相等的互斥型方案，直接选取一个适当的分析期作为各个方案共同的计算期，通过比较各方案在该计算期内的净现值来对方案进行比选，以净现值最大的方案为最佳方案。其中，计算期的确定要综合考虑各种因素，通常有三种做法：①取最长寿命作为共同的分析计算期；②取最短寿命作为共同的分析计算期；③取计划规定年限作为共同的分析计算期。研究期法有一个严重的缺陷，即很难对资产的残值进行精确的估算。例如采用最短寿命期时，较长寿命的方案要提前终止使用，那么未被使用的几年存在一个资产残值估价问题，而采用最长寿命期时，较短寿命的方案要重置，重置后的后几年也不使用，这也存在重估残值的问题。这项残值不能使用按各种折旧方法计算的该期的账面价值，而应采用该期的市场价值。

**【例 5.8】** 有 A、B 两个互斥方案，投资和收益情况如表 5.10 所示。若 $i_c = 10\%$，请评价之。

**表 5.10　投资和收益情况情况**　　单位：万元

| 方案 | 初始投资 | 各年收益 | 寿命期(年) |
|---|---|---|---|
| A | 100 | 40 | 7 |
| B | 200 | 53 | 15 |

**【分析】** 如采用最小公倍数法，7 和 15 的最小公倍数是 105。如果以 105 年作为共同的分析计算期，两个方案都需要进行多次的重置重复计算，这与实际情况不相符合。因此可以考虑选择研究期法。

**【解】** 选择最长寿命 15 年作为共同的分析计算期。

$$NPV_A = -100 + 40(P/A, 10\%, 15) = 145.8(\text{万元})$$

$$NPV_B = -200 + 53(P/A, 10\%, 15) = 125.7(\text{万元})$$

因 $NPV_A > NPV_B$ 所以选择方案 A。

**3. 年值法**

在对寿命期不等的互斥型方案进行比选时，年值法是最为简便的方法，它是通过分别计算各备选方案净现金流量的等额年值 AW，并进行比较，以 AW≥0，且 AW 最大者为最优方案。

设有 $m$ 个方案，其寿命期分别为 $n_1, n_2, \cdots, n_m$，各个方案的等额年值为

$$AW_j = \sum_{t=0}^{n_j} (CI_j - CO_j)_t - I_j(A/P, i, n_j)$$

式中：$(CI_j - CO_j)_t$——方案 $j$ 在时间 $T$ 时的净现金流量；

$I_j$——方案 $j$ 的投资额。

【例5.9】 现有互斥型方案A、B、C,各方案的现金流量如表5.11所示,试在基准利率为12%的条件下选择最优方案。

**表5.11 A、B、C各方案的现金流量** 单位:万元

| 方案 | 投资额 | 年净收益 | 寿命期(年) |
|---|---|---|---|
| A | 204 | 72 | 5 |
| B | 292 | 84 | 6 |
| C | 380 | 112 | 8 |

【解】 计算各个方案的等额年值:

$$AW_A = [-204(A/P,12\%,5)+72] = 15.41(\text{万元})$$

$$AW_B = [-292(A/P,12\%,6)+84] = 12.98(\text{万元})$$

$$AW_C = [-380(A/P,12\%,8)+112] = 35.51(\text{万元})$$

由于 $AW_C > AW_A > AW_B$,所以应选择方案C为最优方案。

### 5.3.3 无限寿命方案的比较

一般情况下,方案的计算期都是有限的,但有些工程项目的服务年限较长或工作状态良好(如项目能维修),则可以认为其寿命能无限期的延长,也即其使用寿命无限长,如公路、铁路、桥梁、隧道、运河、水坝等。通常经济分析对遥远的现金流量是不敏感的,例如,当利率为4%时,50年后的1元,现值仅为1角4分,而利率为8%时,现值仅为2分。对这种永久性设施的等额年费用可以计算其资金化成本。所谓资金化成本常指项目在无限长计算期内等额年费用的折算现值,用CW表示,也即:

$$\begin{aligned} CW &= \lim_{n\to\infty} A(P/A,i_c,n) \\ &= A\lim_{n\to\infty}\left[\frac{(1+i_c)^n-1}{i_c(1+i_c)^n}\right] \\ &= \frac{A}{i_c} \end{aligned} \tag{5.3}$$

式中:CW——资本化成本;

$A$——等额年费用;

$i_c$——基准折现率。

【例5.10】 为修建横跨某河的大桥,有南北两处可以选点。由于地形要求南桥跨越幅度较大,要建吊桥,其投资为3 000万元,建桥购地80万元,年维护费1.5万元,水泥桥面每10年翻修一次5万元;北桥跨越幅度较小,可建桁架桥,预计投资1 200万元,年维修费8 000元,该桥每三年粉刷一次需1万元,每10年喷砂整修一次,需4.5万元,购地用款1 030万元,若年利率为6%,试比较两方案何者为优?

【讨论】 这是一个无限寿命的互斥型方案的比选问题,可按两个方案的资金化成本的高低进行选择。

【解】 (1)根据题意,绘出现金流量图,如图5.4所示。

(2)计算资金化成本CW。

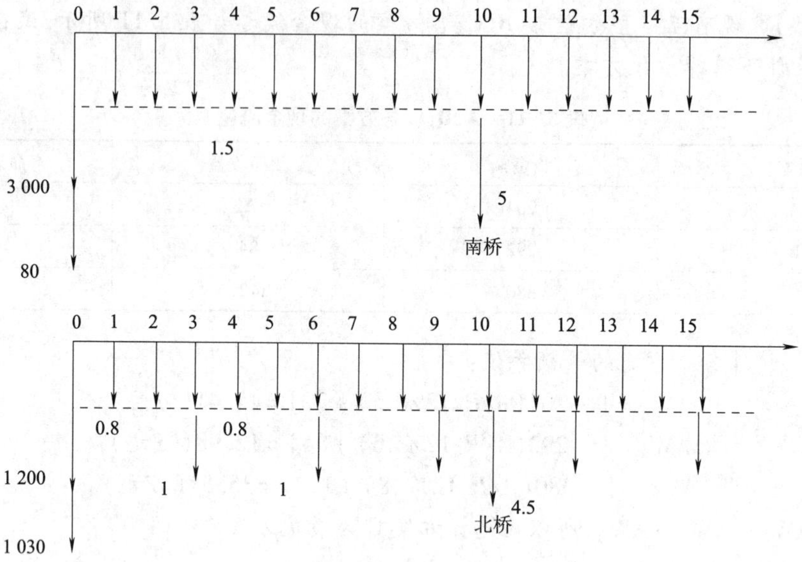


图 5.4　现金流量图

利用式(5.3),可得到

$$CW_{南}=3\ 080+\frac{1.5+5(A/F,6\%,10)}{6\%}$$

$$=3\ 080+\frac{1.5+0.379\ 5}{0.06}$$

$$=3\ 111.33(万元)$$

$$CW_{北}=1\ 200+1\ 030+\frac{0.8+1(A/F,6\%,3)+4.5(A/F,6\%,10)}{6\%}$$

$$=2\ 230+\frac{0.8+0.341\ 5}{0.06}$$

$$=2\ 254.26(万元)$$

(3)进行比较。由于

$NPV_{南}-NPV_{北}=3\ 111.33-2\ 254.26=857.07$(万元)

$NPV_{南}>NPV_{北}$,故建设北桥的成本低,所以选择建设北桥方案。

# 5.4　独立型方案与一般相关型方案的比较选择

当一组投资方案相互独立时,首先要考虑是否存在资金约束问题。可把独立型方案分为:不受资金约束的独立型方案和受资金约束的独立型方案。本节着重探讨的是有资金约束条件下的独立型方案比选问题。

## 5.4.1　不受资金约束的独立型方案的比选

如果没有资金约束,独立型方案又称为完全独立方案。完全独立方案的现金流相互独立,不具有相关性,且任一完全独立方案的采用与否都不影响其他方案的决策。如果决策的对象是单一方案,则可以认为是独立方案的特例。

不受资金约束的独立型方案投资决策是比较容易的,只需进行绝对(经济)效果检验,独立方案经济评价常用的评价指标有:净现值 NPV、内部收益率 IRR、净年值 NAV 等。分别计算各方案的净现值、净年值或内部收益率中的任一指标,只要指标达到评价标准,通过绝对效果检验的方案,就认为它在经济效果上是可以接受的,否则就应予以拒绝。因为对于独立的常规方案,上述指标的评价结果都是一致的。

寿命期不同的独立方案的处理:因为独立方案之间不做比较,无须遵循时间可比性原则,不影响评价。

**【例 5.11】** 两个独立方案 A 和 B,其现金流如表 5.12 所示,不具有相关性,资金不受约束。试判断其经济可行性($i_c=15\%$)。

**表 5.12 独立方案 A、B 的净现金流** 单位:万元

| 方案 | 初始投资额 | 1~10(年末) |
|---|---|---|
| A | 2 000 | 450 |
| B | 2 000 | 300 |

**【分析】** 独立方案的绝对效果检验,可采用:①净现值进行绝对效果检验;②净年值进行绝对效果检验;③内部收益率进行绝对效果检验。

**【解】** 本例采用净现值和净年值进行经济评价。

(1)用净现值进行绝对效果检验。

$$NPV_A = -2\,000 + 450 \times \frac{(1+15\%)^{10}-1}{15\%(1+15\%)^{10}} = 258(万元)$$

$$NPV_B = -2\,000 + 300(P/A,15\%,10) = -494(万元)$$

$NPV_A>0$,A 方案可接受;$NPV_B<0$,B 方案应予拒绝。

(2)用净年值进行绝对效果检验。

$$NAV_A = -2\,000 \times \frac{15\%(1+15\%)^{10}}{(1+15\%)^{10}-1} + 450 = 51(万元)$$

$$NAV_B = -2\,000 \times \frac{15\%(1+15\%)^{10}}{(1+15\%)^{10}-1} + 300 = -99(万元)$$

$NAV_A>0$,A 方案可接受;$NAV_B<0$,B 方案应予拒绝。

根据各判别准则,得出相同结论:A 方案可予以接受,B 方案应予以拒绝。

### 5.4.2 资金约束条件下的独立型方案的比选

一般情况下,由于企业的经济条件有限,所能够采用的方案数目多少会受到企业财力、物力和人力的限制,这样就使得独立方案的比选成为了有约束条件的选择。在资金总额约束的条件下,项目方案比选的实质是排列各方案的优先次序,使净收益大的方案优先采纳,在不超过有限资金总额的条件下,选取能够带来总收益最多的一组方案。常用的资金有限独立型方案的比选有两种方法:互斥组合法和效率指标排序法。

**1.** 独立方案互斥组合法

独立方案互斥组合法又称排它化法。互斥组合法是工程经济分析的传统方法，它是指在有资金约束的条件下，把所有可能的投资方案进行排列组合，并排除那些投资总额超过资金限额的方案组合（即不可能方案组合），这样各个组合方案之间就变成了互斥型关系，然后我们就可以利用前述的互斥型方案的比选方法，如净现值法等，对方案进行比选，选择出最佳方案。

独立方案互斥组合法进行比选的具体步骤为：

(1)对于 $m$ 个独立方案，列出全部相互排斥的方案组合，共 $2^m$ 个；

(2)把各组合方案按初始投资额的大小，从小到大排序；

(3)根据资金约束条件，淘汰超过资金限额的组合方案；

(4)按互斥方案比选的方法在方案组合中选出最优组合方案。

**【例 5.12】**　有 3 个独立的投资方案 A、B、C，各方案的有关数据如表 5.13 所示，已知总投资限额是 800 万元，基准收益率为 10%，试选择最佳投资方案组合。

**表 5.13　方案的有关数据**

| 方案 | 投资(万元) | 年净收入(万元) | 寿命期(年) |
|---|---|---|---|
| A | 350 | 62 | 10 |
| B | 200 | 39 | 10 |
| C | 420 | 76 | 10 |

**【讨论】**　由于 3 个建议方案的总投资合计为 970 万元超过了投资限额，因而不能同时选上。本例采用独立方案互斥组合法进行比选。

**【解】**　采用独立方案互斥组合法。

①列出全部相互排斥的组合方案。组合方案数 $n = 2^m$，不投资除外，互斥组合方案共有 $2^3 - 1 = 7$ 个，这 7 个组合方案互不相容，互相排斥。方案组合结果如表 5.14 所示。

②在所有组合方案中，除去不满足约束条件的 ABC 方案组合。并且按投资额大小顺序排列。

③采用净现值法选择最佳方案组合。净现值最大的组合方案为最佳组合方案，结果如表 5.14 所示。

**表 5.14　用净现值法选择最佳组合方案**

| 序号 | 方案组合 | 净现值 | | ΔIRR(%) | |
|---|---|---|---|---|---|
| | | 数值 | 决策 | 数值 | 决策 |
| 1 | B | 39.6 | | 14.6 | |
| 2 | A | 30.9 | | 8.6 | 小于基准利率 |
| 3 | C | 46.9 | | 15.1 | |
| 4 | B + A | 70.5 | | 14 | |
| 5 | B + C | 86.5 | 最优 | 15.1 | 最优 |
| 6 | A + C | 77.8 | | 8.6 | 小于基准利率 |
| 7 | A + B + C | 超出投资额 | | | |

由上表可以看出，选择B和C投资方案是最佳投资组合方案。表5.14也同时列出了用内部收益率法选择最佳组合方案的过程和结果，可以看到，其比选结果与净现值法比选结果相同。

当建议方案的个数增加时，其组合数将成几何级数增加。如有5个方案时，可能的方案组合数目为$2^5=32$个，而当有10个建议方案时，可能的方案组合数目就增加到1 024个。显然，这种方法比较适用于建议方案个数较少的情况。当建议方案数目较多时，可采用效率指标排序法。

**2.** 效率指标排序法

效率指标排序法是通过选取能反映投资效率的指标，用这些指标把投资方案按投资效率的高低顺序排列，在资金约束条件下选择最佳方案组合，使有限资金获得最大效益。常用的排序指标有净现值率和内部收益率。

1)净现值率排序法

净现值率排序法是在一定资金限制下，根据各方案的净现值率的大小确定各方案的优先次序并分配资金，直到资金限额分配完为止的一种方案选择方法。具体的做法是：

(1)计算各项目的净现值率(NPVR)。

(2)按净现值率由大到小排序。

(3)按净现值率排序选择项目，直至达到资金约束条件为止。

**【例5.13】** 有A、B、、C三个独立的方案，其净现金流量情况如表5.15所示，已知总投资限额为800万元，$i_c=10\%$，试用净现值率排序法进行最佳投资决策。

**表5.15　方案的净现金流量**　　　　单位：万元

| 年序<br>项目 | 1 | 2~10 | 11 |
|---|---|---|---|
| A | -350 | 62 | 80 |
| B | -200 | 39 | 51 |
| C | -420 | 76 | 97 |

**【解】** 首先计算A、B、C三个方案的净现值率，求得

$$NPVR_A=10.83\%$$

$$NPVR_B=22.13\%$$

$$NPVR_C=13.12\%$$

然后将各方案按净现值率从大到小顺序排列，结果如表5.16所示。

**表5.16　方案的NPVR排序**　　　　单位：万元

| 方案 | 净现值率(%) | 投资额 | 累计投资额 |
|---|---|---|---|
| B | 22.13 | 200 | 200 |
| C | 13.12 | 420 | 620 |
| A | 10.83 | 250 | 870 |

根据表5.16可知，方案的选择顺序是B→C→A。由于资金限制为800万元，故最佳投资决策为选择方案B、C的组合。

2)内部收益率排序法

内部收益率排序法是将方案按内部收益率的高低依次排序,然后按顺序选取方案。这一方法的目标也是达到总投资效益率最大。

**【例 5.14】** 表 5.17 为某公司的 6 个互相独立的投资项目。各项目每期期末的净收益都相同,寿命期皆为 8 年。若基准收益率为 12%,可利用的资金总额只有 3 000 万元时,应选择哪些项目?若资金限额 2 400 万元,应选择哪些项目?若该公司所需资金必须从银行贷款,贷款数额为 600 万元时利率为 12%,此后每增加 600 万元利率就增加 4%,则应如何选择项目?

**表 5.17 投资项目现金流量情况表** 单位:万元

| 投资方案 | A | B | C | D | E | F |
|---|---|---|---|---|---|---|
| 期初投资额 | 500 | 700 | 400 | 750 | 900 | 850 |
| 每年净收益 | 171 | 228 | 150 | 167 | 235 | 159 |

**【解】** (1)求各方案内部收益率。

由 $171(P/A,IRR_A,8)-500=0$,解得:$IRR_A=30\%$

由 $228(P/A,IRR_B,8)-700=0$,解得:$IRR_B=28\%$

由 $150(P/A,IRR_C,8)-400=0$,解得:$IRR_C=34\%$

由 $167(P/A,IRR_D,8)-750=0$,解得:$IRR_D=15\%$

由 $235(P/A,IRR_E,8)-900=0$,解得:$IRR_E=20\%$

由 $159(P/A,IRR_F,8)-850=0$,解得:$IRR_F=7\%$

(2)将上述求得的内部收益率按从大到小的顺序排列,如图 5.5 所示。

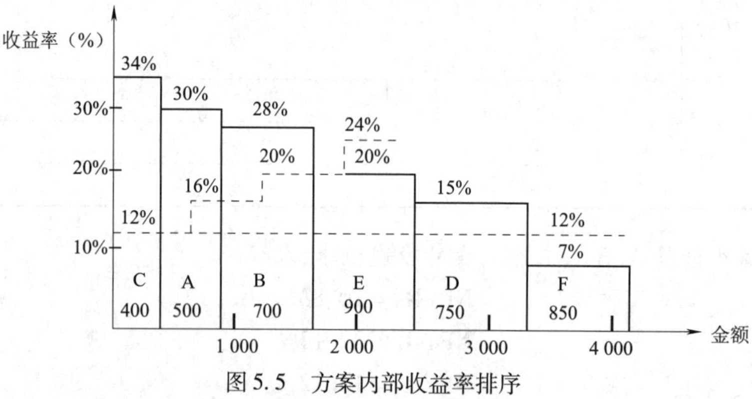


图 5.5 方案内部收益率排序

(3)资金总额 3 000 万元时的比选。

由图可知:当资金的限额为 3 000 万元时应取 C、A、B、E 四个项目,此时虽然资金尚有 3 000 −(400 + 500 + 700 + 900)= 500 万元的余额,但 D 项目需投资 750 万元,由项目的不可分性,所以不能选 D。由于 F 项目的内部收益率仅为 7%,低于基准收益率线,因此即使资金足够也不宜采纳。

(4)资金总额 2 400 万元时的比选。

由图可知,当资金限额为 2 400 万元时,先选择 C、A、B 三个项目,资金尚有 2 400 −(400 + 500 + 700)= 800 万元的余额,E 项目需投资 900 万元,不能选择。D 项目需投资 750 万元,且其内部收益率 15% 高于基准收益率线,应予以采纳。故资金总额 2 400 万元时应该选择 C、A、B、D 四项目。

(5) 当资金成本率递增时，将资金成本线画在图 5.5 上（见图中虚线）。此时 C、A、B 为可行项目，其他项目不宜采用。

通过以上案例我们可以知道：当资金的限额与投资方案投资额之和不完全吻合时，应将紧后一、二个方案轮换位置比较哪个方案为最优，继而得到最终选择的方案组合。

在对具有资金限制的独立方案进行比选时，独立方案互斥组合法和效率指标排序法各有其优劣。效率指标排序法的优点是计算简便，选择方法简明扼要，缺点是由于投资方案的不可分性，经常会出现资金没有被充分利用的情况，因而不一定能保证获得最佳组合方案；而独立方案互斥组合法的优点是在各种情况下均能保证获得最佳组合方案，但缺点是在方案数目较多时，其计算比较烦琐。因此在实际应用中，应该综合考虑各种因素，选择适当的方法进行方案比选。

## 5.4.3　一般相关型方案的比选

一般相关型方案是指各方案的现金流量之间相互影响，如果我们接受（或拒绝）某一方案就会对其他方案的现金流量产生一定的影响，进而会影响到其他方案的接受（或拒绝）。

对一般相关型方案进行比选的方法很多，我们这里只介绍一种常用的方法——组合互斥法，其基本步骤如下：

(1) 确定方案之间的相关性，对其现金流量之间的相互影响作出准确的估计。

(2) 对现金流量之间具有正的影响的方案，等同于独立型方案看待；对相互之间具有负的影响的方案，等同于互斥型方案看待。

(3) 根据方案之间的关系，把方案组合成互斥的组合方案，然后按照互斥方案的比选方法对组合方案进行比选。

**【例 5.15】**　为了满足运输要求，有关部门分别提出要在某两地之间上一铁路项目和（或）一公路项目。只上一个项目时的净现金流量如表 5.18 所示。若两个项目都上，由于货运分流的影响，两项目都将减少净收益，其净现金流量如表 5.19 所示。当 $i_c = 10\%$ 时，应如何决策？

**表 5.18　只上一个项目的净现金流量**　　单位：百万元

| 方案＼年度 | 0 | 1 | 2 | 3 ~ 32 |
|---|---|---|---|---|
| 铁路（A） | -200 | -200 | -200 | 100 |
| 公路（B） | -100 | -100 | -100 | 60 |

**表 5.19　两个项目都上的净现金流量**　　单位：百万元

| 方案＼年度 | 0 | 1 | 2 | 3 ~ 32 |
|---|---|---|---|---|
| 铁路（A） | -200 | -200 | -200 | 80 |
| 公路（B） | -100 | -100 | -100 | 35 |
| 两个项目合计（A + B） | -300 | -300 | -300 | 115 |

**【解】** 先将两个相关方案组合成三个互斥方案，再分别计算其净现值，结果如表 5.20 所示。

**表 5.20　组合方案及其净现值表**　　单位：万元

| 方案＼年度 | 0 | 1 | 2 | 3～32 | NPV |
| --- | --- | --- | --- | --- | --- |
| 铁路(A) | －200 | －200 | －200 | 100 | 281.65 |
| 公路(B) | －100 | －100 | －100 | 60 | 218.73 |
| 两个项目合计(A＋B) | －300 | －300 | －300 | 115 | 149.80 |

根据净现值最大的评价标准，在三个互斥方案中，$NPV_A > NPV_B > NPV_{A+B} > 0$，故方案 A 为最优方案，即接受铁路建设项目，而拒绝公路建设项目。

# 本章小结

项目多方案选择是指除了零投资方案外，备选方案数等于或多于两个的情况。由于备选方案之间存在着多种相互关系，在进行投资方案的比较和选择时，首先应明确投资方案之间的相互关系，然后才能考虑用适宜的评价指标和方法进行方案的比选。通常，方案间的关系一般可以划分为互斥型方案关系、独立型方案关系、相关型方案关系和独立且互斥方案(混合型)关系。

**互斥型关系**　互斥型关系指决策者接受一系列方案中某一个方案时，就排斥了所有的其他方案。

互斥型方案的比选问题在投资项目方案的经济分析中用得是比较多的。比选方案时应注意首先检验方案的绝对经济效果，在各个备选方案都可行的基础上，进行方案相对效果的检验。互斥型方案的比选分为寿命期相同的互斥方案的比较与选择和寿命期不同的互斥方型案的比较与选择。比选时所使用的指标，既可以是价值量指标，又可以是比率性指标。对于寿命期不同的互斥方案的比较与选择，为了使备选方案比较的基础一致，需要对各备选方案的计算期作适当的调整。互斥型方案比较方法总结如图 5.6 所示。

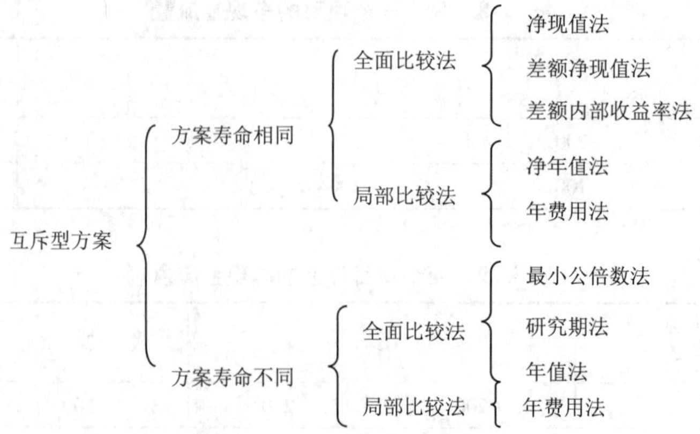


图 5.6　互斥型方案的比选方法

**独立型关系** 独立型关系是指决策者接受一系列方案中某一个方案时,并不影响其他方案的接受,只要资金充裕,可以同时采纳多个方案。

对于独立型方案的选优,比选的关键是资金对所有方案是否构成约束。如果资金充裕,这时独立型方案的比选方法与单方案的评价方法相同,只进行绝对效果检验。如果有资金限制,即在资金约束条件下的项目选优,可采用互斥组合法和效率指标排序法进行比选。独立方案互斥组合法的优点是在各种情况下均能保证获得最佳组合方案,但缺点是在方案数目较多时,其计算比较烦琐。而效率指标排序法的优点是计算简便,选择方法简明扼要,缺点是由于投资方案的不可分性,经常会出现资金没有被充分利用的情况,因而不一定能保证获得最佳组合方案。

**相关型关系** 相关型关系是指在各个投资方案之间,其中某一方案的采用与否,会对其他方案的采用与否或现金流量带来一定的影响。相关型关系主要有依存型关系和现金流量相关型关系两种类型。

一般相关型方案的比选与其他类型方案的比选遵循同样的原则,常用的相关型方案的比选方法为组合互斥法。

# 复习思考题

1. 项目技术方案间的比较应满足哪几方面的可比性?
2. 项目技术方案比较的基本方法有哪些?
3. 项目技术方案之间的相互关系有哪些?各有何特点?
4. 互斥型方案的经济性比选应包含哪些内容?如何进行?
5. 进行互斥型方案比选的基本方法有哪些?
6. 对寿命不等的互斥型方案比选,如何选择共同服务年限?
7. 独立型方案的比选有哪些基本方法?
8. 净现值率排序法的缺点是什么?
9. 某项目有4个备选方案,各方案是互斥型关系。各方案的投资、现金流量情况及有关评价指标如表5.21所示,若已知基准收益率为18%,则经过比较最优方案应选择哪个方案。

**表5.21 各方案的投资、现金流量及有关评价指标情况表**

| 方案 | 投资额(万元) | IRR | ΔIRR |
|---|---|---|---|
| A | 250 | 20% | |
| B | 350 | 24% | $\Delta IRR_{B-A}=20.0\%$ |
| C | 400 | 18% | $\Delta IRR_{C-B}=5.3\%$ |
| D | 500 | 26% | $\Delta IRR_{D-B}=31.0\%$ |

10. 某桥梁工程,初步拟定两个结构类型方案供备选。A方案为钢筋混凝土结构,初始投资1 500万元,年维护费为10万元,每5年大修1次费用为100万元;B方案为钢结构,初始投资2 000万元,年维护费为5万元,每10年大修1次费用为100万元,该项目的基准收益率为5%,试比较哪一个方案更经济?

11. 有Ⅰ、Ⅱ两个寿命期不同的互斥方案，基准收益率为8%，两方案净现金流量如表5.22所示。

**表5.22 方案现金流量表** 单位：万元

| 年份 | 0 | 1 | 2 | 3 | 4 | 5 | 6 | 7 | 8 | 9 | 10 |
|---|---|---|---|---|---|---|---|---|---|---|---|
| Ⅰ | -1 000 | -500 | 600 | 600 | 600 | 600 | 600 | 600 | 600 | | |
| Ⅱ | -1 500 | -700 | -700 | 700 | 700 | 700 | 700 | 700 | 700 | 700 | 700 |

试比较两方案优劣。(1)用研究期法(用Ⅰ、Ⅱ两方案中较短的寿命期为研究期)；(2)用净年值法。

12. 有A、B、C三个独立投资方案，其寿命期相同，各方案的现金流量如表5.23所示，基准收益率为10%。

**表5.23 各方案的现金流量表** 单位：万元

| 方案＼年份 | 0 | 1 | 2 | 3 | 4 |
|---|---|---|---|---|---|
| A | -1 000 | 600 | 600 | 600 | 600 |
| B | -2 500 | 1 000 | 1 000 | 1 000 | 1 000 |
| C | -4 500 | 2 300 | 2 300 | 2 300 | 2 300 |

试求：(1)若资金没有限制条件，选择最优的组合方案。

(2)若资金限额为6 000万元，用互斥组合法求最优方案组合。

(3)若资金限额为7 000万元，用净现值率排序法进行最佳项目组合的选择。

13. 某房地产公司计划投资在相邻地块建造两个写字楼进行出租。只上一个项目时的净现金流量如表5.24所示。若两个项目都上，由于客源分流的影响，两项目都将减少净收益，其净现金流量如表5.25所示。当 $i_c=10\%$ 时，应如何决策？

**表5.24 只上一个项目的净现金流量情况表** 单位：万元

| 方案＼年度 | 0 | 1 | 2 | 3~32 |
|---|---|---|---|---|
| A | -2 000 | -500 | -500 | 500 |
| B | -1 000 | -500 | -200 | 340 |

**表5.25 两个项目都上的净现金流量情况表** 单位：万元

| 方案＼年度 | 0 | 1 | 2 | 3~32 |
|---|---|---|---|---|
| A | -2 000 | -500 | -500 | 500 |
| B | -1 000 | -500 | -200 | 300 |
| 两个项目合计(A+B) | -3 000 | -1 000 | -700 | 650 |

# 第6章 不确定性分析

建设项目或技术方案本身或所处环境的不确定性以及评价方法的局限性等不确定因素的存在会在不同程度上影响项目经济评价的可靠性，使项目经济评价产生不确定性，给投资者带来一定风险。而通过不确定分析，可让投资者了解这些不确定因素对项目经济效果的影响程度和项目抗风险的能力，为项目决策提供更加准确的依据。本章在介绍不确定性分析有关概念的基础上，将详细讨论盈亏平衡分析和敏感性分析两种主要的不确定性分析方法。

# 6.1　不确定性分析概述

## 6.1.1　不确定性、不确定性分析的概念及类型

**1.** 不确定性的概念

所谓不确定性是指特定情景下某一事件发生多种不同结果的可能性,具体包含两个方面的含义:一是与概率事件相联系,其出现的结果有稳定的概率;二是与概率无关,是一种没有稳定概率的随机事件。这里的不确定性是指特定的建设项目的不确定性,即被评价项目(方案)的实际实施经济效果有发生多种不同结果的可能性,导致项目预测效果与将来实施后的实际效果产生一定的差异,因而给投资者和决策者带来风险。

**2.** 不确定分析的概念

所谓不确定分析,就是考查建设项目的人力、物力、资金、固定资产投资、生产成本、产品售价等方面的不确定性因素发生变化时,对项目经济效果评价带来的影响,预测项目承担风险的能力,确定项目在技术和经济上的可靠性。不确定性因素对项目经济效果的影响越强烈,表明所评价的项目及其方案对某个或某些因素越敏感。对于这些敏感因素,要求项目投资者和决策者予以充分的重视。

**3.** 不确定性分析的任务

不确定性分析是针对建设项目不确定性问题所采取的处理方法。它通过运用一定的方法,计算出各种不确定性因素对项目经济效果的影响程度来推断项目的抗风险能力,从而为项目决策提供更加准确的依据,同时也有利于对未来可能出现的各种情况有所估计,事先提出改进措施和实施中的控制手段。

**4.** 不确定性分析的类型

不确定性分析按分析方法的不同,一般可分为三种具体方法:一是盈亏平衡分析;二是敏感性分析;三是概率分析。盈亏平衡分析只用于项目财务效益分析,敏感性分析和概率分析可同时用于项目财务效益分析和国民经济效益分析。本章主要讲述前两种分析方法。

## 6.1.2　不确定性产生的原因

建设项目评价产生不确定性的原因有三类:一是项目本身的不确定性;二是项目环境的不确定性;三是评价方法的局限性。具体产生不确定性的原因主要有:

(1)市场的不稳定性引起的价格浮动。

(2)通货膨胀的影响。

(3)技术装备和生产工艺的变革。

(4)新产品、代用品的出现。

(5)经济结构的调整和变化。

(6)生产能力的变化。

(7)建设资金和工期的变化。

(8)统计数据的不足及统计方法的局限性。

(9)难以准确预见的各种经济形势及政治形势的变化等,如利率的调整、汇率的变化、政府政策的调整变化、重大政治事件等。

以上这些因素都会不同程度地影响项目经济评价的可靠性,给投资者带来一定的风险。

一般说来,对于风险性大的投资项目,要求具有较高的潜在获利能力,就是说,风险越大,项目的投资收益率也应越大。国外一般对于老厂改建项目,因为投资风险较小,评价时要求内部收益率不低于 15% 即可接受;对于采用新工艺、新技术的新建项目,由于其能否达到预期的生产能力的风险性较大,则要求内部收益率应达到 30% 才可取;而对于要重新开辟销售市场的生产新产品的投资项目,由于能否打开市场的风险很大,甚至要求内部收益率不能低于 50% ,国外这些在不同投资风险情况下的决策标准,可供我们有关部门决策项目时参考。

# 6.2 盈亏平衡分析

## 6.2.1 盈亏平衡分析的有关概念

盈亏平衡是指当年的销售收入扣除销售税金及附加后等于其总成本费用,在这种情况下,项目的经营成果既无盈利又无亏损。盈亏平衡分析,又叫损益平衡分析,也称为本、量、利分析,是通过研究产品成本、产量、利润三者之间内在联系,测算项目投产后的盈亏平衡点(BEP),分析和判断拟建项目适应市场变化的能力和风险的大小,为决策者提供决策依据的一种不确定分析方法。

对于一个项目而言,盈利与亏损之间一般至少有一个转折点,这个转折点我们称之为盈亏平衡点(Break-Even Point),在这点上,销售收入与生产支出相等,利润为零,它标志着项目不盈不亏的生产经营状态。一般来说,盈亏平衡点越低(即盈亏平衡点所代表的经济因素数量越小),项目实施所评价方案盈利的可能性越大,造成亏损的可能性就越小,对某些不确定因素变化带来的风险的承受能力就越强。

盈亏平衡点的表达形式有多种,它既可以用实物产量、单位产品售价、单位产品可变成本以及年固定成本总量表示,也可以用生产能力利用率等相对量表示。其中产量与生产能力利用率,在进行项目不确定性分析中应用最为广泛。

盈亏平衡分析的基本方法和内容,首先是建立销售收入与产量、成本与产量之间的函数关系,通过对这两个函数及图形的分析,找出用产量、生产能力利用率等表示的盈亏平衡点(盈亏平衡点在图形上是两个函数的交点),其次是进一步确定项目对减产、降低售价、单位产品可变成本上升等诸因素变化所引起的风险的承受能力。

依据投资项目的成本、销售收入与产量之间是否呈线性关系,盈亏平衡分析可分为线性盈亏平衡分析和非线性盈亏平衡分析。线性盈亏平衡分析的成本、销售收入与产量之间呈线性关系,盈亏平衡点是唯一的;而非线性盈亏平衡分析成本、销售收入与产量之间呈非线性关系,盈亏平衡点可能有多个。本书只介绍线性盈亏平衡分析。

## 6.2.2　线性盈亏平衡分析

产品的产量、成本、利润呈线性关系意味着投资项目的生产销售活动不会明显影响市场的供求状况，即在市场其他条件不变的情况下，产品价格不随其销售量的变动而变动，可以看作一个常数，销售收入与销售量呈线性关系。线性盈亏平衡问题的讨论是盈亏平衡分析中最为理想而又最为简单的情况。"理想"是由于各种经济量本身确定的经济状态是最为单纯的；"简单"是由于各种经济量之间的关系是线性的，是最为简单的数学模型。在实际经济活动中，同时达到这样的"理想状态"几乎是不可能的，但"理想状态"下的讨论结果常常带来理论的指导，并奠定了分析复杂问题的基础。线性盈亏平衡分析具体的基本假定，包括：①产品的产量等于销售量；②产品的单位可变成本不变；③产品的销售单价不变；④生产的产品可以换算为单一产品的计算；⑤项目在分析期内，生产工艺、技术装备、生产方法、管理水平等均无变化。

**1.** 销售收入、成本函数及盈亏平衡

1）销售收入函数及图形

在销售价格不变的情况下，销售收入与产品产量成正比。用数学模型表达为

$$S=(1-r_1)P\cdot Q \tag{6.1}$$

式中：$S$——销售收入；

$r_1$——销售税率

$P$——产品价格；

$Q$——产量。

销售收入函数的图形为直线，如图6.1所示，该线称为销售收入线，产品的税后单价为直线的斜率，产品价格的大小（及销售税率）确定了直线的位置。

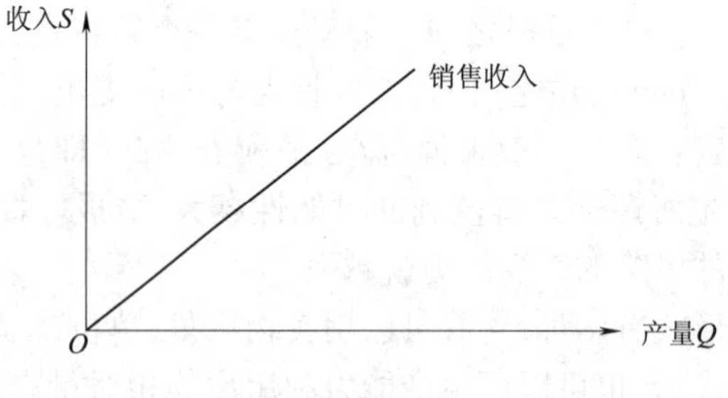


图6.1　销售收入

2）产品成本函数及图形

生产成本按其特性可划分成固定成本与变动成本，总成本为固定成本与变动成本之和。

固定成本是在一定的相关范围内不随着产量变动而变动的成本总额（即生产费用为常数）。固定成本在图形中是一条水平线，如图6.2所示，该线称为固定成本线。

变动成本是随产量的变动而变动的生产费用。变动成本总额中的大部分与产品产量成正比例关系。也有一部分变动成本与产品产量不成正比例关系，如与生产批量有关的某些消耗性材料费用，模具费及运输费等，这部分变动成本随产量变动的规律一般是呈阶梯形曲线，通常称这部分变动成本为半变动成本。由于半变动成本通常在总成本中所占比例

很小,在经济分析中一般可以近似地认为它也随产量成正比例变动。

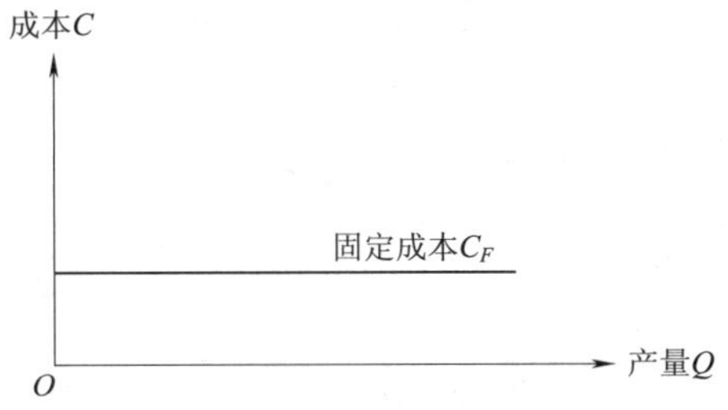


图 6.2　固定成本

在单位变动成本不变的情况下,变动成本与产品产量成正比。用数学模型表达为

$$C_V = C_q \cdot Q \tag{6.2}$$

式中:$C_V$——变动成本;

$C_q$——单位变动成本。

单位变动成本的大小主要由产品自身的技术性能等决定,一般情况下,一经确定后生产技术不变,则单位变动成本基本为定值。变动成本在图形中也表达为线性直线,如图 6.3 所示,该线称为变动成本线,单位变动成本决定了变动成本线的斜率,因而确定了变动成本线的位置。

总成本为固定成本与变动成本之和,其数学模型为

$$C = C_F + C_q \cdot Q \tag{6.3}$$

式中:$C$——总成本;

$C_F$——固定成本;

$C_q$——单位变动成本;

$Q$——产量。

总成本线的图形为图 6.2 和图 6.3 两个图形的叠加,如图 6.4 所示。

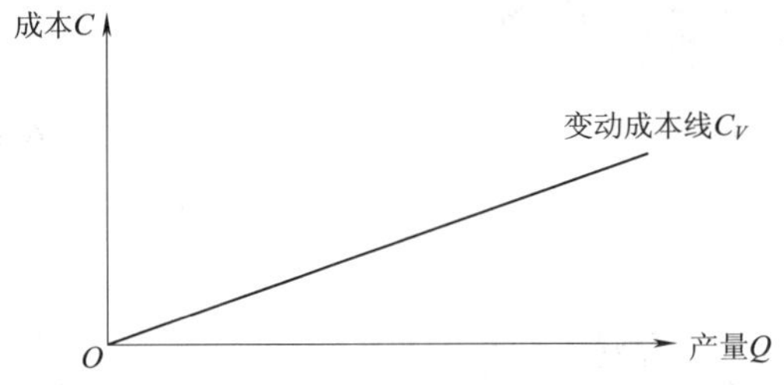


图 6.3　变动成本

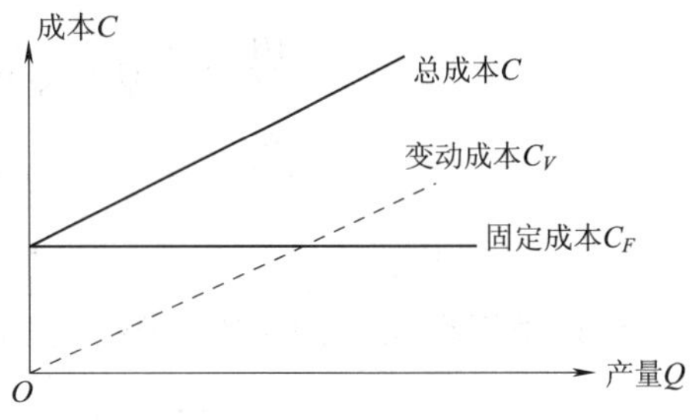


图 6.4　总成本

3)盈亏平衡

当把图 6.1 销售收入与图 6.4 总成本置于同一坐标系中时,可以得到图 6.5 所示的盈亏平衡图。图中纵坐标表示销售收入与产品成本,横坐标表示产品产量。图中销售收入线与总成本线的交点即是盈亏平衡点 BEP,其坐标为($Q_0$,$S_0$)。在 BEP 的左边,总成本大于销售收入,项目亏损,在 BEP 的右边,销售收入大于总成本,项目盈利,在 BEP 点上,项目正处于既不亏损也不盈利的平衡状态,此时的成本与销售收入相等。

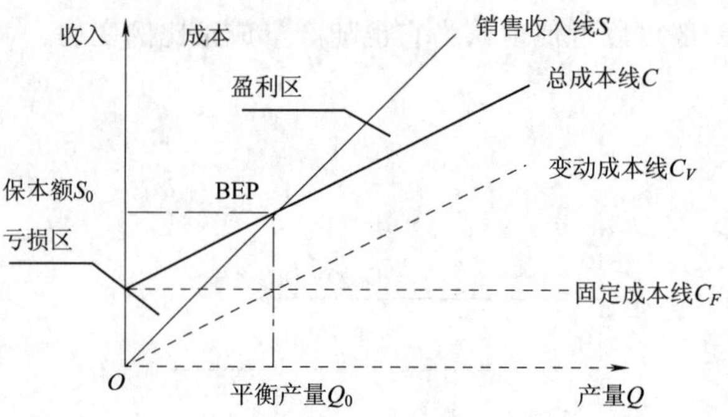


图6.5 盈亏平衡图

根据式(6.1)、式(6.3),可以很方便地用解析方法求出以产品产量、生产能力利用率、产品销售价格、单位产品变动成本等表示的盈亏平衡点。由于在盈亏平衡点,销售收入等于总成本,则有

$$(1-r_1)P\cdot Q=C_F+C_q\cdot Q \tag{6.4}$$

因此:

(1)以产量表示的盈亏平衡点$\mathrm{BEP}_Q$

由式(6.4)得

$$\mathrm{BEP}_Q=Q_0=\frac{C_F}{P-C_q-r} \tag{6.5}$$

式中:$r$——单位产品销售税金($r=P\times r_1$)。

用产量表示的盈亏平衡点$\mathrm{BEP}_Q$说明当其他条件保持不变时,产量可允许从设计生产能力$Q_C$降低到$\mathrm{BEP}_Q$,此时,项目仍不会发生亏损,也即项目具有能承受减产($Q_C-\mathrm{BEP}_Q$)的风险能力。

(2)以生产能力利用率表示的盈亏平衡点$\mathrm{BEP}_L$

若项目设计的生产能力为$Q_C$,则盈亏平衡时生产能力利用率为

$$\begin{aligned}\mathrm{BEP}_L&=\frac{Q_0}{Q_C}=\frac{C_F}{Q_C(P-C_q-r)}\times 100\%\\&=\frac{C_F}{S-C_V-R}\times 100\%\end{aligned} \tag{6.6}$$

式中:$R$——年销售税金。

(3)以销售收入表示的盈亏平衡点$\mathrm{BEP}_S$

$$\mathrm{BEP}_S=(1-r_1)P\cdot Q_0=\frac{(P-r)C_F}{P-C_q-r} \tag{6.7}$$

(4)以销售单价表示的盈亏平衡点$\mathrm{BEP}_P$

由式(6.4)得

$$\begin{aligned}\mathrm{BEP}_P&=\frac{C_F+C_q\cdot Q}{Q}+P\cdot r_1\\&=C_F/Q+C_q+r\end{aligned} \tag{6.8}$$

当达到设计生产能力$Q_C$时,以销售单价表示的盈亏平衡点$\mathrm{BEP}_P$为:

$$\mathrm{BEP}_P=C_F/Q_C+C_q+r \tag{6.9}$$

对投资项目来说，盈亏平衡点越低，盈亏平衡时生产能力利用率越低，对投资项目越有利，面临的风险越小，表明项目盈利的机会越多、适应市场变化的能力越大，抗风险能力越强；反之，对投资项目越无利，风险也就越大。

**【例 6.1】** 某企业生产单一产品，市场售价为 6.25 元/件，单位变动成本为 3.25 元/件，固定成本为 3 180 000 元，试计算盈亏平衡点。当生产能力为 2 000 000 件时，盈亏平衡时生产能力的利用率是多少？

**【解】** 由式(6.5)、式(6.7)、式(6.6)得

$$BEP_Q = Q_0 = \frac{C_F}{P - C_q} = 3\ 180\ 000/(6.25 - 3.25) = 1\ 060\ 000(件)$$

$$BEP_S = BEP_Q \cdot P = 1\ 060\ 000 \times 6.25 = 6\ 625\ 000(元)$$

$$BEP_L = BEP_Q/Q_C \times 100\% = Q_0/Q_C \times 100\% = 1\ 060\ 000/2\ 000\ 000 \times 100\% = 53\%$$

计算表明，该企业销售量高于 106 万件或销售额高于 662.5 万元企业则盈利，此时生产能力的利用率为 53%。

**2. 边际贡献补偿**

投资项目通过盈亏平衡图不仅确定了盈亏平衡点，同时还反映了一定经济量之间的关系。

首先，根据图 6.5 中的总成本线和销售收入线组成图 6.6，并进行分析。当企业处于较低销售量时（销售量 $< Q_0$），即在平衡点的左侧，销售收入线低于成本线，面临亏损。随着销售量的增加，销售收入线与成本线之间的距离越来越近，意味着随着对初期投资的不断回收，初期投资逐渐得到补偿，亏损量不断减少，当达到两线重合时，以往的销售收入除回收了变动成本外，已对固定成本进行了全部补偿，企业开始进入盈利区。随着销售量的继续增加（销售量 $> Q_0$），即在平衡点的右侧，利润不断上升。

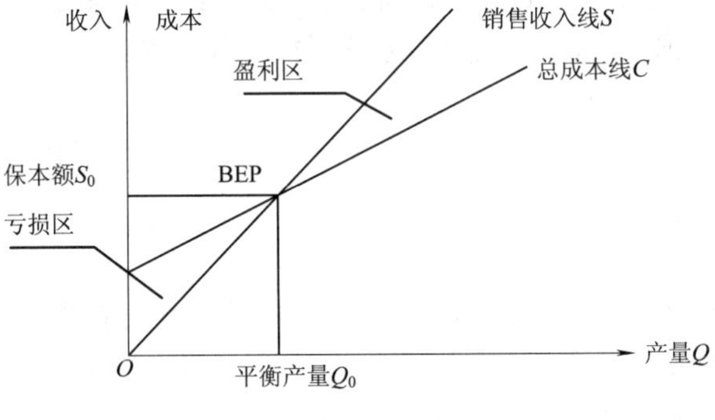


图 6.6　盈亏平衡图

另一方面，根据图 6.5 中的变动成本线、总成本线及销售收入线组成图 6.7。销售收入线与变动成本线之间形成的夹角正反映了产品价格与单位变动成本之间的差，即每销售一件产品，在扣除了自身的变动成本以后，其剩余部分就对固定成本有所补偿。随着销售量的增加，其补偿也不断加大，亏损面逐渐缩小，一旦对固定成本全部给予了补偿，项目也就摆脱了亏损，开始进入盈利区。销售量继续增加（销售量 $> Q_0$），补偿仍在进行，只是补偿的不再是固定成本，而是补偿利润。

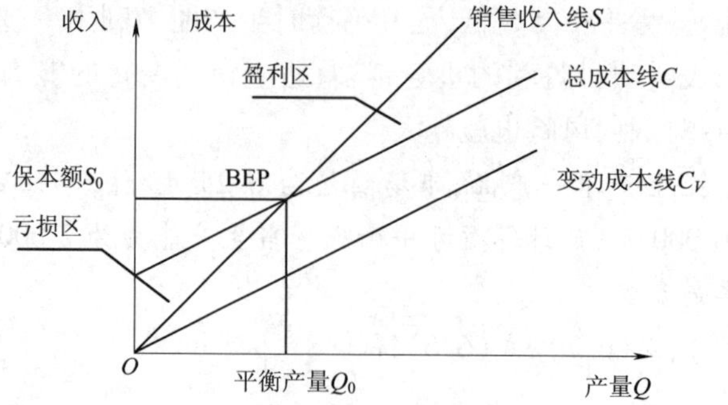


图6.7　盈亏平衡图

对式(6.5)的进一步分析和讨论,能够加深我们对图形的理解。式(6.5),$BEP_Q = Q_0 = C_F/(P - C_q - r)$中分母$(P - C_q - r)$表示企业销售单位产品补偿变动成本(及销售税金)后的收益,故被称为单位产品的边际贡献。边际贡献是指在原有销量的基础上,再增加一个单位销售量时所增加的贡献。即项目每增加一个销售量,就给项目带来一份边际贡献。边际贡献对项目的作用是补偿。项目在最初的销售中,产品一经销售实现,就可将自身的变动成本从销售收入中得到回收,即从价格中一次性扣除单位变动成本$C_q$。因此,所获得的边际贡献首先用于补偿变动成本,然后是补偿固定成本,一旦补偿了全部的固定成本,企业则达到盈亏平衡状态。此后边际贡献开始补偿利润,项目也随之进入盈利区。

不论是图形分析,还是数学模型分析,都使我们得到一个结论:在盈亏平衡分析中,边际贡献起补偿作用,其补偿顺序首先是补偿变动成本,其次是固定成本,最后是补偿利润。

**3.** 盈亏平衡因素的分析

盈亏平衡分析方法适用于项目财务评价,确定投资项目的盈亏平衡点无疑能使投资者正确认识自己面临的风险,审时度势、合理地选择投资规模及经济批量;同时也对各种影响盈亏平衡的因素有一定的认识。

在线性盈亏平衡图上,影响盈亏平衡位置的三个基本因素是固定成本、单位变动成本和销售价格。

1)固定成本

当其他经济因素均保持不变的情况下,固定成本的增减会直接影响盈亏平衡点位置的升降。当固定成本增加时,总成本线随之向上方平行移动,从而使它与销售收入线的交点向上移动,保本量及保本额相应增加,对投资者不利。当固定成本下降时,总成本线也随之向下滑动,保本量及保本额相应降低,对投资者有利。从经济含义上看,固定成本的增加部分就需要更多的边际贡献来对其进行补偿,因此表现为盈亏平衡点的上升,即保本量与保本额的增加;反之,则边际贡献能够更早地完成对固定成本的补偿而进入对利润的补偿,表现为盈亏平衡点的下降,即保本量和保本额的减少。

2)单位变动成本

当其他经济因素均保持不变的情况下,单位变动成本的变化使盈亏平衡点的位置亦随之变化。单位变动成本的上升与下降改变了变动成本线的斜率,使其倾斜程度发生变化。

变动成本线与总成本线的平行关系带动了总成本的同步变化，使得总成本线与销售收入线的交点在销售收入线上滑动，盈亏平衡位置随之上升和下降。从经济含义上看，单位变动成本上升，必然减小了与销售价格之间的差距，销售价格提供的边际贡献下降，则需实现比原来更多的销售量来弥补一定量的固定成本，表现为盈亏平衡点的上升；反之，能带来盈亏平衡点的下降。这里应特别注意，变动成本的增减并不影响盈亏平衡点位置的变化，这是由于变动成本的变化点是在线上移动，而不改变变动成本线的斜率，它仅仅是生产量增减的描述。

3）销售价格

当其他经济因素均保持不变的情况下，价格也是影响盈亏平衡点位置的因素。销售价格是销售收入线的斜率，它的变化会改变销售收入线的倾斜程度，此时盈亏平衡点就在总成本线上移动。当销售价格上升时，销售收入线的位置向上转动，它与变动成本线之间的夹角扩大，使盈亏平衡点下降；当销售价格下降时，则结果相反。从经济含义上看，销售价格上升，夹角扩大，意味着边际贡献增加，每个单位销售量的实现就能提供比原来更多的补偿作用，因而使得盈亏平衡点下降；销售价格下降，边际贡献减少，原有销量提供的边际贡献不足以补偿固定成本，因而盈亏平衡点上升。同样应当特别注意的是，销售收入的增减并不能改变盈亏平衡点的位置，这是由于销售收入的增减只是在自身线上的移动，而只有改变它的斜率，在总成本线上的移动才能改变盈亏平衡点的位置。

在上面的三个影响因素中，固定成本和单位变动成本来自于投资项目内部的因素，更容易受投资者的控制；销售价格来自于市场，是投资项目的外部因素，一般情况下不受投资者的直接控制，特别是在规范的市场条件下，投资者不能完全左右。固定成本和单位变动成本的变化方向与盈亏平衡点的变化方向一致：而销售价格的变化方向与盈亏平衡点的变化方向相反。有关情况如表6.1所示。

**表6.1　盈亏平衡点影响因素**

| 平衡点 \ 变动因素 | 固定成本 | 单位变动成本 | 销售价格 |
|---|---|---|---|
| 上升 | 上升 | 上升 | 下降 |
| 下降 | 下降 | 下降 | 上升 |
| 变化方向 | 相同 | 相同 | 相反 |
| 变化范围 | 项目内部 | 项目内部 | 项目外部 |
| 控制范围 | 较易控制 | 较易控制 | 很难控制 |

### 6.2.3　盈亏平衡分析在多方案比选中的应用

以上是对单一方案所作的盈亏平衡分析，通过求得盈亏平衡点，分析方案盈利及亏损的可能性。在需要对若干个互斥方案进行比选的情况下，如果是某一个共有的不确定因素影响这些方案的取舍，可以采用下面介绍的盈亏平衡分析方法帮助决策。这种方法也称为优劣平衡分析。

设有两个互斥方案的经济效果都受某不确定因素 $x$ 的影响，若我们将不确定因素 $x$ 看作一个变量，则两个方案的经济效果指标即为 $x$ 的函数：

$$E_1 = F_1(x)$$

$$E_2 = F_2(x)$$

式中，$E_1$ 和 $E_2$ 各为方案 1 和方案 2 的经济效果指标，若令

$$F_1(x) = F_2(x)$$

则满足这个方程的解 $x$ 值，即为方案 1 与方案 2 的优劣平衡点（盈亏平衡点），也是决定这两个方案孰优孰劣的临界点。结合对不确定因素 $x$ 未来取值的预测，则可作出相应的决策。

**【例 6.2】** 某厂生产一种产品，有三种生产方案可供选择。方案 1：年固定成本 600 万元，单位变动成本 20 元；方案 2：年固定成本 900 万元，单位变动成本 10 元；方案 3：年固定成本 400 万元，单位变动成本 30 元，分析各方案适用的生产规模。

**【解】** (1) 确定方案优劣平衡点。

因各方案的生产成本为

$$C_1 = C_F + C_q \cdot Q = 600 + 20Q$$

$$C_2 = C_F + C_q \cdot Q = 900 + 10Q$$

$$C_3 = C_F + C_q \cdot Q = 400 + 30Q$$

各方案的年总成本曲线如图 6.8 所示。由图 6.8 可知，三方案的年总成本曲线图两两相交，且它们的交点即为相应方案的优劣平衡点。

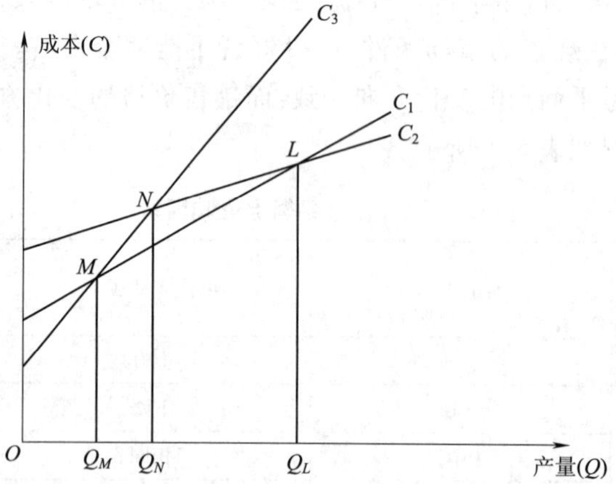


图 6.8 各方案的年总成本曲线图

令 $C_1 = C_2$

即

$$600 + 20Q = 900 + 10Q$$

$$Q_L = 30 \text{（万件）}$$

令 $C_1 = C_3$

即

$$600 + 20Q = 400 + 30Q$$

$$Q_M = 20 \text{（万件）}$$

令 $C_2 = C_3$

即

$$900 + 10Q = 400 + 30Q$$

$$Q_N=25(\text{万件})$$

(2)方案比选决策。

由此可知,当预期产量低于 $Q_M=20$ 万件时,应采用方案3;当预期产量介于20万件~30万件时,应采用方案1;当预期产量高于30万件时,应采用方案2。

**【例6.3】** 某厂生产一种产品有两个备选方案,方案1初始投资50万元,预期年净收益13万元;方案2初始投资150万元,预期年净收益35万元。该产品的市场寿命具有较大的不确定性,如果给定基准折现率15%,不考虑期末资产残值,试就项目寿命期分析两方案取舍的临界点。

**【解】** 设项目寿命期为 $x$。

(1)确定方案优劣平衡点。

$$\text{NPV}_1=-50+13(P/A,15\%,x)$$
$$\text{NPV}_2=-150+35(P/A,15\%,x)$$

令 $\text{NPV}_1=\text{NPV}_2$,有

$$-50+13(P/A,15\%,x)=-150+35(P/A,15\%,x)$$
$$22(P/A,15\%,x)=100$$
$$(P/A,15\%,x)=4.55$$

即

$$[(1+0.15)^x-1]/[0.15(1+0.15)^x]=4.55$$
$$x\approx 8(\text{年})$$

这即是以项目寿命期为共有变量时方案1与方案2的优劣平衡点。

(2)方案比选决策。

由于方案2的净收益比较高,项目寿命期延长对方案2有利。所以,若预测该项目寿命期少于8年时,应采用方案1;若预测该项目寿命期在8年以上,则采用方案2。

在例6.2中,我们是以产量作为盈亏平衡分析的共有变量。在不同情况下,根据实际需要,还可以用投资额、产品价格、经营成本、期末固定资产残值等,作为盈亏平衡分析的共有变量。用净现值、净年值、内部收益率等作为衡量方案经济效果的评价指标。

需要注意的是,优劣平衡分析不能仅根据盈利的增加多少而定,还要看到所增加的盈利是靠增加了多少投资获得的。因此,必须考虑为增加盈利而增加的那部分投资的投资效率。投资的增加,不仅增加了盈利,也增加了每年摊入成本的折旧额。如果增加的投资也能用由于增加投资而新增加的效益按期回收或有余的话,则说明新增加的那部分投资值得增加,即投资多的方案好。反之,虽然投资增加使盈利有所增加,但新增加的盈利数额小到不足以按期回收增加的投资时,说明不该增加这批投资,因此,投资少的方案好。

# 6.3 敏感性分析

## 6.3.1 敏感性分析的有关概念

敏感性分析是在投资项目评价中常用的另一个不确定性分析方法。所谓敏感性分析就是研究建设项目的主要因素如产品售价、产量、经营成本、投资、建设期、汇率、物价上涨

指数等发生变化时，项目经济效益评价指标（内部收益率、净现值等指标）随之发生变化的程度，以此来判断项目对外部条件发生不利变化时的承受能力。

敏感性是指经济效果指标对其影响因素的敏感程度的大小。通过敏感性分析，可以找出影响项目经济效益的关键敏感因素，使项目评价人员将注意力集中于这些关键因素，了解项目建设中可能遇到的风险，从而提高投资决策的准确性。必要时可对某些最敏感的关键因素重新预测和估算，并在此基础上重新进行经济评价，以提高投资决策的可靠性，减少投资的风险。

在项目的实施过程中，对那些敏感性大的不确定性影响因素，项目的投资者和管理者要高度重视，严加控制和掌握，而对那些敏感性较小的不确定性影响因素，投资者和管理者稍加控制即可。

敏感性分析分单因素敏感性分析和多因素敏感性分析。在单因素敏感性分析中，设定每次只一个因素变化，而其他因素保持不变，这样每次就可以分析出这个因素的变化对指标的影响大小。如果一个因素在较大的范围内变化时，引起指标的变化幅度并不大，则称其为非敏感性因素；如果某因素在很小范围变化时就引起指标很大的变化，则称为敏感性因素。通过敏感性分析，决策者可以掌握各个因素对指标影响的重要程度，在对因素变化进行预测、判断的基础上，对项目的经济效果作进一步的判断，或在实际执行中对敏感因素加以控制，减少项目的风险。多因素敏感性分析是考察多个因素同时变化对项目的影响程度，通过分析可以判断项目对不确定性因素的承受能力，从而对项目风险的大小进行估计，为投资决策提供依据。

根据项目评价内容的不同，如经济评价中对经济净现值、经济内部收益率所作的敏感性分析，称为经济敏感性分析；对财务评价指标所做的敏感性分析，称为财务敏感性分析；对项目国民经济评价指标所作的敏感性分析称为国民经济敏感性分析。

### 6.3.2　敏感性分析的基本步骤

**1.** 确定分析评价指标

衡量项目经济效果的指标较多，进行敏感性分析的工作量较大，实际评价工作中，不可能对每种评价指标都进行分析，一般只围绕其中最重要的一个或几个指标，如净现值、内部收益率、投资回收期等进行分析。由于敏感性分析是在确定性经济分析的基础上进行的，一般而言，敏感性分析的指标应与经济评价指标一致，不应超出所选用的经济评价指标范围而另立分析指标。不确定分析是可行性研究中项目经济评价方法的重要组成部分。在项目的机会研究阶段，各种经济数据较为粗略，常使用简单的投资收益率和投资回收期指标。而在详细可行性研究阶段，经济指标主要采用净现值、内部收益率，并通常辅以投资回收期指标。

**2.** 选定需要分析的不确定性因素（投资额、产量、价格、成本、折现率、寿命期等），并设定这些因素的变动范围

影响投资方案经济效果的不确定因素有很多，严格说来，凡影响方案经济效果的因素都在某种程度上带有不确定性。但事实上没有必要对所有的不确定因素都进行敏感性分析，可以根据经济评价的深度和具体情况选择主要的不确定因素加以分析。对不确定性因

素的选定原则有两条:第一,预计在其可能变动的范围内,其变动将会比较强烈地影响方案的经济效果指标;第二,对其在确定性经济评价中采用的数据的准确性把握不大。

项目敏感性分析中的不确定性因素通常从以下几方面选定:①项目投资;②项目寿命期;③产品价格;④产销量;⑤销售收入;⑥经营成本(可单独考虑变动成本);⑦项目残值;⑧折现率;⑨外币汇率等。

在选择需要分析的不确定因素的过程中,应根据实际情况设定这些因素可能的变动范围。

**3.** 计算基本指标对主要不确定性因素的敏感程度,绘制敏感性分析图

计算各不确定因素在可能的变动范围内发生不同幅度变动所导致的方案经济效果指标的变动结果,建立一一对应的数量关系,并用图或表的形式表示出来。单因素敏感性分析时,在固定其他因素的条件下,变动其中某一个不确定性因素,计算分析指标相应的变动结果,这样逐一得到每个因素对指标的影响程度。在多因素敏感性分析时,要计算多个因素同时变化对分析指标的影响程度。

**4.** 确定敏感因素

所谓敏感因素就是其数值变动能显著影响方案经济效果的因素。判别敏感因素的方法有两种:第一种是相对测定法,即设定要分析的因素均从确定性经济分析中所采用的数值开始变动,且各因素每次变动的幅度(增或减的百分数)相同,比较在同一变动幅度下各因素的变动对经济效果指标的影响,据此判断方案经济效果对各因素变动的敏感程度。第二种方法是绝对测定法,即假设各因素均向对方案不利的方向变动,并取其有可能出现的对方案最不利的数值,据此计算方案的经济效果指标,看其是否可达到使方案无法被接受的程度。如果某因素可能出现的最不利数值能使方案变得不可接受,则表明该因素是方案的敏感因素。方案能否接受的判据是各经济效果指标能否达到临界值,例如,使用净现值指标,要看净现值是否大于或等于零;使用内部收益率指标,要看内部收益率是否达到基准折现率。绝对测定法的一个变通方式是先设定有关经济效果指标为其临界值,如令净现值等于零,令内部收益率等于基准折现率,然后求待分析因素的最大允许变动幅度,并与其可能出现的最大变动幅度相比较。如果某因素可能出现的变动幅度超过最大允许变动幅度,则表明该因素是方案的敏感因素。在实践中可以把确定敏感因素的两种方法结合起来使用。

**【例6.4】** 某厂有一个引进一条自动化流水线来提高产品质量,并扩大产量的投资方案,用于确定性经济分析的现金流量表如表6.2所示,所采用的数据是根据对未来最可能出现的情况的预测估算的。由于对未来影响经济环境的某些因素把握不大,销售收入、建设投资、经营成本都有可能发生变动,变动情况如下:销售收入变动 ±10% 和 −15%,建设投资变动 ±10% 和 +20%,经营成本变动 ±10% 和 +20%。设标准折现率为 12%,试分别对上述三个不确定因素作敏感性分析。

**表6.2 项目现金流量表** 单位:万元

| 科目 \ 年份 | 0 | 1 | 2~11 | 12 |
|---|---|---|---|---|
| 投资 | 1 290 | | | |

续表

| 年份 / 科目 | 0 | 1 | 2~11 | 12 |
|---|---|---|---|---|
| 销售收入 | | | 1 590 | 1 590 |
| 经营成本 | | | 1 000 | 1 000 |
| 销售税金(销售收入10%) | | | 159 | 159 |
| 期末资产残值 | | | | 360 |
| 净现金流量 | -1 290 | 0 | 431 | 431+360 |

**【解】** 设投资额为 $K$,年销售收入为 $B$,年经营成本为 $C$,年销售税金为 $T_A$,期末资产残值为 $V_1$。用净现值指标评价本方案的经济效果。

净现值的计算公式为

$$NPV=-K+(B-T_A-C)(P/A,12\%,11)(P/F,12\%,1)+V_1(P/F,12\%,12)$$

代入表6.2数据,得

$$\begin{aligned}NPV&=-1\ 290+431\times5.938\times0.892\ 9+360\times0.256\ 7\\&=-1\ 290+2\ 285.18+92.41\\&=1\ 087.59(\text{万元})\end{aligned}$$

下面用净现值指标分别就销售收入、投资额和经营成本等不确定因素作敏感性分析。

设销售收入变动百分比为 $x$,因为销售收入的变动将导致销售税金的变动,且变动比相同,故分析销售收入变动对净现值的影响的计算公式如下:

$$NPV=-K+[(B-T_A)(1+x)-C](P/A,12\%,11)(P/F,12\%,1)+V_1(P/F,12\%,12)$$

设投资额的变动百分比为 $y$,则分析投资额变动对方案净现值的影响的计算公式如下:

$$NPV=-K(1+y)+(B-T_A-C)(P/A,12\%,11)(P/F,12\%,1)+V_1(P/F,12\%,12)$$

设经营成本的变动百分比为 $z$,则分析经营成本的变动对方案净现值的影响的计算公式如下:

$$NPV=-K+[(B-T_A)-C(1+z)](P/A,12\%,11)(P/F,12\%,1)+V_1(P/F,12\%,12)$$

根据这三个计算公式,使用表6.2的数据,分别取 $x,y,z$ 不同数值、计算出各不确定因素的不同变动幅度下方案的净现值,计算结果如表6.3所示。

**表6.3 不确定因素的变动对净现值的影响** 单位:万元

| 变动率 / 不确定因素 | -15% | -10% | 0 | 10% | 20% |
|---|---|---|---|---|---|
| 销售收入 | -50.5 | 328.87 | 1 087.59 | 1 846.31 | |
| 建设投资 | | 1 216.59 | 1 087.59 | 958.59 | 829.59 |
| 经营成本 | | 1 617.80 | 1 087.59 | 557.39 | 27.18 |

根据表6.3中的数据,可绘出敏感性分析图6.9。

由图6.9和表6.3可知,当三个不确定因素以同样变动幅度变动时,销售收入的变动对方案净现值的影响最大(在图6.9中,销售收入线最陡峭),经营成本的变动影响次之,投资额的变动对方案净现值的影响最小。所以销售收入和经营成本对净现值是较为敏感的因素。

由图6.9还可以看出,三条直线与横轴(临界线,NPV=0)均有一个交点,交点所对应的变动幅度,称为不确定因素变动的临界点。这个临界点表明了方案经济效果评价指标达到最低要求所允许的不确定因素的最大变动幅度。如果不确定因素的变动超过了临界点,则方案就由可行变为不可行。将临界点与未来实际可能发生的变动幅度作比较,就可大致分析出该项目的风险情况。

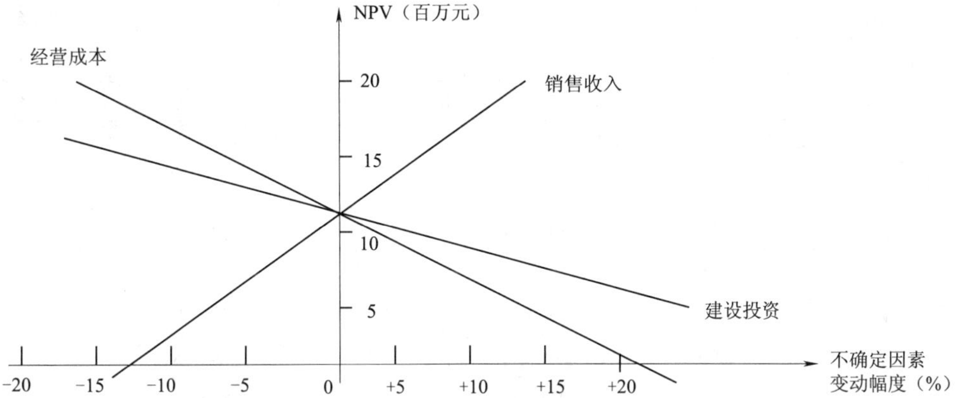


图6.9 敏感性分析图

本例中若建设投资和经营成本不变,销售收入降低约14%,即达到临界点,此时NPV=0。若未来销售收入可能降低的幅度大于14%,则该项目由可行变为不可行的可能性较大,风险也较大。同样,经营成本的临界点约为20%,即经营成本的增加幅度若大于20%,方案将变得不可接受。根据前面计算投资变动对方案净现值的影响的计算公式,可算出

当NPV=0时,$y=84\%$,即若销售收入与经营成本不变,投资额增加84%以上,才会使方案变得不可接受。

根据上面的分析,对于本投资方案,销售收入与经营成本都是敏感因素,在决策之前,应对销售收入和经营成本的可能变动范围作进一步更为准确的预测和估算。如果销售收入和经营成本的变动超出临界点的可能较大,则意味着这笔投资有较大风险。同时,销售收入和经营成本是敏感因素这一结论还提醒我们,若实施这一方案,严格控制经营成本,保证销售收入将是提高项目经济效益的重要途径。

**【例6.5】** 有一个发展计划,期初投资20亿元,年生产能力为8 000件,单件产品的变动成本为2万元,产品销售价格为8万元,项目寿命预计20年,基准收益率为10%,试就净现值指标进行敏感性分析。

**【解】** 根据净现值计算公式,得

$$\begin{aligned}NPV &= -\text{期初投资}+(\text{价格}-\text{单位变动成本})\times\text{销售量}(P/A,10\%,n)\\&= -200\,000+(8-2)8\,000(P/A,10\%,20)\\&=208\,651(\text{万元})\end{aligned}$$

方法1:首先采用相对敏感性分析法。在原始数据基础上,各因素分别变动±5%、

±10%、±15%、±20%，并计算变动后净现值的对应值。计算得到的各净现值如表6.4所示。

**表6.4　相对敏感性分析表**　　单位:万元

| 因素 \ 变动率 (NPV) | -20% | -15% | -10% | -5% | 0 |
|---|---|---|---|---|---|
| 期初投资 | 248 651① | 238 651 | 228 651 | 218 651 | 208 651 |
| 价格 | 99 677② | 126 921 | 154 164 | 181 408 | 208 651 |
| 单位变动成本 | 235 894③ | 229 083 | 222 273 | 215 462 | 208 651 |
| 销售量 | 126 921 | 147 353 | 167 786 | 188 218 | 208 651 |
| 寿命期 | 175 538 | 185 035 | 193 668 | 201 516 | 208 651 |
| 收益率 | 271 271 | 254 240 | 238 170 | 222 994 | 208 651 |
| 因素 \ 变动率 (NPV) | +5% | +10% | +15% | +20% | |
| 期初投资 | 198 651 | 188 651 | 178 651 | 168 651 | |
| 价格 | 235 894 | 263 138 | 290 38L | 317 624 | |
| 单位变动成本 | 201 840 | 195 029 | 188 218 | 181 408 | |
| 销售量 | 229 083 | 249 516 | 269 949 | 290 381 | |
| 寿命期 | 215 137 | 221 034 | 226 395 | 235 698 | |
| 收益率 | 195 084 | 182 240 | 170 071 | 158 533 | |

表中各数据都是通过相应的计算公式计算而得。

如:①$NPV = -200\ 000(1-20\%)+(8-2)8\ 000(P/A,10\%,20)$

$=248\ 651$(万元)

②$NPV = -200\ 000+[8(1-20\%)-2]8\ 000(P/A,10\%,20)$

$=99\ 677$(万元)

③$NPV = -200\ 000+[8-2(1-20\%)]8\ 000(P/A,10\%,20)$

$=235\ 894$(万元)

根据表6.4的数据绘制敏感性分析图，如图6.10所示。从图中明显看出：当期初投资、单位变动成本和收益率下降时对NPV有贡献；而价格、销售量和寿命期的上升对NPV有贡献。图中还显示：在同等变动幅度下，价格对NPV影响较大，是最敏感因素；销售量对NPV影响次之，是次敏感因素；单位变动成本对NPV的影响最小，为最不敏感因素。不难看出，敏感程度的顺序是价格、销售量、收益率、期初投资、寿命期、单位变动成本，该项目的投资者应对排列在前的因素给予更多的关注。

方法2：采用绝对敏感性分析表。从另一个角度分析项目的敏感性，对投资者有不同于方法1的启示。

对净现值指标来说．当受经济因素变动的影响而降至零时，即达到盈亏平衡状态时，则被认为已到了不可接受的极限状态。分别求出各因素的这种极限状态，并计算该因素的变化率。

价格因素：$NPV = -200\ 000+(\text{价格}-2)8\ 000(P/A,10\%,20)$

$=0$

NPV =0 时,价格 =49 365(元)

变化率 =(49 365 -80 000)/80 000 ×100% = -38.4%

计算结果表明,当原有价格下降38.4%到达49 365元时,该投资项目处于盈亏平衡状态。该项目价格因素的敏感程度为38.4%。其他因素的计算结果列于表6.5中。

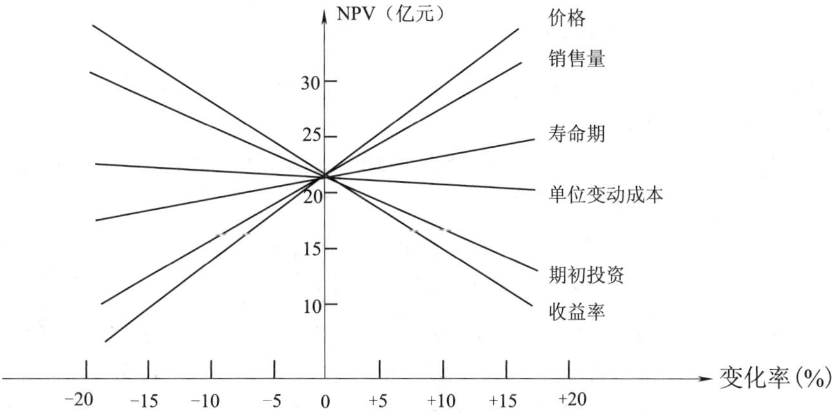


图6.10 单因素敏感性分析图

**表6.5 绝对敏感性分析表**

| 经济因素 | 盈亏平衡点 | 变化率 |
|---|---|---|
| 价格 | 49 365 元 | -38.4% |
| 销售量 | 3 916 元 | -51.5% |
| 单位变动成本 | 76 551 元/件 | 282.7% |
| 期初投资 | 408 651 万元 | 104.3% |
| 寿命期 | 5.66 年 | -71.7% |
| 收益率 | 23.66% | 136.6% |

根据各因素变化率可知,该项目的敏感顺序是价格、销售量、寿命期、期初投资、收益率、单位变动成本。

进行单因素敏感性分析,可以向投资者提供经济因素的敏感性程度及敏感顺序、经济因素对目标值不良影响的极限状态等。投资者可依据分析结果对未来经营中可能出现的风险及不确定性做出充分的准备和进行有效的控制。

**5.** 多因素敏感性分析

单因素敏感性分析的方法相对简单,但其不足是忽略了因素之间的相关性。在实际经济活动中,许多经济因素之间相互影响又约束制衡,对投资项目共同发生影响。比如,价格的下降会引起销售量的上升等。多因素敏感性分析考虑了这种相关性而能反映多种经济因素同时变化对项目产生的综合影响,弥补了单因素敏感性分析的局限性,从而更全面地揭示事物的本质。

进行多因素敏感性分析对因素的数量选择有一定的约束,适合进行两因素或三因素的分析,所以在选择因素指标时掌握两个原则:其在单因素敏感性分析中敏感程度强或由以往经验判定对目标实现影响程度强的指标;其投资难以控制的因素指标,这样的指标往往来自项目外部,受外部市场的影响。

具体的分析方法通过例题 6.6 加以介绍。

**【例 6.6】** 选用例 6.5 中的数据进行多因素敏感性分析。

**【解】** (1)方案的净现值为

$$NPV = -200\ 000 + (8-2)8\ 000(P/A,10\%,20)$$
$$=208\ 651(万元)$$

(2)双因素分析:选择价格、期初投资作为不确定性影响因素。

假设价格、期初投资的变化率分别为 $x$、$y$。

$$NPV = -200\ 000(1+y) + [8(1+x)-2]8\ 000(P/A,10\%,20)$$

当 NPV =0 时,即项目在盈亏平衡状态下时,则有

$$2.086\ 51 + 5.448\ 68x - 200\ 000y = 0$$
$$y = 1.043\ 26 + 2.723\ 4x$$

作该直线的图形,如图 6.11 所示。图形表明,线上的状态为盈亏平衡状态。双因素同时变动时,其变化率位于直线下方区域内,NPV >0,该投资仍可盈利;若变化率位于直线左上方区域时,NPV <0,该投资处于亏损。也就是说,当价格下降超出 38.3% 而同时期初投资额的上升又超出 104% 的话,投资项目面临亏损。

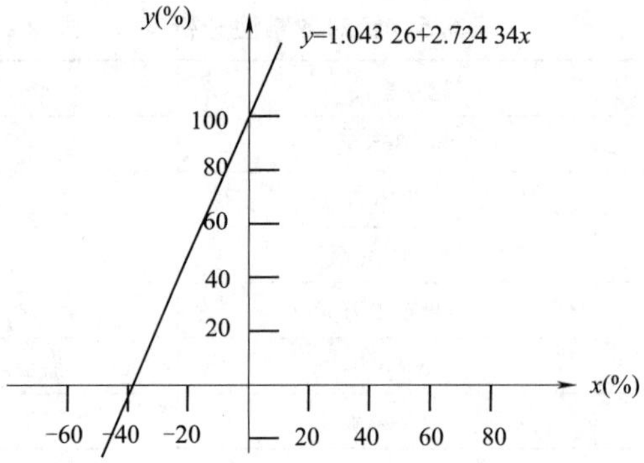


图 6.11　双因素敏感性分析图

(3)三因素分析:选择价格、期初投资、销售量作为不确定性影响因素。

假设价格、期初投资、销售量的变化率分别为 $x$、$y$、$z$。

$$NPV = -200\ 000(1+y) + [8(1+x)-2]8\ 000(1+z)(P/A,10\%,20)$$

同样,当 NPV =0 时:

$$(1+y)200\ 000 - (3+4x)(1+z)136\ 216.96 = 0$$

选取不同的 $z$ 代入上式,则:

当 $z = +10\%$ 时,$y = 1.247\ 58 + 2.996\ 77x$;

当 $z = +5\%$ 时,$y = 1.145\ 42 + 2.860\ 51x$;

当 $z = 0$ 时,$y = 1.043\ 26 + 2.724\ 34x$;

当 $z = -5\%$ 时,$y = 0.946\ 09 + 2.588\ 12x$;

当 $z = -10\%$ 时,$y = 0.838\ 93 + 2.451\ 91\ x$。

以 $x$、$y$ 为坐标作图,如图 6.12 所示,得到一组平行线。它表明,随着销售量的变化,盈

亏平衡状态的界限发生移动,投资方案的可行区域随之变化。当销售量的变化幅度确定后,也就确定了在平行线族中的位置,同时限制了其他两因素在可行区域的变化率范围。

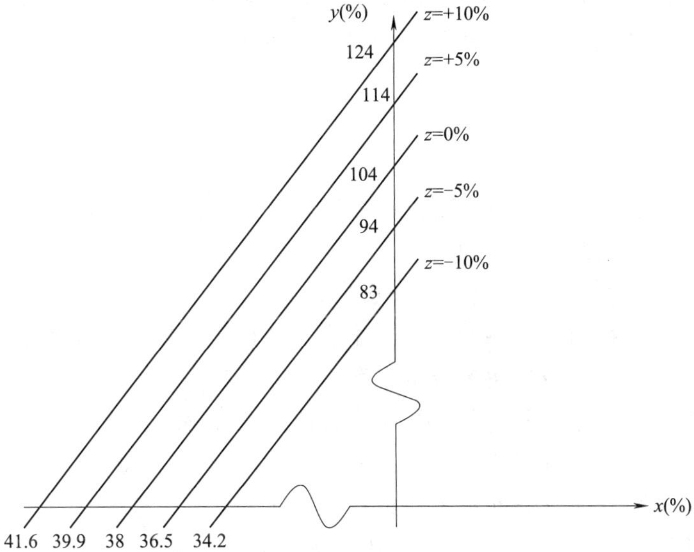


图6.12　三因素敏感性分析

### 6.3.3　敏感性分析的局限性

敏感性分析的主要意义在于抓住问题的主要矛盾,即通过分析和计算,确定不确定因素的极限变化范围,找出其中对经济评价指标影响最大的敏感性因素,以便进一步分析产生不确定性因素的根源,采取相应的措施,进行有效的监督和控制;同时,在进行方案比选时,通过各方案敏感度的计算,选择敏感度小即风险小的项目投资方案。

敏感性分析已经在技术经济分析中获得应用,尤其是单因素的敏感性分析应用更加广泛,但是它本身具有不可忽略的局限性。

(1)敏感性分析要求被分析的各个经济参数是互不相关的。事实上,有些参数之间是有某种相关性的。如投资与工期之间,投资随工期的延长而增加;收益与产品售价及产量之间也有密切的相关性,价格上涨,产量增加,收益也增加。各因素之间的关系,有时是相当复杂的,这无疑会给敏感性分析带来困难。

(2)敏感性分析至多只能同时对三个经济参数的变化作分析,四个及四个以上经济参数同时变化时,现有的敏感性分析是无能为力的。

(3)由于选择哪些参数进行分析,以及这些参数的给定变化量,均受分析人员的主观意愿的影响,尤其是敏感性分析表法,更易造成假象。因此,一般应绘制出敏感性分析图,以便为决策人员分析提供更全面的信息,也可使决策人员免受经济分析计算人员主观偏爱的影响,使决策更科学化。

(4)敏感性分析能够表明不确定因素对项目经济效益的影响,得到维持项目可行所能允许的不确定因素发生不利变动的幅度,从而预测项目承担的风险,但是并不能表明这种风险发生的可能性有多大。实践表明,不同的项目,各个不确定因素发生相对变动的概率是不同的。因此两个同样敏感的因素,在一定的不利的变动范围内可能一个发生的概率很大,另一个发生的概率很小。很显然,前一个因素给项目带来的影响很大,后一个因素给项目带来的影响很小,甚至可忽略不计。而敏感性分析假定各个因素发生变化的概率是相等的,因此无法解决不确定因素发生相对变动的概率问题。

## 本章小结

不确定性分析方法是项目经济评价中常用的方法,它们都有各自不同的特点,适用的情况不同,反映的问题,揭示的结果也不同。

**不确定性** 这里的不确定性是指建设项目的不确定性,即被评价项目(方案)的实际实施经济效果有发生多种不同结果的可能性,导致项目预测效果与将来实施后的实际效果产生一定的差异,因而给投资者和决策者带来风险。

**不确定性分析** 不确定分析是考查建设项目的人力、物力、资金、固定资产投资、生产成本、产品售价等方面的不确定性因素发生变化时,对项目经济效果评价带来的影响,预测项目承担风险的能力,确定项目在技术和经济上的可靠性。

**不确定性产生的原因** 建设项目评价产生不确定性的原因有三类:一是项目本身的不确定性;二是项目环境的不确定性;三是预测评价方法的局限性。

**不确定性分析的类型** 不确定性分析方法一般可分为三种:盈亏平衡分析、敏感性分析、概率分析。盈亏平衡分析只用于项目财务效益分析,敏感性分析和概率分析可同时用于项目财务效益分析和国民经济效益分析。

**盈亏平衡分析** 盈亏平衡分析方法适用于企业财务评价,它无论是从计算上,还是从原理上都最为简单,仅通过对项目的量、本、利之间的平衡关系进行分析计算,找出盈亏平衡点 BEP,就可以了解项目对市场需求变化的适应能力和承担的风险。

但盈亏平衡分析也有其局限性,这种局限性来源于该方法建立的假定前提条件。因为盈亏平衡点的计算需要假定销售量等于生产量,而且在计算任一平衡点指标时,都要假定其他的因素不变且已知。这些理想化的约束条件,在实际中很难得到满足。因此,尽管盈亏平衡分析方法是一种很实用的不确定性分析方法,但仍只能作为对项目评价检验的辅助手段。

盈亏平衡分析可分为线性盈亏平衡分析和非线性盈亏平衡分析。线性盈亏平衡分析的成本、销售收入与产量之间呈线性关系,盈亏平衡点是唯一的;而非线性盈亏平衡分析成本、销售收入与产量之间呈非线性关系,盈亏平衡点可能有多个。盈亏平衡点的表达形式有多种,它既可以用实物产量、单位产品售价、单位产品可变成本以及年固定成本总量表示,也可以用生产能力利用率等相对量表示。其中产量与生产能力利用率,在进行项目不确定性分析中应用最为广泛。

在盈亏平衡分析中,边际贡献起补偿作用,其补偿顺序首先是补偿变动成本,其次是固定成本,最后是补偿利润。

影响盈亏平衡点位置的三个基本因素——固定成本、单位变动成本和销售价格中,固定成本和单位变动成本来自于投资项目内部的因素,更容易受投资者的控制;销售价格来自于市场,是投资项目的外部因素,一般情况下不受投资者的直接控制。固定成本和单位变动成本的变化方向与盈亏平衡点的变化方向一致;而销售价格的变化方向与盈亏平衡点的变化方向相反。

优劣平衡分析是盈亏平衡分析方法在多方案比选中的应用,在需要对若干个互斥方案进行比选的情况下,如果是某一个共有的不确定因素影响这些方案的取舍,可以采用该方法帮助决策。优劣平衡分析进行比选的基本方法是先确定各方案的优劣平衡点(即盈亏平衡点)。

**敏感性分析** 敏感性分析方法是投资决策中进行方案优选和评价项目的不可缺少的不确定性分析手段。敏感性分析通过研究项目的主要影响因素如产品售价、产量、经营成本、投资、建设期、汇率、物价上涨指数等发生变化时,项目经济效果评价指标(内部收益率、净现值等指标)的预期值发生变化的程度,以此来判断项目对外部条件发生不利变化时的承受能力。通过敏感性分析,可以找出影响项目经济效益的关键敏感因素,使项目评价人员将注意力集中于这些关键因素,了解项目建设中可能遇到的风险,从而提高投资决策的准确性。必要时可对某些最敏感的关键因素重新预测和估算,并在此基础上重新进行经济评价,以提高投资决策的可靠性,减少投资的风险。

但敏感性分析方法也有其不足之处。最主要的是,敏感性分析只是指出了项目经济效果评价指标对各种不确定性因素的敏感程度,以及项目可行所能允许的不确定性因素变化的极限值,却没有考虑各种不确定性因素在未来发生各种变化的可能性,以及在这种可能性下对经济评价指标的影响程度,所以这种分析的结论难免带有很大的片面性。这种片面性必须借助于概率分析来弥补。

敏感性分析分单因素敏感性分析和多因素敏感性分析两种。在单因素敏感性分析中,设定每次只有一个因素变化,而其他因素保持不变,这样每次就可以分析出每个单一因素的变化对经济评价指标的影响大小。决策者可以在掌握各个因素对指标影响的重要程度的基础上,并对因素变化进行预测、判断,继而对项目的经济效果作进一步的判断,或在实际执行中对敏感因素加以控制,减少项目的风险。多因素敏感性分析是考察多个因素同时变化对项目的影响程度,通过分析可以判断项目对不确定性因素的承受能力,从而对项目风险的大小进行估计,为投资决策提供依据。

进行敏感性分析有四大基本步骤,包括:①确定分析评价指标;②选定需要分析的不确定性因素,并设定这些因素的变动范围;③计算基本指标对主要不确定性因素的敏感程度,绘制敏感性分析敏感图;④确定敏感因素。在进行敏感性分析时,判别敏感因素的方法有相对测定法和绝对测定法两种。

## 复习思考题

1. 什么是不确定性分析？技术经济分析中的不确定性因素主要有哪些？不确定性分析方法主要有哪些？

2. 什么是盈亏平衡分析？其目的是什么？盈亏平衡分析方法有什么局限性？

3. 什么是敏感性分析？其目的是什么？敏感性分析方法有什么局限性？

4. 某项目设计生产能力为700件/年,预计将来产品售价为30元/件,单位产品变动成本为10元,总固定成本为850元。求盈亏平衡产量、平衡点处销售收入;分析项目的抗风险能力。

5. 某企业开发新产品,其中固定费用包括基本折旧费10 000万元,大修理基金4 000万元,工资及福利基金9 000万元;预计单位产品变动成本为12万元/件,产品售价20万元/件;销售税金为单价的5%,求盈亏平衡点产量。若设计生产能力为4 000件,问此项目抗风险能力如何?

6. 某生产项目根据统计分析得到如下关系式:$TR = 600x - 0.855x^2$,$TC = 16\ 000 + 18x + 0.623x^2$,TR、TC分别为销售收入和总成本,$x$表示产量,试作盈亏平衡分析。

7. 某投资项目,设计生产能力为月产量6 000台,产品售价为1 300元/台,月固定成本总额为145万元,单位产品变动成本为930元/台。

求:(1)以月产量、生产能力利用率、销售价格、单位产品变动成本表示的盈亏平衡点。

(2)价格下降20%,总固定成本上升10%的盈亏平衡点产量。

8. 某拟建项目,设计生产能力为年产量1万台,固定成本总额为200万元,单位产品的变动成本为500元/台,产品销售单价为900元/台。试用产品产量和生产能力的利用率分别分析该项目的盈亏平衡点。

9. 某厂建成时总投资为5 000万元,年产某种设备1 000台,设计总成本为4 000万元,其中固定成本为1 500万元,折旧费占固定成本的10%,设备的销售价格为每台5万元。试求:

(1)盈亏平衡点产量。

(2)当销售价格降低5%时的盈亏平衡点产量。

(3)如果销售税金为销售收入的10%,盈亏平衡点产量又是多少?

10. 某项目年销售收入为500万元,销售税率为20%,项目投资1 000万元,年经营费用200万元,其中固定费用100万元,设标准收益率为15%。另经分析,将来变动成本、销售收入可能在±20%范围变动,试对投资收益率进行敏感性分析。(要求画图)

11. 某公司打算安装一种自动装置,每台初始投资估计为1 000元,该装置使用寿命10年,每年可节省生产费用300元,设基准折现率为10%,试分析:

(1)分别就初始投资和生产费用节省额变动±5%、±10%、±15%、±20%及使用年限变动±10%、±20%,对该方案的净现值作单因素敏感性分析,画出敏感性分析图,指出敏感因素。

(2)就初始投资和生产费用节省额两个变量对方案净现值作双因素分析,并指出方案的可行区域。

12. 方案投资1万元,年收入5 000元,年经营费用2 200元,寿命5年,残值2 000元。若标准收益率为8%,试对经济效益指标净现值进行以下敏感性分析:

(1)投资和产品价格双因素敏感性分析。

(2)投资、产品价格及寿命三因素敏感性分析。

# 第7章 设备更新与选择的技术经济分析

设备更新与选择是工程经济学理论的一个重要应用领域，对工业企业和整个国民经济的发展都起着十分重要的作用。在设备运行期间，需要通过技术经济分析，选择在适宜的时候采用适宜的更新方案，从而实现企业设备使用和生产价值最大化。本章将在介绍设备磨损和补偿及设备经济寿命的基础上，对设备更新决策方法进行重点阐述，并对新技术、新方案和新材料应用方案的技术经济分析方法作简要介绍。

# 7.1　设备磨损和补偿

## 7.1.1　设备的磨损

设备是企业固定资产的主要组成部分,是企业生产和扩大再生产的主要手段。各种机器设备的质量和技术水平是衡量一个国家工业化水平的重要标志,是判断一个企业技术能力、开发能力和创新能力的重要标准。

设备投入使用以后,随着使用时间的延长,其技术状况和经济合理性会逐渐劣化,设备的价值和使用价值也会随时间逐渐降低,这种现象称为磨损。磨损可分为有形磨损和无形磨损两类。

**1.** 有形磨损

机器设备在使用(或闲置)过程中所发生的实体的磨损称为有形磨损。有形磨损也可分为两种。

1)第Ⅰ种有形磨损

运转中的机器设备,在外力的作用下,其零部件发生摩擦、振动和疲劳等现象致使机器设备的实体发生磨损、变形(不可恢复性)和损坏,这种磨损称为第Ⅰ种有形磨损。它与设备的使用时间和使用强度有关,通常表现为:①机器设备零部件的原始尺寸甚至形状发生变化;②公差配合(即指组成配合的孔、轴公差之和)性质发生改变,精度降低;③零部件损坏。

第Ⅰ种有形磨损可使设备精度降低,劳动生产率下降,动力、油脂及其他生产费用增加。当这种有形磨损达到较严重程度时,机器设备就不能继续正常工作,甚至会发生故障,提前失去工作能力、丧失使用价值或者需要支付很大的修理费用进行维修,造成经济上的损失。

2)第Ⅱ种有形磨损

设备在闲置过程中,由于自然力的作用使金属件生锈、腐蚀,橡胶件老化等,管理不善和缺乏必要的维护也会造成设备的实体发生磨损,这种有形磨损称为第Ⅱ种有形磨损。它与设备的闲置时间和闲置期间的维护状况有关。

第Ⅱ种有形磨损同样可使设备精度降低,劳动生产率下降。当这种有形磨损达到一定程度时,若进行维修,需要支付很高的修理费用;当这种有形磨损达到严重程度时,维修也无济于事,会使设备失去精度和工作能力,丧失使用价值。

从上可以看出,有形磨损的技术后果是设备使用价值的降低甚至完全丧失,经济后果是设备原始价值的部分降低甚至完全贬值。

**2.** 无形磨损

机器设备除遭受有形磨损之外,还遭受无形磨损(亦称经济磨损、精神磨损)。所谓无形磨损是指由于科学技术进步,不断出现性能更完善、生产效率更高的设备而使原有设备的价值降低,或者生产同样结构设备的价值不断降低而使原有设备的价值降低。无形磨损不是由于生产过程中的使用或自然力的作用造成的,所以不表现为设备实体的变化,而表现为设备原始价值的贬值。无形磨损亦可分为两种。

1)第Ⅰ种无形磨损

第Ⅰ种无形磨损是指由于技术进步的影响,再生产这种设备的过程中,生产工艺不断改进,劳动生产率不断提高,成本不断降低,生产同种(原型)设备的社会必要劳动减少,因而设备的市场价格下降,从而使原有设备价值发生贬损。第Ⅰ种无形磨损与技术进步有关,但这种技术进步表现在产品的生产成本降低方面,而不是产品的性能提高方面。

第Ⅰ种无形磨损虽然使生产领域中的现有设备部分地贬值,但是设备本身的技术特性和功能不受影响,设备的使用价值并未降低,因此不会直接产生提前更换现有设备的问题。但由于技术进步对生产部门的影响往往大于修理部门,使设备本身价值降低的程度比其修理费用降低的速度快,从而有可能造成尚未到达耐用年限设备的修理费用就高于设备本身的再生产价值。

2)第Ⅱ种无形磨损

第Ⅱ种无形磨损是指由于技术进步,社会上出现了结构更合理、技术更先进、性能更完善、效率更高和经济效果更好的新型设备,从而使现有设备显得陈旧和落后,从而产生价值贬损。第Ⅱ种无形磨损也与技术进步有关,但这种技术进步表现在产品的功能提高方面,而不是产品的生产成本降低方面。

第Ⅱ种无形磨损不仅使原有设备的价值相对贬损,而且如果继续使用旧设备还会相对地降低生产的经济效果,如:设备效率低,生产中耗用的原料、燃料及辅助材料比新设备高等。这种经济效果的降低,实际上反映了原设备使用价值的局部或全部丧失,这就有可能产生新设备代替现有旧设备的必要性。是否代替取决于现有设备的贬值程度和在生产中继续使用旧设备的经济效果下降的程度。

**3.** 综合磨损

一般情况下,设备在使用过程中发生的磨损实际上是由有形磨损和无形磨损同时作用而产生的,称之为综合磨损。两类磨损都会引起设备原始价值的贬值,这一点两者是相同的。不同的是,遭受有形磨损的设备,特别是有形磨损严重的设备,在修复补偿之前,往往不能正常运转,大大降低了设备工作性能;而遭受无形磨损的设备,如果其有形磨损程度比较小,则无论其无形磨损的程度如何,均不会影响正常使用,只是其经济性能必定发生变化,需要经过经济分析以决定是否继续使用下去。

## 7.1.2 设备磨损的补偿

由于设备有形和无形磨损的存在,对设备的使用价值产生不同程度的影响,为维持设备正常工作,必须对设备的磨损进行及时、合理的补偿,以恢复设备的生产能力。设备磨损的补偿包括技术补偿和经济补偿两个方面。

**1.** 设备磨损的技术补偿

根据设备遭受磨损的类型、程度的不同,相应地就有修理、现代化改装和更新等几种技术补偿方式,其目的在于减轻设备的有形和无形劣化,保障设备良好的技术状态,防止设备因故障停机等造成的损失。

1)设备修理

一台设备通常是由不同材质的众多零部件组成的,这些零部件在设备运行过程中承担的功能不同,工作条件不同,其耐用性和受磨损的程度是不同的。有的零件可能已经磨损需要修复或更换,而有的则磨损较小仍然可以继续使用,甚至还有一些零件在整个使用期中,实际上并不需要修理或更换。正是这种有形磨损的不均衡性决定了设备修理的可行性。因为,如果设备的全部零部件在相同的时间内磨损,并要求更换,那就不存在修理的问题了。为了消除这些经常性的有形磨损,排除设备运行中出现的各种故障,保证设备在其寿命期内维持必要的功能,就需要进行设备的修理,修理就是恢复设备在使用过程中局部丧失的工作能力的过程。

修理通常分为保养、小修和大修三种:①保养是为了通过减少整机和零件磨损以保持设备性能,减少故障。保养的工作内容包括清洁、检查、调整、紧固、润滑、防腐等,必要时更换少量易损件。②小修主要是排除设备运转中出现的突发性故障和异常,以及对损坏严重的局部进行调整修理。③大修是在原有实物形态上的一种局部更新,是有形磨损的局部补偿。它通过对设备全部解体,修理耐久的部分,更换全部损坏的零部件,全面消除缺陷,使整机全部或接近全部恢复设备原有的精度、生产效率和功能。

一方面,大修理能够利用被保留下来的零部件,从而节约大量原材料及修理工时。这与购置新设备相比具有很大的优越性,因而它是保证修理的经济性的先决条件。另一方面,大修理是修理工作中规模最大、花钱最多的一种设备维修方式。因此,对修理经济性的研究,主要是就大修理而言的。另外在对设备进行大修理决策时,必须同设备更新及设备其他再生产方式相比较。

2)现代化改装

设备的现代化改装也是在原有实物形态上的一种局部更新,是第Ⅱ种无形磨损的局部补偿。它是指利用现代的科技成果,适应生产的具体需要,改进现有设备的局部结构,改善现有设备的技术性能,使之全部达到或局部达到新设备的技术水平和效率。

设备的现代化改装是克服现有设备的技术陈旧状态,消除第Ⅱ种无形磨损,促进技术进步的方法之一。由于这种方法是在旧设备的基础上进行,所需要的费用显然少于新购设备,对于我国许多资金不足的老企业来说是一条改变技术落后状况的重要途径。设备的现代化改装在经济上是否合理,需要与设备更新的其他方式进行对比。

3)设备更新

设备更新是对旧设备的整体更换,也就是用原型新设备或结构上更加合理、技术上更加完善、性能和生产效率更高、比较经济的新设备,更换已经陈旧了的,在技术上不能继续使用,或在经济上不宜继续使用的旧设备。设备更新有两种形式:一种是原型更新,即用相同的设备去更换有形磨损严重、不能继续使用的旧设备。另一种是新型更新,即用技术上更先进、效率更高、原料消耗更少的新设备来更换旧设备。

若设备的磨损主要是有形磨损所致,则应视有形磨损情况而决定补偿方式。有形磨损程度较轻,可通过修理进行补偿;有形磨损较重,修复费用较高,则应对修理和更新两种方式加以经济比较,以确定恰当的补偿方式;有形磨损很严重,至无法修复,或虽修复,但其精度已达不到要求,则应该以更新作为补偿手段。

若设备的磨损主要是由第Ⅱ种无形磨损所致,则应采用现代化改装或更新的补偿方式;若设备的磨损仅是由第Ⅰ种无形磨损所致,则不必进行补偿,可以继续使用。设备磨损形式与其补偿方式的相互关系如图 7.1 所示。

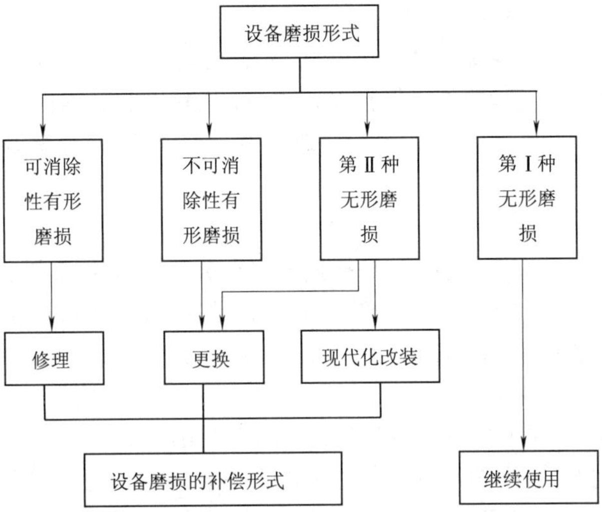


图7.1　设备磨损形式与其补偿方式的相互关系

设备更新是企业提高生产的现代化水平，发展生产能力，改善产品质量，促进技术进步，提高劳动生产率和经济效益的重要手段。随着社会需求水平的不断提高和科学技术的不断发展，新技术、新工艺、新材料不断出现，设备更新的速度越来越快。

**2. 设备磨损的经济补偿**

设备磨损的经济补偿一般要从原有设备的折旧基金中支出相应的补偿费用，以抵偿相应贬值的部分。设备的折旧是伴随设备损耗发生的价值转移。设备投入使用后，其实物形态逐渐磨损，对应的价值逐步转移到产品中，构成产品的成本，待产品销售后再将这部分价值收回。对设备提取的折旧主要用于设备的更新。

# 7.2　设备经济寿命

## 7.2.1　设备寿命形态

设备的寿命是指设备从投入使用开始，由于磨损，直到设备在技术上或经济上不宜使用为止的时间。由于研究角度不同，设备寿命有几种不同的形态，其含义也不相同。在对设备进行更新与选择的经济分析时需加以区别。

**1. 设备物理寿命**

设备物理寿命亦称自然寿命或实际寿命，是指设备从全新状态下开始使用，直到不堪再用而予以报废为止所经历的时间。物理寿命主要取决于设备有形磨损的速度，搞好设备的维修与保养可延长设备的物理寿命，但不能从根本上避免设备的磨损。随着设备使用时间的增长，任何设备都会不断老化，磨损到一定程度时，维修所支出的费用也逐渐增加，从而出现恶性使用阶段，即经济上不合理的阶段，这时就必须进行更新。因此，设备的物理寿命不能成为设备更新的估算依据。

**2. 设备技术寿命**

设备技术寿命是指设备从全新状态下投入使用到因无形磨损而被淘汰所经历的时间,也即设备能在市场上维持其自身价值而不显陈旧落后的全部时间。技术寿命主要取决于设备无形磨损的速度,一般短于物理寿命。科学技术发展越快,设备技术寿命越短。

**3. 设备折旧寿命**

设备折旧寿命亦称设备折旧年限,是指按国家财务通则和财务制度规定的折旧原则和方法,将设备的原值通过折旧方式转入产品成本,直到设备的折旧余额达到或接近于零时所经历的时间。设备折旧寿命一般不等于物理寿命。

**4. 设备经济寿命**

设备经济寿命亦称最佳经济使用年限,是从经济角度分析设备最合理的使用期限,即是指设备从投入使用开始,到因继续使用在经济上不合理而被更新所经历的时间。它是由有形磨损和无形磨损共同决定的,一般是设备的最合理的使用年限,是确定设备最优更新期的主要依据。

### 7.2.2 设备经济寿命的计算原理

设备经济寿命是从经济角度分析设备使用的最合理期限。因此计算设备的经济寿命可以从设备运行过程中发生的费用入手,分析其变化规律。

一台设备在整个寿命期内发生的费用主要有两项:①设备购置费,指采用新设备时一次性投入的费用,包括设备原价、运输费和安装费等;②使用费用(成本),指设备在使用过程中发生的费用,包括维修保养费用(保养费、修理费、停工损失费、废次品损失费等)和运行费(人工、燃料、动力、机油等消耗)。

当一台全新的设备投入使用后,设备使用年限越长,则年均资产消耗成本(即设备的购置费用扣除设备的净残值后平均分摊到设备使用各年上的费用)也就越小,仅从这点而论,使用时间越长越好。而从另一方面看,设备的年使用成本却是逐年增加的(称为设备的劣化)。因为随着设备使用年限的增加,需要更多的维修保养费用维持原有功能,同时设备的运行费用包括操作成本及原材料、能源耗费也会增加。因此,在设备投入使用的前期阶段,年均资产消耗成本高,而年均使用成本低,随着使用年限延长,年均资产消耗成本的降低值会被越来越高的年均运行成本所抵消,直至出现年均资产消耗成本低,而年均使用成本高的“恶性使用阶段”。在整个变化过程中,年均资产消耗成本和年均使用成本都是时间的函数,那么一定存在某一年份,使年均资产消耗成本与年均使用成本之和的年均总成本达到最低值,在这一时间之前或在这一时间之后年均总成本都将增高,总成本最低值所对应的时间间隔就是设备的经济寿命。如图 7.2 所示,在 $N_o$年时,年均总成本为最低值,$N_o$即为设备的经济寿命。由此可以看出,设备经济寿命亦为设备从开始使用到其年均总成本最小(或年盈利最高)的使用年限。当设备的使用年限低于其经济寿命时,其年均总成本(费用)是下降的,使用年限超过设备经济寿命时,设备的年均总成本(费用)又将上升,所以设备使用到其经济寿命时进行更新最为经济。

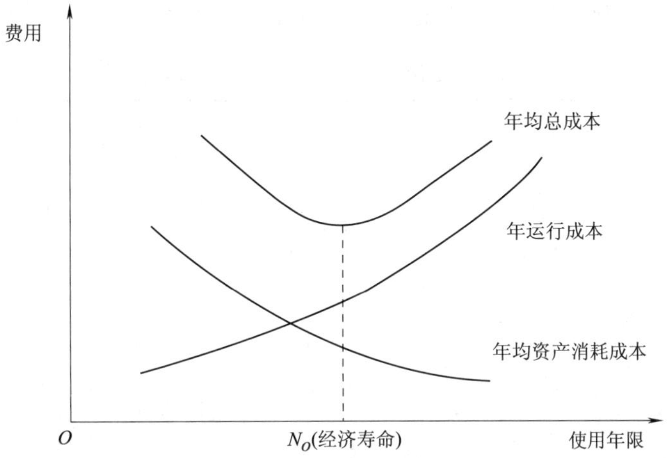


图 7.2　设备经济寿命示意图

## 7.2.3　设备经济寿命的估算

按照是否考虑资金时间价值，确定设备经济寿命的方法可以分为静态模式和动态模式两种。

**1.** 静态模式下设备经济寿命的确定方法

静态模式下设备经济寿命的确定方法，就是在不考虑资金时间价值的基础上计算设备年均总成本 $AC_N$。使 $AC_N$ 为最小的 $N_o$ 就是设备的经济寿命。

1）费用平均法

设备使用到第 $N$ 年末的年均总成本 $AC_N$ 为

$$AC_N = \frac{(P_o - L_N)}{N} + \frac{1}{N}\sum_{t=1}^{N} C_t \tag{7.1}$$

式中：$AC_N$——$N$ 年内设备的年均总成本；

$P_o$——设备的购置费用；

$L_N$——设备第 $N$ 年末的残值；

$C_t$——第 $t$ 年的设备使用费。

在上式中，$\frac{(P_o - L_N)}{N}$ 为设备的年均资产消耗成本，$\frac{1}{N}\sum_{t=1}^{N} C_t$ 为设备的年均使用成本。可通过列表计算年均总成本的方法，得出使年均总成本 $AC_N$ 最低的使用年限，即为设备的经济寿命。

**【例 7.1】**　某设备的原始价值 10 000 元，物理寿命为 9 年，各年运行费用及年末残值如表 7.1 所示，试在不考虑资金时间价值的情况下求该设备的经济寿命。

**表 7.1　设备运行费用与年末残值数据**　　单位：元

| $t$,$N$(年限) | 1 | 2 | 3 | 4 | 5 | 6 | 7 | 8 | 9 |
|---|---|---|---|---|---|---|---|---|---|
| $C_t$(运行费用) | 1 000 | 1 100 | 1 300 | 1 600 | 2 000 | 2 500 | 3 100 | 3 800 | 4 700 |
| $L_N$(残值) | 7 000 | 5 000 | 3 500 | 2 200 | 1 200 | 600 | 300 | 200 | 100 |

【解】 为计算方便,可采用列表的形式求解,计算过程及结果如表 7.2 所示。

**表 7.2 设备经济寿命的计算过程(静态)** 单位:元

| $t,N$ | $P_o - L_t$ | $\sum_{t=1}^{N} C_t$ | $\frac{(P-L)}{N} + \frac{1}{N}\sum_{t=1}^{N} C_t$ | $AC_N$ |
|---|---|---|---|---|
| 1 | 3 000 | 1 000 | 4 000 | 4 000 |
| 2 | 5 000 | 2 100 | 7 100 | 3 550 |
| 3 | 6 500 | 3 400 | 9 900 | 3 300 |
| 4 | 7 800 | 5 000 | 12 800 | 3 200 |
| 5 | 8 800 | 7 000 | 15 800 | 3 160 |
| 6 | 9 400 | 9 500 | 18 900 | *3 150 |
| 7 | 9 700 | 12 600 | 22 300 | 3 186 |
| 8 | 9 800 | 16 400 | 26 200 | 3 275 |
| 9 | 9 900 | 21 100 | 31 000 | 3 444 |

根据以上计算结果,设备使用到第 6 年末时,年总费用 $AC_6$ 最小,即经济寿命为 6 年。从此例可以看出,经济寿命的确定实际上是从设备使用 1 年、2 年、3 年……的方案中选择一个最有利的方案。

2)匀速低劣化数值法

随着设备使用时间的延长,设备的有形磨损和无形磨损加剧而使设备年使用成本逐年增加,这叫做设备的劣化。我们把这种逐年递增的年使用成本 $\Delta C_t$ 称为设备的低劣化值。用低劣化数值表示设备磨损损耗的方法叫做低劣化数值法。如果每年设备的劣化呈线性增长,低劣化值保持不变,即 $\Delta C_t = \lambda$。据此,可以简化设备经济寿命的计算。

由式(7.1)并化简,设备使用到第 $N$ 年末的年均总成本 $AC_N$ 为

$$AC = \frac{(P_o - L_N)}{N} + C_1 + \frac{1}{2}(N-1)\lambda$$

上式中 $C_1$ 为设备在第一年的使用费用。

若要使 $AC_N$ 达最小,在上式中对 $N$ 求导数,并使其等于零,即令

$$d(AC_N)/dN = 0$$

则可有

$$d(AC_N)/dN = -\frac{(P_o - L_N)}{N_o^2} + \frac{\lambda}{2} = 0$$

故设备的经济寿命 $N_o$ 为

$$N_o = \sqrt{\frac{2(P_o - L_N)}{\lambda}} \tag{7.2}$$

【例 7.2】 现有一台设备,目前实际价值为 1 000 元,预计残值为 100 元,第一年的设备总成本费用为 80 元,每年设备的劣化增量均等,年劣化值为 50 元,求该设备的经济寿命。

【解】 这是设备低劣化值恒定的情况。由式(7.2)得

$$设备的经济寿命\ N_o=\sqrt{\frac{2(P_o-L_N)}{\lambda}}=\sqrt{\frac{2(1\,000-100)}{50}}=6(年)$$

从此例可以看出，$P_o$的含义不仅仅是设备原始价值或原始购置费，也可以是设备现有价值，即现在购置该设备的购置费。从设备更新的角度将，设备现有价值的含义更为重要，由此所得到的是该旧设备从现在开始算起的剩余经济寿命，而不是设备从新投入使用开始算起的经济寿命。

**2.** 动态模式下设备经济寿命的确定方法

动态模式下设备经济寿命的确定方法，就是在考虑资金时间价值的情况下计算设备的净年值 $NAV_N$或年成本 $AC_N$，通过比较年平均收益或年均总成本来确定设备的经济寿命 $N_o$。设基准收益率为 $i$；第 $t$ 年的净收入为 $R_t$；设备的购置费用，即设备初始投资为 $P_o$；设备第 $N$ 年末的残值为 $L_N$；第 $t$ 年的设备使用费用为 $C_t$。

1）根据净年值即年平均收益来确定经济寿命

由 $NAV_N$计算公式

$$NAV_N=\left[\sum_{t=1}^{N}R_t(1+i)^{-t}+L_N(1+i)^{-N}-P_o\right]\frac{i(1+i)^N}{(1+i)^N-1} \tag{7.3}$$

可通过列表计算净年值的方法，得出使净年值 $NAV_N$为最大值的使用年限，即为设备的经济寿命 $N_o(0<N_o\leqslant N)$。

2）根据年成本即年均总成本来确定经济寿命

年均资产消耗成本为

$$\begin{aligned}P_o(A/P,i,N)-L_N(A/F,i,N)&=P_o(A/P,i,N)-L_N[(A/P,i,N)-i]\\&=(P_o-L_N)(A/P,i,N)+L_N\cdot i\\&=(P_o-L_N)\frac{i(1+i)^N}{(1+i)^N-1}+L_N\cdot i\end{aligned}$$

年均使用成本为

$$\left[\sum_{t=1}^{N}C_t(P/F,i,t)\right](A/P,i,N)=\left[\sum_{t=1}^{N}C_t(1+i)^{-t}\right]\frac{i(1+i)^N}{(1+i)^N-1}$$

年成本 $AC_N$的计算公式为

$$AC_N=(P_o-L_N)\frac{i(1+i)^N}{(1+i)^N-1}+L_N\cdot i+\left[\sum_{t=1}^{N}C_t(1+i)^{-t}\right]\frac{i(1+i)^N}{(1+i)^N-1} \tag{7.4}$$

可通过列表计算年成本的方法，得出使年成本 $AC_N$为最小值的使用年限，即为设备的经济寿命 $N_o(0<N_o\leqslant N)$。

**【例 7.3】**　如果对【例 7.1】　的设备考虑资金时间价值因素，假设折现率 $i_c=10\%$，试求该设备的经济寿命。

**【解】**　列表计算，计算过程及结果如表 7.3 所示。

根据以上计算数据，从表中第⑩栏可以看到，在设备使用到第 7 年年末时，年度总费用 $AC_7$最小，即设备经济寿命为 7 年。与忽略资金时间价值的【例 7.1】相比，经济寿命增加 1 年。

**表 7.3　设备经济寿命的计算过程(动态)**　　单位:元

| 使用年限 ① | 年度运行费用 ② | 现值系数 ③ | 年度运行费用现值 ④=②×③ | 累计年度运行费用现值 ⑤=∑④ | 资金回收系数 ⑥ | 等值年度运行费用 ⑦=⑥×⑤ | 年末残值 ⑧ | 年度资产消耗成本 ⑨=($P_o$-⑧)×⑥+⑧×$i_c$ | 年度总费用 ⑩=⑨+⑦ |
|---|---|---|---|---|---|---|---|---|---|
| 1 | 1 000 | 0. 909 1 | 909. 10 | 909. 10 | 1. 100 0 | 1 000. 00 | 7 000 | 4 000. 00 | 4 909. 10 |
| 2 | 1 100 | 0. 826 4 | 909. 04 | 1 818. 14 | 0. 576 2 | 1 047. 61 | 5 000 | 3 381. 00 | 4 428. 61 |
| 3 | 1 300 | 0. 751 3 | 976. 69 | 2 794. 83 | 0. 402 1 | 1 123. 8 | 3 500 | 2 963. 65 | 4 087. 45 |
| 4 | 1 600 | 0. 683 0 | 1 092. 80 | 3 887. 63 | 0. 315 5 | 1 226. 55 | 2 200 | 2 680. 90 | 3 907. 45 |
| 5 | 2 000 | 0. 620 0 | 1 240. 00 | 5 127. 63 | 0. 263 8 | 1 352. 67 | 1 200 | 2 441. 44 | 3 794. 11 |
| 6 | 2 500 | 0. 564 5 | 1 411. 25 | 6 538. 88 | 0. 229 6 | 1 501. 33 | 600 | 2 218. 24 | 3 719. 57 |
| 7 | 3 100 | 0. 513 2 | 1 590. 92 | 8 129. 80 | 0. 205 4 | 1 669. 86 | 300 | 2 022. 38 | *3 692. 24 |
| 8 | 3 800 | 0. 466 5 | 1 772. 70 | 9 902. 50 | 0. 187 4 | 1 855. 73 | 200 | 1 856. 52 | 3 712. 25 |
| 9 | 4 700 | 0. 424 1 | 1 993. 27 | 11 895. 77 | 0. 173 6 | 2 065. 11 | 100 | 1 728. 64 | 3 793. 75 |

# 7.3　设备更新决策方法

## 7.3.1　设备更新决策概述

**1.** 设备更新决策

前面已经提到,设备更新是设备综合磨损的一种重要补偿方式,设备更新有两种形式:一种形式是原型更新,这种更新不具有更新技术的性质,主要解决设备的损坏问题;另一种形式是新型更新,这种更新不仅能解决设备的损坏问题,而且能解决设备技术落后的问题。在当今科学迅猛发展,技术迅速进步的知识经济时代,设备更新主要采用后一种方式。

设备更新决策是指确定一套正在使用的设备应何时以及应怎样用更经济的设备来替代。对企业来说,设备更新决策决不能轻率从事。如果因为现有的机器设备暂时出现故障就将其草率地进行报废处理,或者因为片面地追求先进和现代化而购买最新型的设备,都可能造成资本的流失;如果因为企业资金紧张就恶意使用设备(拖延设备的更新直到其不能再用为止),使企业必须依靠低效率的设备所生产的高成本和低质量的产品与竞争对手利用现代化的设备所生产的低成本和高质量的产品进行竞争,显然这对企业来说是极为不利的,也是很危险的。所以,使用中的现有设备是否更新,何时更新,选用何种设备更新,需要进行设备更新决策,实际上就是以技术经济分析为基础的更新方案的比选问题。

**2.** 设备更新决策的基本原则

在我国设备生产能力和企业自有资金均有限的情况下,设备的更新应本着如下的基本原则:

(1)如果设备采用修理的方式比较合理的就不要急于更新,可以修中有改。

(2)改进工艺设备能满足要求的,也不要更新设备。

(3)只需要更新个别关键零部件或单台设备的,就不要更新整机或整条生产线。

**3. 设备更新决策的比选特点和比选原则**

设备更新决策实际上是以技术经济分析为基础的更新方案的比较和选优问题,设备更新方案比选的基本原理和评价方法与互斥性投资方案的比选相同。但在实际设备更新方案比选时,有以下具体比选特点和应遵循的比选原则。

1)设备更新决策的比选特点

设备更新决策的比选特点有两个:

第一,我们通常假定设备产生的收益相同,因而在进行方案的比较时只对其费用进行比较。

第二,由于不同设备更新方案的使用寿命常常不同,因此,通常都采用年度费用进行比较,即采用年费用比较法。

2)设备更新决策的比选原则

设备更新决策的比选原则有三条:

第一,不考虑沉没成本。该原则是指在设备更新方案比选时,拟更新设备的价值按它目前实际价值计算,而不考虑其原值或目前折旧余额是多少。因为沉没成本是已经发生的成本,对决策不起作用,不会影响方案的选择。

第二,买卖双方均衡。该原则是指既不能像传统工程经济学那样按没有旧设备条件去分析买旧设备好、还是买新设备好,也不应按拥有旧设备一方的直接现金流量进行比选,而应站在一个客观的立场上,同时考虑买卖双方并考虑机会成本使之实现均衡来决定是否更新。

第三,逐年滚动比较。该原则是指在确定最佳更新时机时,应首先计算比较现有设备的剩余经济寿命和新设备的经济寿命,然后利用逐年滚动计算方法进行比较。

如果不遵循这三条原则,更新方案比选结果或最佳更新时机的确定可能发生偏差。现对第二条原则举例分析如下。

**【例7.4】** 有某家企业在4年前以22 000元购置了机器A用于生产产品M,估计该机器经济寿命为10年,10年末净残值为2 000元,年度运行成本为7 500元。现在市场上出现了机器B,投资费用24 000元,估计经济寿命也为10年,10年末净残值为3 000元,年度运行成本4 000元。如果该企业可无限期地生产并销售产品M,则该企业现在面临一项决策,是继续使用机器A生产M(A方案),还是立即出售机器A而购置机器B生产M(方案B)。假设出售机器A的净现金流量为6 000元,对该企业有吸引力的最低收益率$i=15\%$。

**【解】** (1)传统工程经济学解法。传统解法要求遵循所谓现金流量客观性原则,即把拥有旧设备企业的更新问题转化为没有旧设备的另一家企业是买旧机器A好,还是买新机器B好的决策问题。据此解法,其现金流量图如图7.3所示。这实际上可视为买方比选原则。

由此可得各方案的年均(总)成本AC值分别为

$$AC_A=(6\ 000-2\ 000)(A/P,15\%,6)+2\ 000\times15\%+7\ 500=8\ 857(元)$$

$$AC_B=(24\ 000-3\ 000)(A/P,15\%,10)+3\ 000\times15\%+4\ 000=8\ 635(元)$$

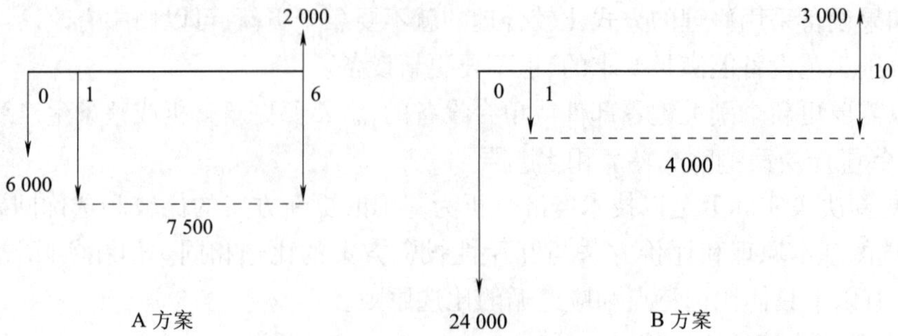


图 7.3　买方的现金流量图

计算结果表明，继续使用旧机器 A 与购置新机器 B 相比，在 6 年内每年多支出 222 元，故应该更新。

但是，遵循传统工程经济学理论的解答存在逻辑矛盾，与市场经济的交易规则相背离。首先，在市场经济中，只有买方愿意并有能力支付的购买价格上限（图 7.4 中的 $X_{买}$）大于卖方愿意并且能够承受的销售价格下限（图 7.4 中的 $X_{卖}$）的情况下才可能成交。因此，成交价格应位于 $X_{买}$ 与 $X_{卖}$ 之间，否则是不可能成交的。其次，若遵循传统工程经济学理论，则本案例的结论应为更新，但这同时表明拥有旧设备的企业愿意更新，也即要卖旧设备，而没有旧设备的企业，也想要买新设备，不购买旧设备。那么，拥有旧设备的企业把旧设备卖给谁呢？根本无人购买旧设备，何谈出售旧设备购买新设备的更新呢？因此，应对这种不符合市场经济交易实际的原则予以修正。

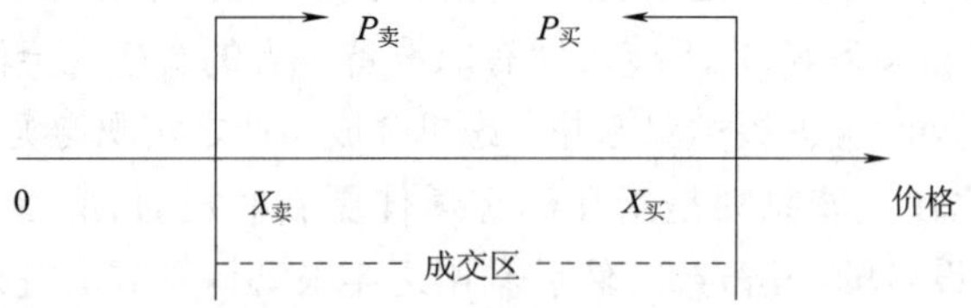


图 7.4　商品交易价格区域

（2）遵循图 7.4 所示的买卖双方均衡的价格原则可得出设备更新决策的正确答案。那么，旧设备 A 能够卖出的价格上限是多少？企业在什么样的价格下限情况下就不愿意出售设备 A 了呢？前者主要取决于买方，后者主要取决于卖方。

①确定卖出价格上限 $X_{买}$，应遵循按买方购买新设备还是购买旧设备的现金流相比较的买方原则，其现金流量图如图 7.5 所示。

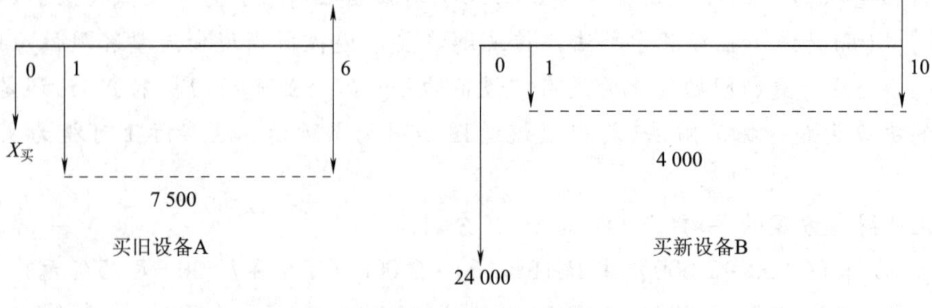


图 7.5　决定买方价格上限的现金流量

只有当无旧设备的A的企业购买A后的年均总费用$AC_A$低于购买新设备的年均总费用$AC_B$时，购入旧设备A才是经济上合算的选择。因此有

$$(X_{买}-2\,000)(A/P,15\%,6)+2\,000\times0.15+7\,500\leqslant(24\,000-3\,000)(A/P,15\%,10)+3\,000\times0.15+4\,000$$

解之可得

$$X_{买}\leqslant5\,157(元)$$

②确定企业卖出旧设备A的可接受价格也即成交价格下限$X_{卖}$，则应遵循考虑机会成本的卖方原则。本例中的卖方如果继续使用旧设备，则将占用可能到手的资金$X_{卖}$元，这是继续使用旧设备的机会成本，应纳入继续使用旧设备的现金流之中。这$X_{卖}$元的机会成本将在6年内发挥作用，故应位于继续使用A的始点上；如果企业以$X_{卖}$的价格出售A，再用此收益投资于B之后将凝结在新设备B上，可在10年内发挥作用。根据上述分析，遵循考虑机会成本的卖方原则就是不要直接采用A、B方案的现金流，而应采用经过机会成本修正的经济现金流，也即不能用图7.6，而应该用图7.7进行决策。

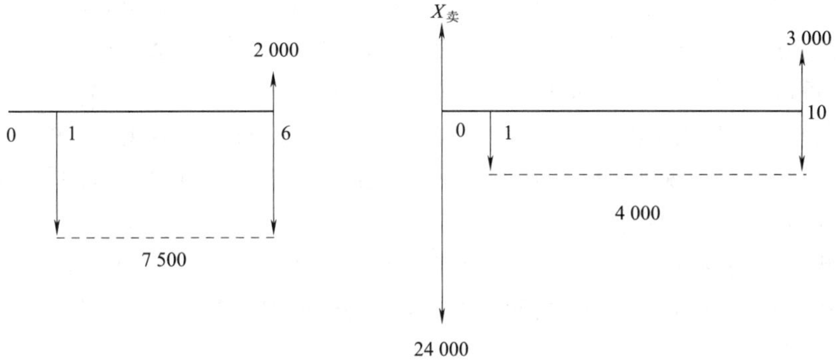


图7.6　直接发生的现金流量(卖方)

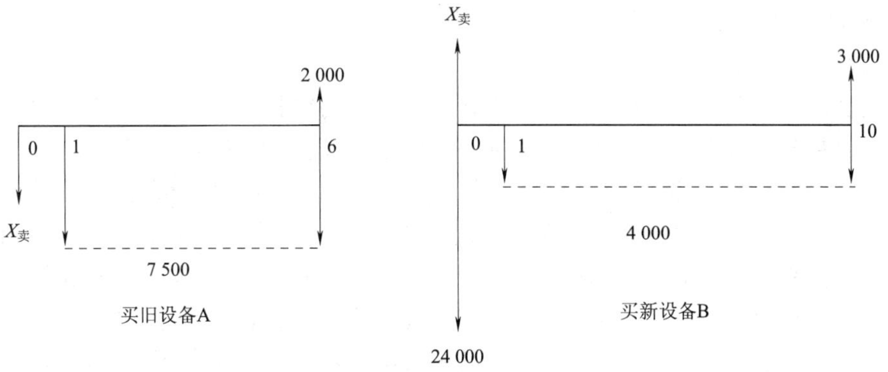


图7.7　考虑机会成本的卖方现金流量图

按图7.7，企业卖出旧设备的条件是$AC_A\geqslant AC_B$，即

$$(X_{卖}-2\,000)(A/P,15\%,6)+2\,000\times0.15+7\,500\geqslant(24\,000-X_{卖}-3\,000)(A/P,15\%,10)+3\,000\times0.15+4\,000$$

解之则有

$$X_{卖} \geqslant 2\ 940(元)$$

综合①和②结果，当旧设备价格 $P_A$ 高于 2 940 元而低于 5 157 元时，拥有旧设备的企业更新更为有利，而无旧设备的企业则以购入旧设备更为有利，从而有可能实现旧设备的转让与更新。

### 7.3.2 设备更新决策方法

从理论上来说，设备合理的更新时间应等于其经济寿命，也就是说，设备到了经济寿命就应进行更新。但是应该指出，我们在研究设备的经济寿命时，只是从设备的年平均费用入手，没有考虑技术进步以及资金等因素对设备更新的影响和制约。所以，我们有必要在研究设备经济寿命的基础上进一步研究设备的更新时机及更新方案选择问题。

**1.** 设备原型更新的决策方法

如果设备在其整个使用期内并不过时，也就是说在其使用期内还没有功能更全、性能更优越的先进设备出现，这时该设备的未来替换物，仍然是同一种设备，设备不存在技术上提前报废的问题。当该设备到达经济寿命的时候，再继续使用，经济上已经不合算，于是可以用原型设备进行更换。所以对于设备原型更新，其决策方法是以设备经济寿命为依据的，最优更新时机就是设备的经济寿命年限，更新方案就是采用原型新设备更新。

设备经济寿命的计算原理、方法在上一节已作了详细介绍，这里需提醒的是在计算经济寿命时应注意的两种特殊情况：

(1)如果一台设备在整个使用期间，其年均使用费和残值固定不变。这种情况下，其年均总成本曲线是使用年限的减函数，使用的年限越长，年均总成本越低。因此，它的经济寿命等于其物理寿命。

(2)如果一台设备目前的估计残值和未来的估计残值相等，而年均使用费逐年增加。这种情况下，其年均总成本曲线是使用年限的增函数，使用的年限越长，年均总成本越高。因此，最短的寿命(一般为 1 年)就是它的经济寿命。

**2.** 设备新型更新的决策方法

上述设备经济寿命的计算是以同种设备以旧换新为前提，其实质是仅考虑设备使用过程中产生的有形磨损所引起的费用变化而没有考虑到设备无形磨损的问题。实际上由于科学技术的进步，常常在设备的运行成本尚未升高到需用原型设备替代之前，就已经出现工作效率更高和经济效益更好的设备。这时的设备更新决策思路是要在继续使用旧设备和购置新设备两种方案中，比较哪一种方案经济上更有利。当然，如果购置新设备的方案有多个，比较的范围就要扩大，在继续使用旧设备和购置新设备的若干个方案中，比较选择哪一种方案经济上更有利。设备新型更新的决策不仅需要确定设备更新方案，还需要同时确定设备更新的时机(旧设备剩余经济寿命)。

在有新型设备出现的情况下，常用的设备更新决策方法是年值成本法、现值成本法和边际成本法。

1)年值成本法和现值成本法

在设备新型更新决策中，继续使用旧设备方案的寿命期与购置新设备方案的寿命期常常不同。显然，对于寿命期不同的更新方案的比选，最简捷的方法是采用年值成本法进行比较。在实际经济分析中，经常会遇到一些设备使用寿命很长的情况，从理论上来说，比较方案时应该把考察的时间从现在一直延长到两个方案效果完全相同的未来，但这在具体的方案比较时很难做到。为了精确地比较两个(或多个)方案，我们不得不选定一个研究期作为比较方案的依据，以研究期内总费用最低原则确定设备是否需要更新。

**【例7.5】** 某设备A正在使用，其目前的残值估计为2 000元。据估计，这部机器还可使用5年，每年的使用费为1 200元，第5年年末的残值为零。企业对这部机器的更新提出两种方案。方案甲：5年之后，用机器B来代替A。机器B的原始费用估计为10 000元，寿命估计为15年，残值为零，每年使用费600元；方案乙：现在就用机器C来代替A。机器C的原始费用估计为9 000元，寿命估计为15年，残值为零，每年使用费900元。详细数据如表7.4所示，折现率为10%。试比较方案甲与方案乙哪个经济效果好。

**表7.4　更新方案数据表**　　单位：元

| 年末 | 方案甲 | | 方案乙 | |
|---|---|---|---|---|
| | 原始费用 | 年使用费 | 原始费用 | 年使用费 |
| 0 | 机器A　2 000 | | 机器C　9 000 | |
| 1 | | 1 200 | | 900 |
| 2 | | 1 200 | | 900 |
| 3 | | 1 200 | | 900 |
| 4 | | 1 200 | | 900 |
| 5 | 机器B　10 000 | 1 200 | | 900 |
| 6 | | 600 | | 900 |
| 7 | | 600 | | 900 |
| 8 | | 600 | | 900 |
| 9 | | 600 | | 900 |
| 10 | | 600 | | 900 |
| 11 | | 600 | | 900 |
| 12 | | 600 | | 900 |
| 13 | | 600 | | 900 |
| 14 | | 600 | | 900 |
| 15 | | 600 | | 900 |
| 16～20 | | 600 | | |

**【解】** (1)选定研究期为15年。由于对更远的估计较为困难，选定15年为研究期，相当于机器C的寿命。这时

方案甲：按照方案甲，15年研究期包括机器A使用5年，机器B使用10年。

机器B的年值成本为

$$AC_B = 10\ 000(A/P, 10\%, 15) + 600 = 10\ 000 \times 0.131\ 5 + 600 = 1\ 915(\text{元})$$

方案甲在15年内发生的费用现值为

$$\begin{aligned} PC_{甲} &= 2\ 000 + 1\ 200(P/A, 10\%, 5) + 1\ 915(P/A, 10\%, 10)(P/F, 10\%, 5) \\ &= 2\ 000 + 1\ 200 \times 3.791 + 1\ 915 \times 6.144\ 6 \times 0.620\ 9 \\ &= 13\ 856(\text{元}) \end{aligned}$$

方案乙：方案乙在15年内的费用现值为

$$PC_{乙}=(9\ 000-2\ 000)+900(P/A,10\%,15)=13\ 845(元)$$

显然，方案乙优。

(2)选定研究期为5年。如果资料不足，未来的情况难以估计和预测，这时往往不得不采用较短的研究期。比如在表7.4中采用什么机器来继续机器A的工作并不清楚，就只能选定机器A还可使用的时期5年作为研究期。

方案甲：方案甲在5年内的年值成本为

$$AC_{甲}=2\ 000(A/P,10\%,5)+1\ 200=1\ 728(元)$$

方案乙：方案乙即机器C按照寿命为15年计算的年度费用为

$$AC_{乙}=(9\ 000-2\ 000)(A/P,10\%,15)+900=1\ 820.3(元)$$

显然，方案甲优，就是说，在前5年中采用机器A比采用机器C每年可以节约1 820.3－1 728＝92.3元，至于5年以后的情况则未加以考虑。

一般说来，研究期越长，所得的结果越重要，但是所做的估计也越可能是错误的。因此，研究期的选定必须根据掌握的资料和实际情况来估计和判断。

2)边际成本法

如果今后的情况非常难以估计，可采用逐年比较新旧设备成本的方法，这就是边际成本法。其更新分析的步骤和公式为

(1)计算旧设备的年度边际成本。

$$MC_n=C_n+(L_{n-1}-L_n)+L_{n-1}\cdot i \tag{7.5}$$

式中：$MC_n$——第$n$年旧设备的年度边际成本；

$C_n$——第$n$年旧设备的运行成本以及损失额；

$L_{n-1}-L_n$——第$n$年资产折旧费；

$L_{n-1}\cdot i$——资产占用资金的成本。

(2)计算新设备的年均总成本。

$$AC'_n=[P'-L'_n(P/F,i,n)](A/P,i,n)+[\sum C_j(P/F,i,n)](A/P,i,n) \tag{7.6}$$

式中：$AC'_n$——新设备的年均总成本；

$P'$——新设备购置费；

$L'_n$——第$n$年新设备残值；

$C_j$——新设备第$j$年的运行成本。

(3)根据计算结果进行比较。

当$MC_n>AC'_n$时，需要更新旧设备；

当$MC_n<AC'_n$时，应保留旧设备。

**【例7.6】** 某设备再继续使用一年的边际成本如表7.5所示。现有的新设备价格为50 000元，寿命为15年，年运行成本为1 800元，残值4 000元，折现率$i=10\%$。试分析是否应对旧设备进行更新。

**表7.5　旧设备的年边际成本计算表**　　单位：元

| | | | | | |
|---|---|---|---|---|---|
| (1) | 新设备产量和质量提高增加收入 | 1 600 | (3) | 新设备作业费节约 | 4 500 |
| (2) | 新设备工资节约 | 1 200 | (4) | 新设备维修费节约 | 3 000 |

续表

| | | | | | |
|---|---|---|---|---|---|
| (5) | 旧设备年运行成本 | 1 200 | (9) | 旧设备继续使用的资产占用资金成本($i$=10%) | 960 |
| (6) | 旧设备年运行成本及损失 | 11 500 | | | |
| (7) | 旧设备现在出售价格 | 9 600 | (10) | 旧设备资产折旧费 | 1 400 |
| (8) | 旧设备一年后出售价格 | 8 200 | (11) | 旧设备的边际成本=(6)+(9)+(10) | 13 860 |

**【解】** 首先计算旧设备的边际成本。

根据表7.5所示数据,由式(7.5)得

$$MC_n = 13\ 860(\text{元})$$

计算过程如表7.5所示。

再计算新设备的年均总成本 $AC_n$。

根据式(7.6)得

$$AC'_n = [50\ 000 - 4\ 000(P/F,10\%,15)](A/P,10\%,15) + 1\ 800 = 8\ 247.6(\text{元})$$

比较新旧设备年成本的计算结果,$MC_n > AC_n$,用新设备更换旧设备,每年可节约开支13 860 − 8 247.6 = 5 612.4元。因此,应该尽快更换旧设备。

**【例7.7】** 某企业一台正使用中的设备,目前价值为2 500元,下一年将贬值1 000元,以后每年贬值500元。由于性能退化,它今年的运行成本为8 000元,预计今后每年将增加1 000元。它将在4年后报废,那时它的残值为零。用16 000元可买一台新的、改进了的设备,这台设备可以很好完成与现有设备相同的工作。这台设备的经济寿命为7年,期末残值为1 500元,在经济寿命期内,其年运行成本稳定在6 000元。预计在7年内,这种型号设备的设计不会有大的改进。如果折现率为12%,要不要更新现有设备?如果要更新,应何时进行?

**【解】** ①新旧设备现金流量如图7.8所示。

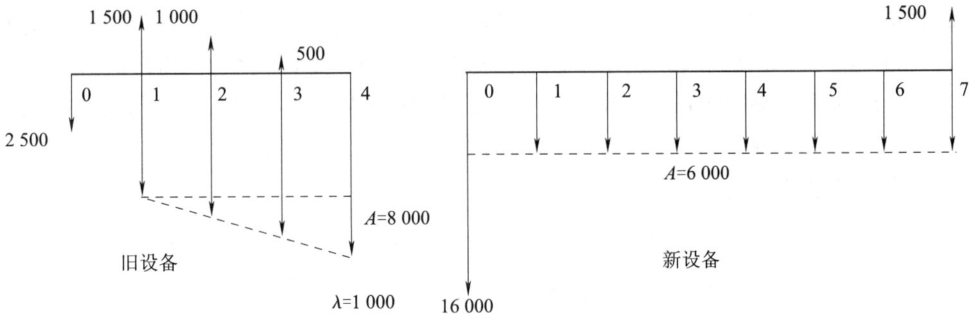


图7.8　现金流量图

②计算新设备年均总成本 $AC_n$。

由式(7.6)得

$$\begin{aligned} AC_n &= [16\ 000 - 1\ 500(P/F,12\%,7)](A/P,12\%,7) + 6\ 000 \\ &= (16\ 000 - 1\ 500 \times 0.452\ 3) \times 0.219\ 12 + 6\ 000 = 9\ 357.3(\text{元}) \end{aligned}$$

③计算旧设备的年度边际成本 $MC_n$。

由式(7.5)得

$$MC_n = C_n + (L_{n-1} - L_n) + L_{n-1} \cdot i$$

第一年：$MC_1 = 8\,000 + (2\,500 - 1\,500) + 2\,500 \times 12\% = 9\,300$（元）

这时 $MC_1 < AC_n$，应保留旧设备。

第二年：$MC_2 = (8\,000 + 1\,000) + (1\,500 - 1\,000) + 1\,500 \times 12\% = 9\,680$（元）

这时 $MC_2 > AC_n$，需要更换旧设备。

所以应该从现在起一年后对旧设备进行更新。

### 7.3.3　大修、更新与现代化改装的方案比较

对旧设备既可以借助大修，也可以借助更新，还可以借助现代化改装，使企业保持设备生产性能和工作效率，完成生产任务，参与市场竞争。

一般说来，现代化改装所需投资少于购置新型设备的费用，所需时间往往比设计、制造及安装一台新设备短得多。因此，在急于发展生产而又缺乏资金的情况下，进行现代化改装是现有设备技术进步的有效途径。

是否实施设备现代化改装要与可达到同样目标的其他技术方案进行比较才能决断。一般情况下，与现代化改装并行的方案有：继续使用旧设备、大修理、原型更新、新型更新。决策目标就是从中选择一个总费用最少的方案。

总费用比较法首先分别计算各方案在不同工作年限内总费用现值并加以比较；然后根据工作所需年数，按照总费用现值最低的原则进行方案选择。

设 $TC_1$、$TC_2$、$TC_3$、$TC_4$、$TC_5$ 分别为继续使用旧设备、用原型设备更新、用新型设备更新、进行现代化改装和进行大修理方案 $n$ 年内的总费用现值；设 $P_1$、$P_2$、$P_3$、$P_4$ 和 $P_5$ 分别为继续使用旧设备、用原型设备更新、用新型设备更新、进行现代化改装和进行大修理方案所需的投资；设 $C_{1j}$、$C_{2j}$、$C_{3j}$、$C_{4j}$、$C_{5j}$ 分别为继续使用旧设备、用原型设备更新、用新型设备更新、进行现代化改装、进行大修理方案在第 $j$ 年的运行成本；设 $L_{1n}$、$L_{2n}$、$L_{3n}$、$L_{4n}$、$L_{5n}$ 分别为旧设备、原型新设备、新型新设备、现代化改装后的设备和大修理后的设备在第 $n$ 年的残值；设 $\alpha_1$、$\alpha_2$、$\alpha_3$、$\alpha_4$、$\alpha_5$ 分别为继续使用旧设备、用原型设备更新、用新型设备更新、进行现代化改装和进行大修理方案的生产效率系数，可将 $\alpha_2$ 作为基准值取 $\alpha_2 = 1$；设折现率为 $i$。

各种方案总费用的计算公式如下：

$$\begin{aligned}
TC_1 &= (1/\alpha_1)[P_1 + \sum C_{1j}(P/F,i,j) - L_{1n}(P/F,i,n)] \\
TC_2 &= (1/\alpha_2)[P_2 + \sum C_{2j}(P/F,i,j) - L_{2n}(P/F,i,n)] \\
TC_3 &= (1/\alpha_3)[P_3 + \sum C_{3j}(P/F,i,j) - L_{3n}(P/F,i,n)] \\
TC_4 &= (1/\alpha_4)[P_4 + \sum C_{4j}(P/F,i,j) - L_{4n}(P/F,i,n)] \\
TC_5 &= (1/\alpha_5)[P_5 + \sum C_{5j}(P/F,i,j) - L_{5n}(P/F,i,n)]
\end{aligned} \tag{7.7}$$

**【例 7.8】**　假定各种设备方案分项费用原始数据如表 7.6 所示，试选择最优方案。设折现率为 8%，$L_{3n} = L_{4n} = 150$ 万元，$L_{1n} = L_{2n} = L_{5n} = 0$。

**【解】**　根据式(7.7)，计算出不同服务年限各方案的总费用现值，如表 7.7 所示。

**表 7.6 各种设备方案的原始数据表** 单位:万元

| 序号 | 设备方案 | 投资(P) | α | | 年运行费用 $C_j$ | | | | | | | | |
|---|---|---|---|---|---|---|---|---|---|---|---|---|---|
| | | | | | 1 | 2 | 3 | 4 | 5 | 6 | 7 | 8 | 9 |
| 1 | 继续使用 | 0 | 0.7 | C | 250 | 300 | 350 | 400 | — | — | — | — | — |
| | | | | L | 0 | 0 | 0 | 0 | | | | | |
| 2 | 原型更新 | 1 330 | 1 | C | 25 | 53 | 105 | 160 | 210 | 270 | 340 | 420 | 510 |
| | | | | L | 0 | 0 | 0 | 0 | 0 | 0 | 0 | 0 | 0 |
| 3 | 新型更新 | 1 625 | 1.3 | C | 20 | 50 | 100 | 150 | 200 | 250 | 300 | 350 | 400 |
| | | | | L | 150 | 150 | 150 | 150 | 150 | 150 | 150 | 150 | 150 |
| 4 | 现代化改装 | 1 200 | 1.25 | C | 30 | 55 | 110 | 170 | 220 | 300 | 370 | 470 | 570 |
| | | | | L | 150 | 150 | 150 | 150 | 150 | 150 | 150 | 150 | 150 |
| 5 | 大修理 | 100 | 0.98 | C | 30 | 100 | 175 | 252 | 320 | 400 | — | — | — |
| | | | | L | 0 | 0 | 0 | 0 | 0 | 0 | | | |

**表 7.7 各种设备方案的逐年总费用现值表** 单位:万元

| 年份＼方案 | 继续使用($TC_1$) | 原型更新($TC_2$) | 新型更新($TC_3$) | 现代化改装($TC_4$) | 大修理($TC_5$) | 总费用 TC 最小的方案 |
|---|---|---|---|---|---|---|
| 1 | *330.7 | 1 214.3 | 1 157.4 | 982.2 | 742.6 | 1 |
| 2 | *697.9 | 1 270.0 | 1 198.3 | 1 019.2 | 830.1 | 1 |
| 3 | 1 095.0 | 1 362.9 | 1 266.9 | 1 089.8 | *973.2 | 5 |
| 4 | 1 515.0 | 1 489.3 | 1 358.3 | 1 189.7 | *1 160.2 | 5 |
| 5 | — | 1 640.4 | 1 469.3 | *1 309.5 | 1 381.6 | 4 |
| 6 | — | 1 818.1 | 1 601.1 | *1 460.7 | 1 667.0 | 4 |
| 7 | — | 2 023.5 | 1 741.2 | *1 633.5 | — | 4 |
| 8 | — | 2 256.9 | 1 891.6 | *1 836.7 | — | 4 |
| 9 | — | 2 518.0 | *2 050.1 | 2 064.8 | — | 3 |

从以上计算结果可知,无论考虑工作几年,原型更新方案相对于其他方案是不利的;如果设备只使用2年以下,则应继续使用原设备;如果只打算使用3~4年,最佳方案是对原设备进行一次大修理;如果估计设备将使用5~8年,最佳方案是对设备进行现代化改装;如果估计设备使用期在8年以上,则用高效率新型设备更换旧设备方案为最佳。

## 7.3.4 设备租赁

**1.** 设备租赁的概念

设备租赁是随着企业资产所有权和使用权的分离应运而生的设备使用形式。它是指设备使用者(承租人)按照合同规定,按期向设备所有者(出租人)支付一定费用而取得设备使用权的一种经济活动。在租赁过程中,设备的所有权不发生改变,仍归出租者所有。

设备租赁对出租和承租双方都存在益处,这是设备租赁业务之所以存在的客观原因:

①从出租者来看，由于出租设备的所有权不发生变化，因而不会伴随像资金贷款形式那么大的风险，并且可以避免设备闲置和提高设备收益率，同时出租设备所得的租金一般也高于出售设备的价值。②从承租者来看，可以解决购置设备资金不足和借款受到限制等问题，可以获得出租方良好的技术服务并减少维修费用。更为重要的是，承租者通过租赁加快了设备更新，提高了生产能力，从而能获得更多的收益，同时可以避免通货膨胀的冲击，也不必担心设备由于过快更新换代而造成的提前报废，减少投资风险。

但设备租赁也有不足之处，对承租方来说主要表现在：承租人对设备只有使用权，没有所有权，所以不能对设备进行处置，如对设备进行改造、抵押贷款等；租赁设备的总费用要比购置设备的总费用高，租金中包括出租者的管理费和边际利润；租赁合同规定严格，不管企业的现金流量和经营状况如何，都要按时支付租金，否则毁约要赔偿损失，罚款较多。

由于设备租赁有利有弊，故企业在租赁设备前要进行慎重的决策分析。

**2.** 设备租赁的形式

1）经营性租赁

经营性租赁是一种传统的设备租赁方式，它是由出租方根据承租方的需要，与承租方签订租赁合同，在合同期内将设备交给承租方，承租方按合同规定，向出租方支付租赁费的一种租赁业务。在经营性租赁中，出租方除向承租方提供租赁设备外，还承担设备的保养、维修、老化、贬值以及不再续租的风险。这种方式带有临时性，因而租金较高。承租者往往用这种方式租赁技术更新快、租期较短的设备，如临时使用的车辆、计算机、仪器等，承租设备的使用期往往也短于设备的寿命期，并且经营性租赁设备的租赁费计入企业成本，可减少企业所得税。承租方可视自身情况需要决定是终止还是继续租赁设备。

2）融资性租赁

融资性租赁也称财务租赁，是一种融资和融物相结合的租赁方式，它是指出租方和承租方共同承担确定时期的租让和付费义务，不得任意终止和取消租赁合同的一种租赁业务。这种租赁方式是以融资和对设备的长期使用为前提的，租赁期相当于或超过设备的寿命期，租赁对象往往是一些贵重和大型设备。由于设备是承租者选定的，出租者对设备的整机性能、维护保养、老化风险等不承担责任。对于承租者来说，融资租入的设备属于固定资产，可以计提折旧计入企业成本，而租赁费一般不直接计入企业成本，由企业税后支付。但租赁费中的利息和手续费可在支付时计入企业成本，作为纳税所得额中准予扣除的项目。

**3.** 租金的计算

设备租赁费用主要包括：租赁保证金、租金、担保费。其中租金的计算主要有附加率法和年金法。

1）附加率法

附加率法是在租赁资产的设备货价或概算成本上再加上一个特定的比率来计算租金，每期期末支付租金 $R$ 的表达公式为

$$R = P\frac{(1 + N \times i)}{N} + P \times r \tag{7.8}$$

式中：$P$——租赁资产的价格；

$N$——还款期数，可按月、季、半年、年计；

$i$——与还款期数相对应的折现率；

$r$——附加率。

**【例7.9】** 某租赁公司出租设备的年租金为23.12万元，租期为5年，每年年末支付租金，折现率为10%，附加率为4%，试确定这台设备的价格是多少？

**【解】** 已知租金$R$、租期$N$、折现率$i$、附加率$r$，求$P$。根据式(7.8)

$$R = P\frac{(1+N\times i)}{N} + P\times r$$

代入有关数据，得

$$23.12\times 10^4 = P\frac{(1+5\times 10\%)}{5} + P\times 4\%$$

解之得这台设备的价格为$P = 68\times 10^4$(元)$=68$(万元)

2)年金法

年金法是将一项租赁资产价值按相同比率分摊到未来各租赁期间内的租金计算方法。年金法计算有期末支付和期初支付之分。

期末支付方式是在每期期末等额支付租金。每期租金额的表达公式就是资金复利计算的等额支付系列资金回收公式，即为

$$R = P\frac{i(1+i)^N}{(1+i)^N - 1} \tag{7.9}$$

式中各个符号意义与式(7.8)相同。

期初支付方式是在每期的期初等额支付租金。期初支付要比期末支付提前一期支付租金，因此，期初支付租金额小于期末支付租金额，每期租金额的表达公式为

$$R = P\frac{i(1+i)^{N-1}}{(1+i)^N - 1} \tag{7.10}$$

**【例7.10】** 某租赁公司出租给某企业一台设备，年租金按年金法计算，折现率为12%，租期为5年，设备价格为120万元，试确定承租企业年末支付租金与年初支付租金的租金差值。

**【解】** 根据题意，由年金法的期末和期初支付租金计算式(7.9)和式(7.10)得

$$\Delta R = P\frac{i(1+i)^N}{(1+i)^N - 1} - P\frac{i(1+i)^{N-1}}{(1+i)^N - 1} = P\frac{i^2(1+i)^{N-1}}{(1+i)^N - 1}$$

代入有关数据得

$$\Delta R = 120\times 10^4\frac{0.12^2(1+0.12)^4}{(1+0.12)^5 - 1} = 35\ 665(\text{元}) \approx 3.566(\text{万元})$$

所以，承租企业年末支付租金与年初支付租金的租金差值约为3.566万元。

**4. 设备租赁与购买方案的比选**

对于承租人来说，设备租赁决策关键的问题是决定租赁，还是决定购买。这实际上是要将设备租赁方案与设备购买方案进行比较选优，也是互斥方案选优问题，其方法与设备更新方案选优无实质上的差别。

1)从收益角度看

(1)经营性租赁设备方案的净现金流量为

净现金流量＝销售收入－经营成本－租赁费－销售税及附加－(销售收入－经营成本－租赁费)×所得税税率

(2)融资性租赁设备方案的净现金流量为

净现金流量＝销售收入－经营成本－租赁费－销售税及附加－(销售收入－经营成本－折旧费－租赁费中的手续费和利息)×所得税税率

(3)而在相同条件下,购置设备方案的净现金流量为

净现金流量 = 销售收入 - 经营成本 - 设备购置费 - 贷款利息 - 销售税及附加 - (销售收入 - 经营成本 - 折旧费 - 贷款利息) × 所得税税率

在充分考虑各种方式的税收优惠影响下,应该选择税后收益更大的方案。

2)从费用角度看

在假设所得到设备的收入相同的条件下,最简单的方法是将租赁成本和购买成本进行比较。根据互斥方案比选的原则,只需比较两个净现金流量的差异部分即比较:

(1) 设备租赁——经营性租赁:所得税税率×租赁费-租赁费；融资性租赁:所得税税率×(折旧费+租赁费中的手续费和利息)-租赁费 (7.11)

(2)购置设备:所得税税率 × (折旧费 + 贷款利息) - 设备购置费 - 贷款利息 (7.12)

在这种情况下,应该选择税后成本最小的方案。

**【例 7.11】** 某企业急需某种设备,其购置费用为 30 000 元,估计使用寿命为 10 年,期末残值为 3 000 元;这种设备也可以租到,每年租赁费为 4 800 元,运行费用都是 2 000 元/年。政府规定的所得税率为 33% ,年末纳税。折旧采用直线法,折现率为 10% 。试确定该企业应采用租赁方案,还是购置方案?

**【解】** 按经营性租金方式,忽略贷款利息,用年值成本法进行比较,只比较两种方案年费用的差值部分。

(1)企业如果采用购置设备方案

由式(7.12),年费用的差异部分 $AC^*_{购}$ 为:年设备购置费用 - 所得税税率 × 年折旧费,其中设备购置费为

$$AC_{购} = (30\,000 - 3\,000)(A/P, 10\%, 10) + 3\,000 \times 10\% = 4\,696(元)$$

年折旧为

$$AC_{折} = (30\,000 - 3\,000)/10 = 2\,700(元)$$

购置方案年费用的差异部分为

$$AC^*_{购} = 4\,696 - 2\,700 \times 33\% = 3\,805(元)$$

(2)企业如果采用租赁设备方案

由式(7.11),年费用的差异部分 $AC^*_{租}$ 为:租赁费 - 所得税税率 × 租赁费

$$AC^*_{租} = 4\,800 \times (1 + 10\%) - 4\,800 \times 33\% = 3\,696(元)$$

由于 $AC^*_{租} < AC^*_{购}$,故租赁设备方案优于设备购置方案。企业从经济角度考虑应选择租赁设备为佳。

# 7.4 新技术、新工艺和新材料应用方案的技术经济分析方法

## 7.4.1 新技术、新工艺和新材料应用方案的选择原则

由于现代科学技术的不断进步,在工程建设领域,新技术、新工艺和新材料也不断涌现。但并不是所有的新技术、新工艺和新材料都可以应用于工程建设中。什么样的新技

术、新工艺和新材料能应用于工程建设中，需要人们运用合理的技术经济分析方法认真加以分析、对比、论证，寻求最佳的结果（方案），以达到保证工程质量、降低工程成本、节约劳动消耗、缩短工期、提高工程建设的综合经济效果的目的。

对新技术、新工艺和新材料的应用进行技术经济分析，常常分为两类。一类是事前进行的技术经济分析和事后进行的技术经济分析，另一类是设计阶段进行的技术经济分析和施工阶段进行的技术经济分析。

（1）在对新技术、新工艺和新材料方案进行分析、选择时，一般应遵循以下原则：先进、可靠、适用、合理。选择先进、可靠、适用、合理的新技术、新工艺和新材料可以取得多方面的效果。其中主要表现在：降低物质消耗，缩短工艺流程，提高劳动生产率；有利于保证和提高产品质量，提高自动化程度；有益于人身安全，减轻工人的劳动强度，减少污染，消除公害；有助于改善环境。同时，有利于缩小与国外先进水平的差距。

（2）经济上合理。就是要综合考虑投资、成本、质量、工期、社会经济效益等因素，选择经济上合算的方案。

通常情况下，这些原则是一致的。但有时也存在相互矛盾的情形，此时就要综合考虑两方面的得失。一般地说，在保证功能和质量，不违反劳动安全与环境保护的原则下，经济合理应是选择新技术、新工艺和新材料方案的主要原则。

### 7.4.2 新技术、新方案和新材料应用方案的技术经济分析方法

新技术、新工艺和新材料应用方案的技术经济分析就其内容来说，可分为两步进行。首先对新技术、新工艺和新材料应用方案进行技术分析，然后再对方案进行技术经济比较分析。但在实际分析过程中，两方面的分析是结合进行的。

新技术、新工艺和新材料应用方案的技术经济分析方法包括定性分析和定量分析。定性分析主要是根据经验和新技术、新工艺、新材料应用方案的特征进行优缺点的评述，如施工新技术、新工艺和新材料方案是否先进可行，是否满足施工进度要求，是否满足施工连续性和均衡性，新技术、新工艺和新材料选定是否与工程要求相符，是否充分利用场地，能否体现文明施工，是否有适当的技术和管理水平，等等。定量分析是对各项指标进行数据计算，通过量的分析比较，对各个新技术、新工艺和新材料方案进行技术经济评价。

## 本章小结

设备更新与选择是工程经济学理论的一个重要应用领域，涉及面较广，无论对工业企业，还是对整个国民经济的发展都起着十分重要的作用。

**设备磨损** 设备在使用和闲置过程中都会发生磨损，使设备在技术状况和经济合理性方面逐渐劣化，使设备的价值和使用价值随时间逐渐降低。设备磨损分为有形磨损和无形磨损两类，其磨损的性质完全不同。有形磨损和无形磨损还可以按照发生的原因不同，各自再细分为第Ⅰ、第Ⅱ种有形磨损和无形磨损。有形磨损和无形磨损在设备的使用过程中一般是同时作用和发生的，这就构成了综合磨损。

**磨损的补偿**　由于磨损对设备的技术状况和经济合理性产生损害，为维持设备正常工作所需要的特性和功能，必须对设备的磨损进行及时、合理的补偿，以恢复设备的生产能力。设备的补偿包括技术补偿和经济补偿两个方面。从设备的技术补偿上说，设备遭受磨损的类型、程度不同，磨损补偿的方式也不同。当总体磨损程度轻微和有限时一般进行局部的补偿，由有形磨损引起的可通过设备修理包括大修理来补偿，由无形磨损引起的可通过现代化改装来补偿；当磨损达到严重程度时，无论是由有形磨损引起的设备丧失工作能力和性能，还是无形磨损引起的设备使用在经济上变得不合理，这时都必须进行整体补偿，即通过设备更新来进行补偿。设备更新补偿方式是设备磨损补偿的最重要方式，它包括原型更新和新型更新两种形式。原型更新不具有更新技术的性质，主要解决设备的损坏问题，新型更新不仅能解决设备的损坏问题，而且能解决设备技术落后的问题。由于当代技术进步呈加速发展的趋势，新型更新方式更为普遍和重要。

**设备经济寿命**　从不同的角度考虑，设备寿命包括物理寿命、技术寿命、折旧寿命和经济寿命等，一般来说，设备技术寿命和经济寿命都要短于物理寿命。在设备的各种寿命中，经济寿命是个关键的概念，因为它涉及设备的更新时机问题。设备经济寿命是从经济角度分析设备最合理的使用期限，是指设备从投入使用开始，到因继续使用在经济上不合理而被更新所经历的时间。一般是设备的最合理的使用年限，是确定设备最优更新期的主要依据。在此概念中要注意两点：①经济寿命的起始时间既可以从新设备新投入使用开始，也可以从旧设备现在投入使用开始，后一种含义对设备更新来说更具有实际意义，它表明的是现有旧设备的剩余经济寿命。②经济寿命的概念中考虑到了无形磨损，其是由有形磨损和无形磨损共同决定的。但是由于我们在计算设备的经济寿命时，只是从设备的年平均费用入手，没有考虑技术进步以及资金等因素对设备更新的影响和制约。所以经济寿命的最优更新年限只适用于设备原型更新而不适用于设备新型更新。至于经济寿命的计算，按照从设备运行过程中发生的费用入手的思路，根据是否考虑资金时间价值分为静态和动态两种情况；对于匀速低劣化磨损的特殊情况，可直接套用公式计算。

**设备更新决策**　设备更新决策是指确定一套正在使用的设备应何时以及应怎样用更经济的设备来替代的问题。设备更新决策既不能轻率从事，也不能发展到恶意使用设备阶段而拖延设备更新。设备更新决策的基本原理和评价方法与互斥型方案比选相同，可采用年值成本法、现值成本法、边际成本法等，但在进行比选时，要遵循设备更新决策的三条比选原则，否则会发生错误。设备更新决策时可分为两种情况：一是设备原型更新。这种情况最为简单，以设备经济寿命为其最佳更新时机。二是设备新型更新。这种情况最为普遍和重要，由于继续使用旧设备方案的寿命期与购置新设备方案的寿命期常常不同。显然，对于寿命期不同的更新方案的比选，最简捷的方法是采用年值成本法进行比较。

**广义的设备更新决策比选**　设备更新从广义上来说，包括设备修理、现代化改装、设备的原型更新和新型更新。对正在使用中、存在一定程度磨损的旧设备，可采用继续使用旧设备、设备大修理、现代化改装、原型更新和新型更新的方式进行磨损的补偿。不同的补偿方式有自己的优势和适应范围，在具体情况下，到底哪一种方式为好，决策目标是从中选择一个总费用最少的方案。

**设备租赁**　设备租赁是指设备使用者（承租人）按照合同规定，按期向设备所有者（出租人）支付一定费用而取得设备使用权的一种经济活动。在租赁过程中，设备的所有权不发生改变,仍归出租者所有。设备租赁对出租和承租双方都存在益处,这是设备租赁业务之所以存在的客观原因,否则租赁这种经济业务形式不可能存在。但同时租赁也存在弊端,是否采用租赁形式,以及能承受多高的租金,要经过仔细的经济分析和核算。设备租赁有经营性租赁和融资性租赁两种形式,这两种形式在适应的范围、租金协议的严格性、租金资产的会计处理方面都有很大的不同。对于设备租赁决策,关键的问题是决定租赁还是决定购买,这实际上是要将设备租赁方案与设备购买方案进行比较选优,也是互斥方案选优问题,其方法与设备更新方案选优并无实质上的差别。由于经常出现待租赁设备和待购买设备收入相同的情况,根据互斥方案比选的原则,最简单的方法是将租赁成本和购买成本进行比较,这时只需比较两个净现金流量的差异部分即可。至于期末或期初的每期租金额的计算,可根据情况选定两类计算公式之一进行计算,并不复杂。

**新技术、新工艺和新材料应用方案的技术经济分析方法**　在工程建设领域,新技术、新工艺和新材料不断涌现,但并不是所有的新技术、新工艺和新材料都可以应用于工程建设中。什么样的新技术、新工艺和新材料能应用于工程建设中,要在遵循技术和经济两方面原则的基础上,运用合理的技术经济分析方法认真加以分析、对比、论证,寻求最佳的结果(方案)。新技术、新工艺和新材料应用方案的技术经济分析方法包括定性分析和定量分析。定性分析主要是根据经验和新技术、新工艺、新材料应用方案的特征进行优缺点的评述;定量分析是对各项指标进行数据计算,通过量的分析比较,对各个新技术、新工艺和新材料方案进行技术经济评价。

# 复习思考题

1. 何谓设备的有形磨损、无形磨损?它们造成的后果有何不同?

2. 设备磨损的补偿方式有哪些?

3. 对同一种设备在一般情况下的物理寿命、技术寿命、折旧寿命及经济寿命,按时间的长短给予排队,并阐述理由。

4. 某设备3年前购置,原始价值为16 000元。若现在出售价值为8 000元,估计还可以使用5年,其运行成本及残值数据如表7.8所示。试求:(1)不考虑资金的时间价值时设备的经济寿命;(2)考虑资金的时间价值($i=10\%$)时设备的其经济寿命。

**表7.8　设备运行成本和残值数据表**　　单位:元

| 设备使用寿命 | 1 | 2 | 3 | 4 | 5 |
|---|---|---|---|---|---|
| 运行成本初始值 | 600 | 600 | 600 | 600 | 600 |
| 运行成本劣化值 | | 200 | 400 | 600 | 800 |
| 年末残值 | 5 500 | 4 500 | 3 500 | 2 500 | 100 |

5. 某企业压缩机的购置价6 000元,第1年的运行费用为1 000元,以后每年以300元定额递增。设备使用一年后残值为3 600元,以后每年以400元定额递减,压缩机的最大使用年限为8年,若利率为10%,试求压缩机的经济寿命。

6. 某机器购置价为25 000元,第1年末残值为15 000元,而后每年以1 500元定额递减;第1年的运行成本为8 000元,以后每年递增4 000元,若利率为10%,试求其经济寿命。

7. 某公司拟更换一台旧设备,新设备可使产量增加,成本节约,更新后第1年收入增加额为2 000元;直接工资的节约为9 000元;间接工资的节约为1 300元;材料损耗减少为280元;维修费节约为400元,但新设备动力消耗比旧设备多330元。假设新设备的预计使用年限为15年,使用过程中线性劣化,新设备价值76 000元,估计15年后残值为3 000元。旧设备现在出售价格为2 500元;旧设备一年后出售价格为2 000元。若年利率 $i=10\%$,试判断用新设备更换旧设备是否经济?

8. 某企业现在经营状况:

销售收入:1 000万元

总成本:9 000万元　其中:变动成本5 000万元

固定成本4 000万元

利润:1 000万元

当前因设备生产率低满足不了生产要求,有一新设备可提高产销量36.5%,变动成本率降低5%,固定成本增加50%,问应否更换旧设备?

9. 假定各种设备方案分项费用原始数据如表7.9所示,折现率 $i=8\%$,试选择最优方案。

**表7.9 各种设备方案分项费用原始数据**　　单位:万元

| 序号 | 设备方案 | 投资($P$) | 生产率提高系数 | 年运行费用(万元) | | | | | | | | |
|---|---|---|---|---|---|---|---|---|---|---|---|---|
| | | | | 1 | 2 | 3 | 4 | 5 | 6 | 7 | 8 | 9 |
| 1 | 继续使用 | 0 | 0.7 | 80 | 100 | 120 | 140 | 160 | — | — | — | — |
| 2 | 原型更新 | 400 | 1 | 10 | 21 | 35 | 45 | 56 | 68 | 80 | 96 | 110 |
| 3 | 新型更新 | 500 | 1.3 | 8 | 16 | 28 | 40 | 50 | 60 | 70 | 80 | 90 |
| 4 | 现代化改装 | 350 | 1.25 | 15 | 30 | 45 | 60 | 75 | 90 | 105 | 120 | 135 |
| 5 | 大修理 | 100 | 0.98 | 20 | 45 | 70 | 95 | 120 | 155 | 180 | 205 | 230 |
| 旧设备在更新年份的残值 | | | | 40(万元) | | | | | | | | |

10. 某企业需要某种设备,其购置费为10 000元,以自有资金购买,估计使用期为10年,10年后的残值为0。如果采用融资租赁的同类设备年租赁费为1 600元(其中利息部分为200元)。当设备投入使用后,企业每年的销售收入为6 000元,销售税及附加为销售收入的10%,设备年运行成本为1 200元/年,所得税税率为33%,折旧采用直线折旧法,该企业的基准收益率为10%。试比较租赁方案和购买方案哪一个为优?

# 第8章 建设项目可行性研究与财务评价

工程建设活动从项目可行性研究开始，包括勘察设计、项目融资、材料采购、工程施工直至交付使用为止的一系列经济活动。在项目建设的整个过程中，可行性研究工作是具有决定性意义的首要环节，是避免投资失误、提高建设项目经济效益的有效途径的关键。项目的财务评价是指在财务预测的基础上，分析预算项目的效益和费用，考察项目财务状况以判别项目可行性的经济评价方法，是建设项目可行性研究的重要组成部分，是项目决策科学化的重要手段。

# 8.1　建设项目概念与建设程序

## 8.1.1　建设项目的概念

项目是指在一定的约束条件下(主要是限定的资源和时间),具有明确目标的一次性任务(或活动)。

广义的项目含义非常广泛,泛指一切符合项目定义,具备项目特点的一次性任务(或活动)。最常见的项目有:科研项目,如基础科学项目、应用科学研究项目、科技攻关项目等;开发项目,如某种资源的开发、一个住宅小区的开发、某种新产品的开发等;建设项目,如一座大楼的建造、一个工业生产项目的建设、一个机场的兴建、一条高速公路的修建等。在这里,狭义的项目专指建设项目。建设项目是指在一个总体设计范围内,由一个或若干个有联系的单项工程所组成,建设中实行统一管理、统一核算的建设单位。根据我国对建设项目的有关规定,并参照世界各国有关建设项目管理资料,构成建设项目的主要条件和特点有:

(1)按照一个总体设计进行建设,行政上实行统一管理,经济上实行统一核算。尽管有些项目由若干个单体工程组成,只要符合上述"三个统一"的原则,就归结为一个建设项目。

(2)有明确的建设目标和任务,如有明确的生产能力目标和工程质量标准,有工期目标和投资限额目标等。

(3)建筑工程和设备安装工程等形成的有形资产(主要是固定资产),有些项目还有购买商标、专利、专有技术等构成的无形资产。

(4)过程的一次性和成果的单件性。建设项目的活动过程既不同于一般工业生产的那种大批量重复性生产过程,也不同于企事业单位或政府机关的那种周而复始的行政管理过程。它一般都具有特定的开头、展开和结尾的过程。整个过程一次过去,基本没有简单的重复。建设项目活动的成果——建筑产品具有单件性。因为,即使建筑产品的设计、施工、建造完全相同,但由于其坐落地点空间位置的唯一性,每个建筑产品都是与众不同的,世界上没有两个完全相同的建筑产品。

(5)建设过程必须遵循客观规律,按照一定的程序进行。一个建设项目,通常都要依次经过可行性研究、评价、决策、设计、实施、竣工投产、总结评价等阶段。

为了计划管理和统计分析的需要,建设项目可从不同的角度进行分类,按建设目的可分为生产性项目和非生产性项目;按建设性质可分为新建项目、扩建项目、改建项目、迁建项目、恢复项目等;按建设阶段可分为预备项目、筹建项目、实施项目、建成投产项目等;按建设规模可分为大型项目、中型项目、小型项目;按土建工程性质可分为房屋建筑工程项目、土木建筑工程项目(如公路、桥梁、机场、铁道、港口码头、水利工程等)、工业建筑工程项目(如发电厂、钢铁厂、化工厂、矿山等);按使用性质可分为公共工程项目(如公路、通讯、城市给排水、教育科研设施、医疗保健设施、文化体育设施、政府机关用房等)、生产性产业建设项目、服务性产业建设项目(如宾馆、商场、酒楼、娱乐城等)、生活设施建设项目等;按建设内容与管理关系可分为建设项目、设计项目、施工项目、采购项目等。

## 8.1.2　建设项目的建设程序

建设项目的建设程序是指建设项目从设想、规划、评估、决策、设计、施工到竣工验收、交付使用整个过程中，各项工作必须遵循的先后次序的法则。这个法则是人们通过长期的建设实践，在充分认识客观规律，科学地总结实践经验的基础上制定出来的，反映了建设工作所固有的客观规律和经济规律，是不以人们的意志为转移的。

从项目管理的角度看，建设程序一般分为七个主要阶段，如图 8.1 所示。这些阶段有严格的先后顺序，不能任意颠倒。否则，项目建设就会走弯路，遭受重大损失。我国建国以来建设事业的发展和经历的诸多惨痛教训充分证明了这一点。

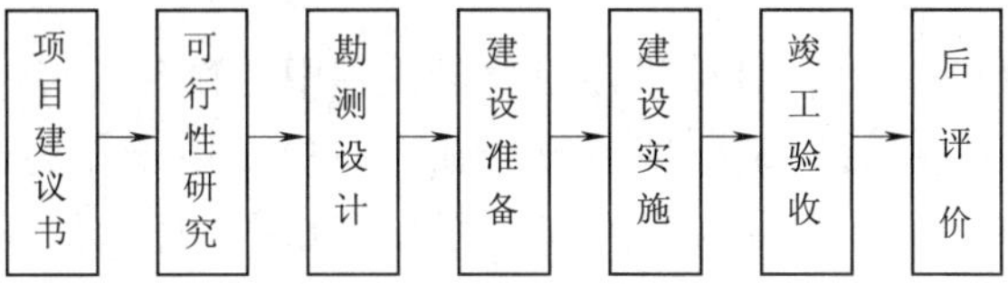


图 8.1　建设程序主要阶段

**1.** 项目建议书阶段

项目建议书是项目投资者（业主）向国家有关主管部门提出要求建设某一建设项目的建议性文件，也是投资者决策前对拟建项目的轮廓性设想。项目建议书主要是从宏观上分析投资项目的必要性，看其是否符合市场需求和国家长远规划的方针和要求；同时初步分析项目建设的可能性，看其是否具备建设条件，是否值得投资等。

**2.** 可行性研究阶段

项目建议书被批准后，即可进行可行性研究。可行性研究是根据审定的项目建议书，对投资项目在技术、工程、经济、社会和外部协作条件等方面的可行性和合理性进行全面地分项论证，作多方案的比选，推荐最佳方案，为项目决策提供可靠的依据。可行性研究的成果是可行性研究报告，可行性研究报告一经批准，就标志着该项目立项工作的完成，就可以进行勘测设计工作了。

**3.** 勘察设计阶段

勘察是指设计前和设计过程中所要进行的勘查、调查、测量工作。设计是对拟建工程的实施在技术上和经济上所进行的全面而详尽的安排。设计工作是分阶段、逐步深入地进行的。大中型建设项目一般采用两阶段设计，即初步设计、施工图设计；重大或特殊建设项目可采用三阶段设计，在初步设计后，增加技术设计阶段。

初步设计是研究拟建项目在技术上的可靠性和经济上的合理性，对设计的项目作出基本技术决定，并通过编制总概算确定总的建设费用和主要技术经济指标。技术设计是对初步设计中的重大技术问题进一步开展工作，在进行科研、试验、设备试制取得可靠数据和资料的基础上，具体地确定初步设计中所采用的工艺、土建结构等方面的主要技术问题，并编制修正总概算。施工图设计是指按照初步设计或技术设计所确定的设计原则、结构方案和控制性尺寸，根据建筑安装施工和非标准设备制造的需要，绘制施工详图，并编制施工图预算。

**4. 建设准备阶段**

建设准备阶段是指完成项目开工建设前的各项准备工作，它包括：

(1)征地、拆迁。征地是城市土地的第一次开发，主要是通过征用农民集体所有的土地变为城市国家所有的土地来进行。在征用农地的过程中，农民失去了土地所有权，失去了生活的来源，因而必须对农村集体土地所有者进行工作安置和生活补偿。拆迁一般是城市土地的再开发，会使原有住户或用户土地、房屋产权发生转移，涉及原有住户或用户的住房安置和拆迁损失补偿问题。由于征地和拆迁过程中会引起一系列经济和产权关系的变化，涉及多方利益问题，矛盾容易激化，为此必须严格执行国家有关法律法规。

(2)完成施工前的“三通一平”或“七通一平”。所谓“三通一平”是指通水、通电力、通公路和平整土地；所谓“七通一平”是指通给水、通排水、通热力、通燃气、通电力、通电信、通公路和平整土地。

(3)组织设备和材料订货，保证建设项目建设过程中的物资、设备供给。

(4)组织监理、施工招标，选定监理单位和施工单位。由于作为建设项目第三方的监理单位和乙方的施工单位，在建设项目实施过程具有重要的作用，因此组织监理、施工招标，必须严格执行国家有关法律法规，保证公平竞争，选定合格、合适的监理单位和施工单位。

(5)制订年度建设计划。年度建设计划是合理安排分年度施工项目和投资、规定计划年度应完成建设任务的文件。它具体规定各年度应该建设的工程项目和进度要求，应该完成的投资额和投资额的构成，应该交付使用固定资产的价值和新增的生产能力等。只有列入批准的年度建设计划的工程项目，才能进行施工和支取建设用款。

**5. 建设实施阶段**

各项建设准备工作做好后，经批准开工，项目就进入了建设实施阶段，即施工阶段。在该阶段，建设单位按项目管理的要求，组织好施工单位的施工，提供设备，供应所需材料，协调好工程建设的外部环境；监理单位根据项目建设的有关文件和各类工程承包合同，作好对工程的投资、进度和质量的控制、协调和管理；承包商(包括建筑安装施工、设备制造、材料供应等单位)根据承包合同的约定和承诺，全面履行各项合同义务，保质、保量、按时完成工程建设任务。

该阶段还要作好生产准备工作，如招收和培训员工，生产的组织，技术、物资的准备等。

**6. 竣工验收阶段**

竣工验收是项目建设全过程的最后一环，是全面考核建设成果，检验设计和施工质量的重要步骤，是确认建设项目能否完工的关键环节，同时也是由基本建设转入生产或使用的标志。竣工验收工作一般可分为单项工程验收和整个项目验收两个阶段进行；每一个单项工程完工后，由建设单位或监理单位组织验收；整个建设项目全部完成后，则应根据国家对竣工验收的规定组织验收。

**7. 后评价阶段**

在项目建成投产并达到设计生产能力(一般为项目建成后 1 ~ 3 年)，通过对项目立项、准备、决策、实施直到投产运行全过程的工程活动进行总结评价，对工程项目取得的经济效益、社会效益和环境效益进行综合评价，从而作为判别项目投资目标实现程度的一种方法。

它是检验工程项目管理工作质量，总结工程项目决策的经验教训，提高项目决策和实施管理水平的有效方法。它为今后改进项目的准备、决策、实施、管理、监督等工作提供依据，并为提高项目投资效益提出切实可行的对策措施。

# 8.2　建设工程项目周期及对投资的影响

## 8.2.1　建设工程项目周期的概念

建设工程项目周期是指建设工程项目从投资意向开始到投资终结的全过程，一般包括三个方面内容：一是投资全过程客观上包括的工作内容、工作次序和工作类型；二是投资全过程中性质不同的各阶段划分；三是各阶段、各项工作间的联系。建设工程项目周期的阶段划分及其工作内容如下。

**1.** 建设工程项目决策阶段

建设工程项目的决策工作并不是一次完成，它一般又分为：

(1)投资意向。产生投资意向的主体有政府部门、企业、事业单位、家庭(个人)。产生投资意向的原因基本上有两个方面：一方面是产生意向的主体有闲置资金，需要寻找投资机会，这是建立在可能基础上的投资意向；另一方面是社会上有较好的投资机会，被某一主体所发现，这是建立在需要基础上的投资意向。

(2)市场研究与投资机会分析。它研究的是投资机会与投资主体自身的条件是否相适应，以及具体投资机会如何落实。

(3)项目建议书。这是用书面的形式把投资机会分析的结果表达出来，呈报给决策人。

(4)初步可行性研究。是对决策者接受的项目建议书所提出的投资构想进行初步的论证分析，并将项目投资方案进一步具体化。

初步可行性研究并不是必不可少的。如果项目的机会研究有足够的数据，也可越过初步可行性研究阶段，进入可行性研究阶段。初步可行性研究作为机会研究和可行性研究之间的一个中间阶段，它与可行性研究的主要差别是它们所获得的资料的详尽程度不同。就内容来说，初步可行性研究与可行性研究基本是一致的，只不过前者较为粗略，后者较为详尽。初步可行性研究的主要目的是：分析机会研究的结论，并在占有较详细资料的基础上做出是否需要进行下一步的可行性研究：确定哪些关键问题需要进行辅助性的专题研究等。

(5)可行性研究(又称详细可行性研究)。是对初步可行性研究提出的一个或几个项目若干种可能的方案进行分析论证，实质上是投资方案的具体确立和构造。可行性研究是决定一个项目投资与否的最重要的一个环节，是项目决策的直接依据。建设项目的可行性研究工作一般是由投资者委托工程咨询公司或工程设计机构来完成的。

(6)决策立项。决策立项工作的重点主要有两项，即：一是对可行性研究的精确性、可靠性、全面性进行评估，为建设工程项目的最后决策提供依据。建设工程项目的评估工作一般是由公正性、权威性强的咨询机构来完成的。二是根据投资主体的目标、战略和内外条件做出最终选择。这是项目决策阶段的最后工作，应由决策者亲自进行。

上述六项工作属分析论证性工作，主要解决的是项目选择问题。

**2.** 建设工程项目设计阶段

设计活动按其对象的不同可以分为不同阶段。对于大型技术复杂的设计可以分为初步设计、技术设计、施工图设计三个阶段；对于一般的项目可以只做初步设计和施工图设计。

(1)初步设计。它应根据设计任务书，具体地构造工程投资方案，并做出工程的初步概算。

(2)投资准备。初步设计完成后，投资方案的要点就确定了，就可进行投资准备工作。

(3)技术设计。这是对重大项目或特殊项目，为解决具体的技术问题所进行的设计。

(4)施工图设计。这是根据初步设计和技术设计所进行的详图设计。在施工图设计阶段，一般要编制工程预算。

上述四项工作主要是确定拟定项目具体方案，实际上是选择和设计实现项目投资构想的优化实施方案的过程。

**3.** 建设工程项目施工阶段

(1)施工组织设计。这是落实设计文件的规划手段，是联系设计阶段和施工活动的桥梁。

(2)施工准备。这是根据施工图设计和施工组织设计，由施工企业进行的第一项具体工作，它的部分工作要同施工组织设计同步进行。

(3)施工过程。这是施工阶段具体地配置各种施工要素形成投资产品的过程，是投入劳动量大、时期长的工作，这是施工企业管理的基本任务。

(4)生产准备。这是指施工接近结束时，为项目及时投产使用所进行的准备，包括生产设备的购置、人员的培训、生产需要的原材料的订购，这一步工作主要应由投资者进行。

(5)竣工验收。这是工程施工阶段的最后一项工作，它是对投资成果的第一次全面的检查和评定，也是为进一步的投产经营活动进行的准备。

上述五项工作属于具体的资源组合性质工作，是操作性、业务性的实际执行工作，主要任务是在确定性约束条件下优化实施过程。

**4.** 总结评价阶段

(1)投产运营和投资回收。这是投资的资金回收过程和投资效果的实践检验过程。

(2)项目后评价。投资项目后评价与工程项目决策阶段的可行性研究和项目评价(即前评价)不同，它是在项目投资使用阶段，根据实际的结果和各种数据对投资项目进行的综合评价，它应与工程项目决策阶段的经济评价工作相对进行。

上述两项工作属于总结评价性质工作，甚至可以说是依托于生产经营过程的分析研究工作。

## 8.2.2 建设工程项目周期对投资的影响

1. 投资项目决策阶段

项目决策阶段的基本特征是智力化或称知识密集性。其主要投入是投资机会分析费、市场调查分析费、可行性研究费、决策费用等。对于一般工业建设项目,这类费用约为投资的1%左右。在项目决策结果没有得出之前,一般不会进行土地、材料、设备等要素投入。这表明在项目决策阶段,工作成本对投资影响极小,要素成本对投资不构成影响。项目决策阶段的产出是决策结果,是对投资活动的成果目标(使用功能)、基本实施方案和主要投入要素(品种、数量、质量、价格、取得形式)做出总体策划。这个阶段的产出对总投资影响,一般工业建设项目的经验数据为60%~70%;估计产出对项目使用功能影响在70%~80%。这表明项目决策阶段对项目投资具有决定性影响。

2. 投资项目设计阶段

项目设计阶段的基本特征是智力和技术的双重性。这个阶段的投入包括两方面:一是设计人员的工作报酬,一般工业建设项目的经验数据为2%~10%;二是某些重要建设要素的预订和购置,一般工业建设项目的经验数据在10%~20%左右,主要订购的是土地和特殊材料设备。这表明在投资项目规划设计阶段,工作成本对投资影响较小,要素成本是一个重要控制因素。投资项目设计阶段的产出,一般是用图纸表示的具体设计方案。在这个阶段项目成果的功能、基本实施方案和主要投入要素(品种、数量、质量和取得形式)就基本确定了。这个阶段的产出对总投资影响,一般工业建设项目的经验数据为20%~30%;对项目使用功能影响估计在10%~20%。这表明项目设计阶段对项目投资具有重要影响。

3. 投资项目施工阶段

项目施工阶段的基本特征是资金和劳动的双重性。这个阶段的投入包括两方面:一是建筑施工人员的工作报酬,一般工业建设项目的经验数据为10%~20%;二是建筑施工要素的投入,一般工业建设项目的经验数据为50%~60%。这表明在项目施工阶段,成本已经成为项目投资的重要影响因素。项目施工阶段的产出就是投资活动的最终成果——投资产品。由于投资的主要因素在此之前已基本确定下来,所以这个阶段的产出对总投资和项目使用功能的影响较小,对总投资影响一般工业建设项目的经验数据为10%~15%,对项目使用功能影响估计在5%~10%。

4. 投资项目总结评价阶段

投资项目总结评价阶段从一般意义上讲主要是探索项目投资的事后控制和检验评价的规律和方法的过程。这一阶段的工作成本投入很小,对项目本身的总投资和项目使用功能并无影响。

综上所述可以看到,随着投资项目周期的阶段性变化,项目投资的四种影响因素有一定的变化规律:工作费用是从小到大的变化趋势(不包括项目总结评价阶段),变化程度很大;项目要素费用也是从小到大的变化趋势,变化程度居中:产出对总投资和项目使用功能的影响是从大到小的变化趋势,变化程度很大。

由此可见,建设项目最后实现的经济效果,很大程度是由设计工作决定的,而设计工作又是体现和贯彻项目决策意图的。所以在项目决策和设计上的失误是重大的失误,相应在项目决策和设计上的节约是重大的节约。

# 8.3 可行性研究概述

## 8.3.1 可行性研究的概念

上面已多次提到可行性研究,建设项目可行性研究是指在项目决策时,通过对项目有关的工程、技术、经济等各方面进行调查、研究、分析,对各种可能的建设方案和技术方案进行比较论证,并对项目建成后的经济效益进行预测和评价的一种科学分析方法。其任务是考察项目技术上的先进性和适用性,经济上的盈利性和合理性,建设上的可能性和可行性。由此确定该项目是否应该投资和如何投资等结论性意见,为项目决策部门最终决策提供科学的、可靠的依据,并用以作为开展下一步工作的基础。所以说,可行性研究是进行工程建设的首要环节,是决定投资项目命运的关键。

可行性研究是从项目建设和生产经营的全过程考察分析项目的可行性,其目的是回答项目是否有必要建设,是否可能建设和如何进行建设的问题。可行性研究从市场需求的预测开始,通过多方案比较,论证项目建设规模、工艺技术方案、厂址选择的合理性,原材料、燃料动力、运输、资金等建设条件的可靠性,对项目的建设方案进行详细规划,最后通过对生产经营成本、销售收入和一系列指标的计算,评价项目在财务上的生存能力和经济合理性。这概括起来涉及三个方面的问题,即工艺技术、市场需求和财务经济状况。其中,市场需求是前提,工艺技术是手段,财务经济状况是核心。

## 8.3.2 可行性研究的发展

可行性研究是现代经济理论和管理科学发展的产物,最早起源于20世纪30年代,美国在开发田纳西河流域时,就开始对该流域的建设顺序、资金举措、产品方案、生产规模等问题进行了全面的研究,作为工程项目规划的重要手段,使项目的建设稳步地发展,从而取得了明显的经济效益。以后这项工作得到不断的充实和发展,并扩大应用到各个建设领域,成为一套科学的研究方法。第二次世界大战后,特别是20世纪60年代以来,随着科技进步和管理科学的迅速发展,为适应经济发展需要,可行性研究方法不断得到充实、完善,形成了一套系统的科学分析方法,它的应用范围也不断扩大,不仅应用于投资项目的决策分析、新产品的开发,还渗透到工农业生产经营管理、区域发展规划等多方面。1978年,联合国工业发展组织编写了《工业可行性研究手册》(以下简称《手册》),用于指导工业投资开发项目可行性研究。1992年,联合国工业发展组织在总结了《手册》应用十余年经验的基础上,改写了《手册》第二版。目前,联合国、世界银行、亚洲开发银行等国际组织援助发展中国家的投资项目,都普遍采用了可行性研究方法。

我国建设项目投资决策前的可行性研究工作是在20世纪70年代末,随着改革开放方针的提出,在引进国外的先进技术和设备的同时逐步开展起来的。在这之前,我国在投资项目决策前所作的技术经济论证工作,其作用和目的也是为了在投资前对拟建项目的必要性、建设条件、建成后的效果等进行分析论证,以提高投资效益。

1979 年，国家有关部门邀请世界银行专家在我国举办了可行性研究讲习班，介绍国外的可行性研究方法，在这之后，各部门相继举办了多次研讨班，开展对可行性研究的学习，组织翻译出版了联合国工业发展组织的《手册》和其他出版物。

1981 年 1 月，国务院颁布了《技术引进和设备进口工作暂行条例》，其中明确规定："所有技术引进和设备进口项目，都要编制项目建议书和可行性研究报告"，并规定了可行性研究的内容及附件的目录。这是我国正式规定有关项目必须进行可行性研究工作，把编制可行性研究报告作为项目决策依据的开端。接着 1982 年 9 月国家计委又在《关于编制建设前期工作计划》的通知中，进一步扩大需要进行可行性研究工作建设项目的范围，包括了所有列入"六五"计划的大中小型项目。并规定所有建设项目的设计任务书都必须在批准的可行性研究的基础上进行编制，作为最终决策和初步设计的依据。

1983 年 2 月，国家计委制定和颁发《关于建设项目可行性研究的试行管理办法》。这个试行管理办法共 5 章 22 条，对有关可行性研究工作的各种问题都作了全面的阐述与规定。

1987 年，国家计委发布了《建设项目经济评价方法》、《建设项目经济评价参数》、《中外合资项目经济评价方法》，对可行性研究中的经济评价部分作了更为详细的规定和具体要求，随后又在总结和研究《建设项目经济评价方法》、《建设项目经济评价参数》（第一版）的基础上，于 1993 年由国家计委、建设部发布了《建设项目经济评价方法与参数》（第二版）。至此，我国有关建设项目可行性研究工作的管理已日趋完善，基本上能够满足建设项目决策的需要。不仅大中型项目，而且一些有条件的小型项目也都开展了项目的可行性研究。

### 8.3.3　可行性研究的作用

可行性研究的作用主要包括：

（1）作为项目评估的依据。项目评估即项目评价或项目前评价。它是由投资决策部门组织或授权于建设银行、投资银行、工程咨询公司和有关专家，对建设项目可行性研究报告进行全面的审核和再评价，对项目的可行性研究报告提出评价意见。

（2）作为向银行申请贷款的依据。目前世界银行等国际金融组织、国家开发银行、中国建设银行、工商银行、中国投资银行等，都要根据可行性研究报告，对申请贷款的项目进行全面、细致的分析与评估，确认建设项目经济效益好，具有偿还能力，不会承担很大风险时，才给予贷款。

（3）作为与建设项目有关部门商谈合同和协议的依据。一个建设项目，在设备材料、协作件、燃料、供电、供水、运输、通信等很多方面都需要与有关部门协商，在签订合同或协议时都应以可行性研究为依据。对于技术引进和进口设备项目，国家规定必须在可行性研究报告批准后才能与外商正式签约。

（4）作为项目编制初步设计的基础。可行性研究重在研究，对产品方案、建设规模、厂区地址位置、生产工艺、主要设备选型、工艺流程等都做了比较和论证，确定了原则，推荐了最佳建设方案。可行性研究和设计任务书批准后，进入项目的投资实施时期，初步设计必须以此为依据，一般不另作重大方案的比较和论证。

（5）作为拟采用新技术、新设备研制计划的依据。建设项目采用新技术、新设备必须慎重,经过可行性研究证明,新技术、新设备确实可行时,方可列入拟订研制计划进行研制。

(6)作为建设项目补充地形、地质工作和普通工业性试验的依据。可行性研究需要大量的基础资料,当资料不完整或深度不够,不能满足下一步工作需要时,则应根据可行性研究提出的要求进行地形、地质工作和工业性试验等的补充。

(7)作为修改基本建设远景规划的依据。

(8)作为环保部门审查建设项目对环境影响的依据。我国基本建设环境保护法规定,编制可行性研究报告时,必须对环境影响做出评价。审批可行性研究报告时,同时审批环境保护方案。

### 8.3.4 可行性研究的依据

对一个拟建项目进行可行性研究,必须在国家有关的规划、政策、法规的指导下完成。同时,还要有相应的各种技术资料。可行性研究工作的主要依据有:

(1)根据国家有关的发展规划、计划文件。包括对该行业的鼓励、特许、限制、禁止等有关规定。

(2)项目主管部门对该项目建设要求请示的批复。

(3)项目建议书及其审批文件。

(4)项目承办单位委托进行可行性研究的合同或协议。

(5)企业的初步选址报告。

(6)拟建地区的环境现状资料。

(7)试验试制报告。在进行可行性研究前,对某些需要经过试验的问题,应由项目承办单位委托有关单位进行实验和测试,并将其结果作为可行性研究的依据。

(8)项目承办单价与有关方面取得的协议,如投资、原料供应、建设用地、运输等方面的初步协议。

(9)国家和地区关于工业建设的法令、法规。如"三废"排放标准、土地法规、劳动保护条例等。

(10)国家有关经济法规、规定,如中外合资企业法、税收、外资、贷款等规定。

(11)国家关于建设方面的标准、规范、定额资料。

(12)市场调查报告。

(13)主要工艺和装置的技术资料。

(14)项目所在地的自然、社会、经济方面的有关资料。

## 8.4 可行性研究的阶段、主要内容和工作程序

### 8.4.1 可行性研究的阶段

工业性投资项目,从筹备建设到建成投产,直至报废,其发展过程大体可以分为三个时

期:即建设准备时期(投资前期)、建设时期(投资时期)、生产时期。图8.2展示了我国基建程序与国外工程建设项目进展周期的对应情况,从中可以看到,在投资前期,按照时间先后,可行性研究可分为机会研究、初步可行性研究、详细可行性研究、评价研究四个阶段,分别介绍如下。

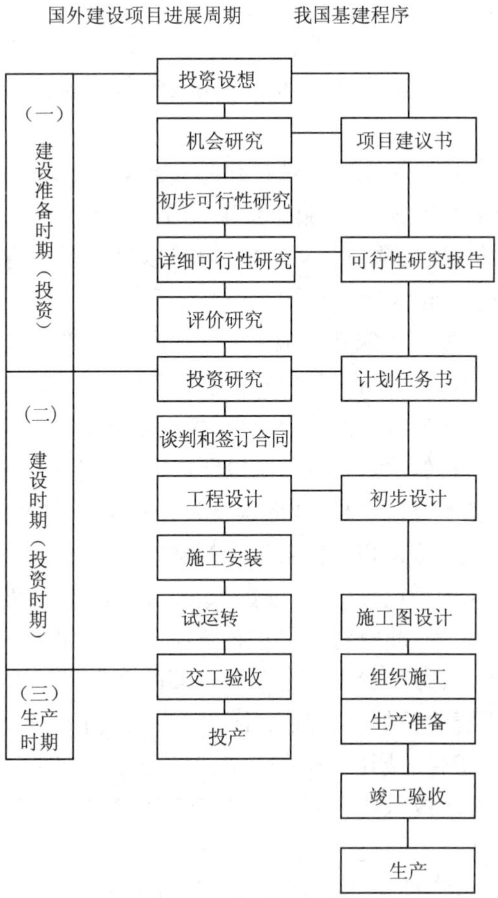


图8.2　我国基建程序与国外建设项目进展周期的对应

**1.** 机会研究

机会研究是指在一定的地区和部门,利用自然资源和市场需求调查预测资料,选择寻求最佳的投资机会,对项目投资方向提出设想的工作。在西方发达国家,机会研究是建设项目可行性研究的第一阶段,相当于我国的项目建议书阶段,在此阶段中研究以下内容:

(1)自然资源条件。

(2)项目在国民经济发展中与现有的地区工业布局的关系。

(3)项目的产品在国内外市场的需求量和发展前景。

(4)项目的建设在发展水平、劳力、资本、自然资源和经济条件方面与我国大致相似的国家和地区中的成功或失败的经验。

(5)项目的产品替代进口产品的可能性。

(6)项目建设与国内外其他工业部门的相互影响关系。

(7)项目建设的范围和内容,规模和发展前景。

(8)项目生产的产品种类和综合利用的途径。

(9)投资机会的资金条件。

(10)政府对该类项目发展的有关政策法令。

(11)项目的经济和财务因素的初步研究。

机会研究又分为一般机会研究和特定项目的机会研究。前者又分三种:地区研究;分部门研究;以资源为基础的研究。后者是要选择确定项目的投资机遇,将项目意向变为概略的投资建议。

机会研究比较粗略,主要依靠笼统的估计而不是依靠详细的分析。该阶段投资估算的精确度为 ±30% ,所需费用约占投资总额的 0. 2% ~1. 0% 。

如果投资机会研究证明投资项目是可行的,就可以进行下一阶段的研究。

**2.** 初步可行性研究(预可行性研究、前可行性研究)

初步可行性研究是西方发达国家建设项目可行性研究的第二阶段,是介于机会研究与详细可行性研究之间的一个阶段,它是在机会研究的基础上。进一步对项目建设的可能性与潜在效益进行论证分析。一些比较复杂的建设项目,仅仅依靠机会研究还不能决策取舍,在进行详细可行性研究之前,应进行初步可行性研究,以便对项目设想进行初步的估计。初步可行性研究与可行性研究的内容基本相同,只是详尽程度略有差异,前者较为粗略。

在初步可行性研究阶段需要对以下内容进行粗略的审查:①市场和生产能力;②材料供应状况;③建厂地区和厂址;④项目设计;⑤管理费;⑥人力;⑦项目进度;⑧项目财务分析。

在初步可行性研究通过后,即应对项目进行详细可行性研究。初步可行性研究阶段投资估算的精确度可达 ±20% 、所需费用约占总投资额的 0. 25% ~1. 5% 。

所谓辅助研究是对投资项目的一个或几个重要方面进行的单独研究,用作初步可行性研究和可行性研究的先决条件,或用以支持这两项研究。辅助研究一般有以下几种:①产品市场研究;②原材料和其他投入物的研究:③实验室和中间试验;④现场地区研究;⑤规模的经济性研究;⑥设备选择的研究。

与初步可行性研究和可行性研究同时进行的辅助研究,可以确保可行性研究的结果更加稳妥可靠。

**3.** 可行性研究(详细可行性研究)

可行性研究是建设项目投资决策的基础,是在分析项目在技术上、财务上、经济上的可行性后做出投资与否的关键步骤。

这一阶段对建设投资估算的精确度为 ±10% ,所需费用,小型项目约占总投资 1. 0% ~ 3. 0% ,大型复杂的工程约占 0. 2% ~1. 0% 。

**4.** 评价研究(项目评估)

按照国家计委规定,对于大中型和限额以上项目及重要的小型项目,必须经有权审批单位委托有资格的工程咨询单位进行评估论证。未经评估的建设项目,任何单位不准审批,不准组织建设。

项目评估是由投资决策部门组织或授权于建设银行、投资银行、工程咨询公司和有关专家,对建设项目可行性研究报告进行全面的审核和再评价。其主要任务是对项目的可行性研究报告提出评价意见,其内容包括:

(1)全面审核可行性研究报告中反映的各种情况是否确实;

(2)分析可行性报告中各项指标的计算是否正确,包括各种参数、基础数据、定额费率的选择;

(3)从企业、国家和社会等方面综合分析和判断工程项目的经济效益和社会效益;

(4)分析和判断可行性研究的可靠性、真实性和客观性,对项目作出最终投资决策的结论和建议,最后写出项目评估报告。

### 8.4.2　可行性研究的主要内容

可行性研究是项目前期工作中最关键的一个环节。按照国家计委 1983 年颁发的《关于建设项目进行可行性研究的试行管理办法》规定,工业项目的可行性研究,一般要求具备以下主要内容:

(1)总论。包括:项目提出的背景、投资的必要性和经济意义以及研究工作的依据和范围。

(2)需求预测和拟建规模。包括:①国内外需求情况的预测;②国内现有工厂生产能力的估汁;③销售预测、价格分析、产品竞争能力、进人国际市场的前景;④拟建项目的规模、产品方案和发展方向的技术经济比较和分析。

(3)资源、原材料、燃料及公用设施情况。包括:①经过储量委员会正式批准的资源储量、品位、成分以及开采、利用条件的评述:②原料、辅助材料,燃料的种类、数量、来源和供应可能;③所需公共设施的数量、供应方式和供应条件。

(4)建厂条件和厂址方案。包括:①建厂的地理位置、气象、水文、地质、地形条件和社会经济现状;②交通、运输及水、电、气的现状和发展趋势;③厂址比较与选择意见:

(5)设计方案。包括:①项目的构成范围(指包括的主要单项工程)、技术来源和生产方法、主要技术工艺和设备选型方案的比较、引进技术和设备的来源国别、设备与国内厂家或与外商合作制造的设想。改扩建项目要说明对原有固定资产的利用情况。②全厂布置方案的初步选择和土建工程量估算。③工业辅助设施和厂内外交通运输方式的比较和初步选择。

(6)环境保护。调查环境现状,预测项目对环境的影响、提出环境保护和“三废”治理的初步方案。

(7)企业组织、劳功定员和全员培训估算。

(8)实施进度的建议。

(9)投资估算和资金筹措。包括:①主体工程和协作配套工程所需的投资。②生产流动资金的估算。③资金来源、筹措方式及贷款的偿付方式。

(10)项目的经济评价。包括财务评价和国民经济评价,并应进行静态和动态分析,得出评价结论。

房地产开发、交通运输、农林水利、军品建设、教育等非工业项目可行性研究的内容有其特殊要求。

### 8.4.3　可行性研究的工作程序

项目的可行性研究,一般由项目业主根据工程需要,委托有资格的设计院或工程咨询公司进行可行性研究，编制可行性研究报告。

**1.** 委托与签订合同

项目的可行性研究，可以由项目主管部门直接给工程设计单位或工程咨询公司下达任务进行，也可以由项目业主自行委托有资格的工程设计单位或工程咨询公司承担。

项目业主和受委托单价签订的合同中一般应包括：进行该项目可行性研究工作的依据，研究的范围和内容，研究工作的进度和质量，研究费用的支付办法，合同双方的责任、协作和关于违约处理的方法等主要内容；

**2.** 组织人员和制订计划

受委托单位接受委托后，应根据工作内容组织项目小组，并确定项目负责人和各专业负责人。项目组根据任务要求，研究和制订工作计划和安排实施进度。在安排实施进度时，要充分考虑各专业的工作特点和任务交叉情况，协调技术专业与经济专业的关系，为各专业工作留有充分时间，根据研究工作进度和内容要求，如果需要向外分包时，应落实外包单位，办理分包手续。

**3.** 调查研究与收集资料

项目组在了解清楚委托单位项目建设的意图和要求的基础上，查阅项目建设地区的经济、社会和自然环境等情况的资料。拟定调查研究提纲和计划，由项目负责人组织有关专业人员赴现场进行实地调查和专题抽样调查，收集与整理所得的初步基础资料和技术经济资料。调查的内容包括：市场和原材料、燃料、厂址和环境；生产技术、财务资料及其他。各专题调查可视项目的特点和要求分别拟定调查细目、对象和计划。

**4.** 方案设计、优选

接受委托的工程设计单位或工程咨询公司，根据建设项目建议书，结合市场和资源环境的调查，在收集整理了一定的设计基础资料和技术经济基本数据的基础上，提出若干种可供选择的建设方案和技术方案，进行比较和评价，从中选择或推荐最佳建设方案。

技术方案一般应包括：生产方法、工艺流程、主要设备选型、主要消耗定额和技术经济指标、建设标准、环境保护设施、定员等。

项目的建设方案一般应包括：①市场分析、产品供销预测、生产规模、产品方案的选择、产品价格预测。②核算原材料和燃料的需要量、规格；评述资源供应情况和供应条件；预测原材料、燃料的进厂价格。③估算工厂全年总运输量，选择运输方案。④确定外协工作和协作单位。⑤厂址选择及其论证。⑥项目筹资方案，如有贷款，应说明贷款来源、利息、偿还条件。⑦项目的建设工期安排等。

在方案设计与优选中，对重大问题或有争论的问题，要会同委托单位共同讨论确定。

**5.** 经济分析和评价

按照建设项目经济评价方法的要求，对推荐的建设方案进行详细的财务分析和国民经济分析，计算相应的评价指标，评价项目的财务生存能力和从国家角度分析的经济合理性。在经济分析和评价中，需对各种不确定因素进行敏感性分析和风险分析，并提出风险转移规避等防范措施。当项目的经济评价结构不能达到有关要求时，可对建设方案进行调整或重新设计，或对几个可行性建设方案同时进行经济分析，选出技术、经济综合考虑较优的方案。

**6.** 编制可行性研究报告

在对建设方案和技术方案进行技术经济论证和评价后，项目负责人组织可行性研究项目组成员，分别编写详尽的可行性研究报告，在报告中可推荐一个或几个项目建设方案，也可提出项目不可行的结论意见及项目改进的建议。

# 8.5　建设项目的财务评价

项目的经济评价是可行性研究与项目建议书的重要组成部分，是项目决策科学化的重要手段，经济评价的目的是根据国民经济发展战略和行业、地区发展规划的要求，在做好产品（或服务）市场预测分析和厂址选择、工艺技术方案选择等工程技术研究的基础上，对项目投入的费用和产出的效益进行计算、分析，通过多方面比较，分析论证拟建项目的财务可行性和经济合理性，为作出正确的投资决策提供依据。

项目的经济评价分为财务评价和国民经济评价。其中，国民经济评价是按照资源合理配置的原则，从国家整体角度考查和确定项目的效益和费用，用货物影子价格、影子工资、影子汇率和社会折现率等经济参数，分析、计算项目对国民经济带来的净贡献，以评价项目经济上的合理性。本书该部分内容不再论述，只重点介绍项目的财务评价。

## 8.5.1　建设项目的财务评价概述

### 1. 财务评价的概念、内容、作用及与可行性研究的关系

1）财务评价的概念

财务评价有时也称为财务分析，是建设项目可行性研究中经济评价的重要组成部分。它是根据国家现行财税制度和价格体系，分析、计算投资者或项目直接发生的财务效益和费用，编制财务报表，计算评价指标，考察项目的盈利能力、清偿能力以及外汇平衡能力，据以判别项目在财务上的可行性。财务评价既是经济评价的重要核心内容，又为国民经济评价提供了调整计算的基础。

2）财务评价的内容

财务评价主要包括以下几方面内容：

（1）盈利能力分析。主要是考察项目投资的盈利水平，这直接关系到项目投产后能否生存和发展，是评价项目在财务上可行性程度的基本标志。盈利能力的大小是企业进行投资活动的原动力，是企业进行投资决策时考虑的首要因素。它应从两个方面进行评价：①项目达到设计生产能力的正常生产年份可能获得的盈利水平，即主要通过计算投资利润率、投资利税率、资本金利润率等静态指标，考察项目在正常生产年份投资的盈利能力，以及判别项目是否达到行业的平均盈利水平；②项目整个寿命期内的盈利水平，即主要通过计算财务净现值、财务内部收益率、财务净现值率、投资回收期等动态和静态指标，考察项目在整个计算期内的盈利能力及投资回收能力，判别项目投资的可行性。

（2）清偿能力分析。主要是考察项目的财务状况和按期偿还债务的能力。这直接关系到企业面临的财务风险和企业的财务信用程度。清偿能力的大小是企业进行筹资决策的重要依据。它也应从两个方面进行评价：①考察项目偿还固定资产投资、国内借款所需要的时间，即通过计算借款偿还期，考察项目的还款能力，判别项目是否能满足贷款机构的要

求;②考察项目资金的流动性水平,即通过计算流动比率、速动比率、资产负债率等各种财务比率指标,对项目投产后的资金流动情况进行比较分析,用以反映项目寿命期内各年的利润、盈亏、资产和负债、资金来源和运用、资金的流动和债务运用等财务状况及资产结构的合理性,考察项目的风险程度和偿还流动负债的能力与速度。

(3)外汇平衡分析。对于产品出口创汇等涉及外汇收支的项目,通过计算财务外汇净现值、换汇成本和节汇成本,进行外汇平衡分析,以考察项目在计算期内各年的外汇余缺程度,衡量项目实施后对国家外汇状况的影响。

(4)财务评价的作用。财务评价的作用主要有:①确定项目盈利能力的依据;②项目资金筹措的依据;③确定非盈利项目或微利项目的财政补贴及经济优惠措施或其他弥补亏损措施;④确定中外合资项目必要性与可行性的依据;⑤编制项目国民经济评价的基础。

(5)财务评价与可行性研究的关系。项目财务评价几乎与可行性研究的前几个环节都有密切的联系,它所需要的所有基础数据都来源于前期的各项调查研究。如投资估算与项目拟建规模有关;成本与资源条件和原材料价格有关;利润是在产品市场预测的基础上估算出来的。因此,项目财务评价是项目可行性研究经济效益评价的重要组成部分和基础,它和国民经济评价共同构成完整的项目经济效益评价。

**2.** 财务评价的方法及步骤

财务评价是在产品需求研究和工程技术研究的基础上进行的,主要是利用有关基础数据,通过基本财务报表,计算财务评价指标和各项财务比率,进行财务分析,作出财务评价。具体方法主要是现金流量分析、静态和动态获利性分析以及财务报表分析等方法。

财务评价一般分为以下几个步骤:

1)财务评价前的准备

(1)熟悉拟建项目的基本情况。包括建设目的、意义、要求、建设条件和投资环境,市场预测以及主要技术情况。

(2)收集整理基础数据资料。包括项目投入物和产出物的数量、质量、价格及项目实施进度的安排,资金筹措方案等。

(3)编制辅助报表,为编制基本财务报表提供依据。例如投资估算、折旧和摊销费用估算、总成本和费用估算、产品销售收入和销售税金及附加估算等辅助报表。

2)编制基本财务报表

将上述辅助报表中的基础数据进行汇总,编制出现金流量表、损益表、资金来源与运用表、资产负债表及外汇平衡表等5类主要财务基本报表,并对这些报表进行分析评估。一是要审查基本报表的格式是否符合规范要求,二是要审查所填列的数据是否准确。

3)进行财务分析

(1)通过基本财务报表计算各项评价指标及财务比率,进行各项财务分析。例如,计算财务内部收益率、资产负债率等指标和比率,进行财务盈利能力分析、清偿能力分析、外汇平衡分析等。

(2)进行不确定性分析。例如,盈亏平衡分析、敏感性分析、概率分析等。

财务分析及计算步骤示意图如图8.3所示。

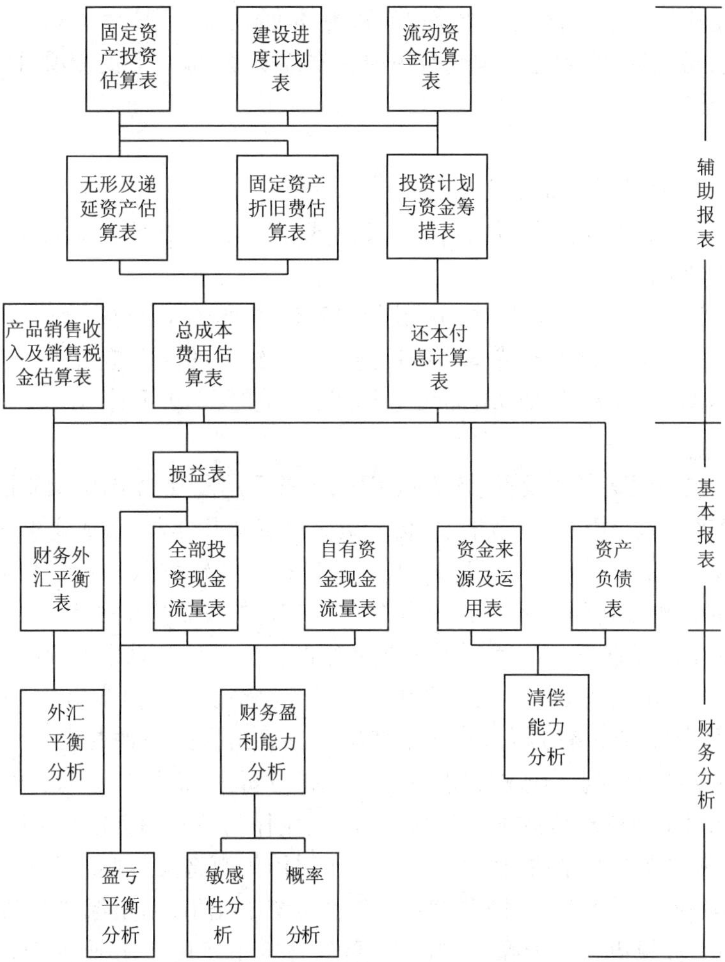


图 8.3　财务分析及计算步骤示意图

**3.** 财务评价所需要的基础数据

(1)生产规模与产品品种方案。生产规模与产品品种方案必须通过市场调查、各种产品的供求情况的分析以及对未来发展趋势作出的有根据的预测才能确定。

(2)销售收入。计算销售收入时,假设生产出来的产品全部销售,销售量等于生产量。

(3)总投资估算及资金筹措资料。包括固定资产投资估算和流动资金估算;按资金来源的分项构成及总投资的分年度使用计划;资金筹措方案及贷款条件,包括贷款利率及偿还条件(偿还方式及偿还时间)。

(4)产品成本费用。包括总成本和单位生产成本;固定资产折旧;维修费;借款利息等费用的估算。

(5)职工人数、工资及福利费。

(6)项目实施进度。包括项目建成时间及投产、达到设计生产能力的时间。

(7)财会、金融、税务及其他有关规定。

**4.** 费用、收益的识别

要识别费用和收益,首先必须明确计算费用、收益的范围。由于财务分析以企业盈利性为标准,所以在判断费用、收益的计算范围时只计入企业的支出和收入。对于那些虽由项目实施所引起但不为企业所支付或获取的费用及收益，则不予计算。

在进行财务分析时，必须逐一识别费用项和收益项，对每一个投资项目的费用、收益必须进行具体分析。

1）收益

企业收益主要由以下几部分组成：

（1）销售收入。这是企业获得收入的主要形式。销售收入（包括提供服务的收入）由销售量和价格两个要素确定。

（2）资产回收。寿命期末可回收的固定资产残值和回收的流动资金应视为收入。

（3）补贴。国家为鼓励和扶持某些项目的开发所给予的补贴应视为收入。在价格、汇率、税收上的优惠已体现在收入的增加和支出的减少上时，不再另计。

2）费用

（1）投资。包括固定资产投资（含工程费用、预备费用及其他费用）、固定资产投资方向调节税、无形资产投资、建设期借款利息、流动资金投资及开办费（形成递延资产）。

（2）销售税。包括销售税金及附加。其计算口径应与销售收入口径相对应，即凡需从销售收入中支付的税金均须列入；凡不由销售收入支付的税金均不列入。

（3）经营成本。经营成本是生产、经营过程中的支出。它和总成本费用的关系如下：

$$经营成本 = 总成本费用 - 折旧和摊销费 - 利息支出$$

经营成本是为进行经济分析从总成本费用中分离出来的一种费用。按照国家财政部门的规定，利息支出可以列入成本费用，在经济效果分析中，则将其单列。折旧是固定资产价值转移到产品中的部分，是成本的组成部分，似应作为费用，但由于设备和原材料等不同，不是一次性随产品出售消失，而是随产品一次次销售而将其补偿基金储存起来，到折旧期满，原投资得到回收。可见，折旧并没有从项目系统中流出，而是保留在系统内。我们已将投资当作支出，如果再将折旧作为支出，就重复计算了费用。在项目寿命期内如果初期投入的固定资产需要更新，其费用应由折旧基金支出，但一般说来更新投资与折旧额并不相等，为准确起见，仍将投资和折旧分开处理。总之，折旧不作为费用。有人按照财务习惯，在现金流量表中将折旧列入"流出"项，此时在"流入"项内应补回折旧。

3）价格和汇率

财务分析中的收益和费用的计算都涉及价格，使用外汇或产品（服务）出口的项目还涉及汇率问题。财务分析中的价格一律采用成交价格（市场价格或计划价格）。汇率采用实际结算汇率，一般可按国家公布的汇率计算。

## 8.5.2　财务评价的辅助报表及基本报表

**1.** 财务评价的辅助报表

为编制财务评价的基本报表，需要编制一些辅助性报表，按照《建设项目经济评价方法与参数》的规定。辅助报表主要有：

（1）建设投资估算、固定资产投资估算表。该表反映了引进和非引进工程项目的建设投资组成和各类固定资产的内容以及建设投资和固定资产投资总估算值。

（2）建设期利息估算表。该表反映了借款和债券各项利息金额，适用于新设法人项目与既有法人项目的新增建设期利息的估算。

(3)流动资金投资估算。该表反映了流动资产和流动负债各项构成金额，为生产期的资金筹措提供了依据。

(4)投资计划与资金筹措表。该表用以对各年投资进行规划，以及进一步制定资金筹措的方案，确定资金的来源。

(5)主要投入物及产出物使用价格依据表。该表反映了投入物及产出物的规格、产地、生产单位和单价情况，为计算产品成本和销售收入提供了依据。

(6)固定资产折旧费估算表。该表反映了各类固定资产的原值以及在不同的折旧年限下各年的折旧费和净值。

(7)无形及递延资产摊销费估算表。该表反映了无形资产和递延资产的原值以及按摊销年限计算的摊销费。

(8)总成本费用估算表。该表反映了不同生产负荷下总成本费用的估算值和构成，以及由此划出的经营成本、可变成本和固定成本。

(9)产品销售收入和销售税金估算表。该表反映了项目投产后产品的销售收入、销售税金及附加情况，是衡量项目财务效益和经济效益的决定因素。

(10)借款还本付息计算表。该表反映了项目投产后各年偿还借款的资金来源和偿还借款本息的情况。按现行财税制度，偿还人民币借款的资金来源主要有：未分配利润、折旧费、摊销费及其他资金。

**2.** 财务评价的基本报表

按照《建设项目经济评价方法与参数》的规定。基本报表有：

1)现金流量表

现金流量表以项目作为一个独立系统，反映项目计算期内各年的现金收支(现金流入和现金流出)，用以计算各项静态和动态评价指标，进行项目财务盈利能力分析。按投资计算基础的不同，现金流量表分为：

(1)全部投资的现金流量表(参见表 8.7)，该表不分投资资金来源，在假设全部投资为自有资金的条件下，以全部投资作为计算基础，用以计算全部投资所得税前及所得税后财务内部收益率、财务净现值及投资回收期等评价指标，考察项目全部投资的盈利能力，为各个投资方案(不论其资金来源及利息多少)进行比较建立共同基础。

(2)自有资金现金流量表(参见表 8.8)，该表从投资者角度出发，以投资者的出资额作为计算基础，把借款本金偿还和利息支付作为现金流出，用以计算自有资金财务内部收益率、财务净现值等评价指标，考察项目自有资金的盈利能力。

2)损益表

该表(参见表 8.4)反映项目计算期内各年的利润总额、所得税及税后利润的分配情况，用以计算投资利润率、投资利税率和资本金利润率等静态财务盈利能力指标。

3)资金来源与运用表(参见表 8.5)该表能全面反映项目的资金活动全貌，反映项目计算期内各年的资金盈余短缺情况，用于选择资金筹措方案，制订适宜的借款及偿还计划，并为编制资产负债表提供依据。

4)资产负债表

该表(参见表 8.6)综合反映项目计算期内各年末资产、负债和所有者权益的增减变化及对应关系,以考察项目资产、负债、所有者权益的结构是否合理,用以计算资产负债率、流动比率及速动比率,进行清偿能力分析。

5)财务外汇平衡表

外汇平衡表适用于有外汇收支的项目,用以反映项目计算期内各年外汇余缺程度,进行外汇平衡分析,计算财务外汇净现值、换汇成本及节汇成本等指标。

## 8.5.3　案例分析

**1.** 项目概况

新建一个特种建筑材料项目,预计从项目建设开始寿命期12年。项目建设期2年,投产后经2年达到设计能力。其可行性研究已完成市场需求预测、生产规模、工艺技术方案,建厂条件和厂址方案、环境保护、工厂组织和劳动定员以及项目实施规划诸方面研究论证和多方案比较。

**2.** 基础数据

(1)项目所需各种投资及投入时间如表8.1所示。

(2)投资的资金来源构成如表8.1所示。

(3)借款的还款方式为:建设期利息由自有资金支付;长期借款年利率10%,于第4年即项目投产第2年开始还款,方式为等额本金法;流动资金贷款年利率8%,假定连续借用,项目寿命期末还本,每年付息;还本付息计算结果如表8.2所示。

(4)成本费用预测结果如表8.3所示,其中财务费用数据来源于表8.2。

(5)项目运行中所需现金及预计的存货、应收账款、应付账款如表8.6所示。

(6)收入预测结果如表8.4所示。

**表8.1　投资计划及资金筹措表**　　单位:万元

| 序号 | 项目＼年份 | 建设期 | | 投产期 | | 合　计 |
|---|---|---|---|---|---|---|
| | | 1 | 2 | 3 | 4 | |
| 1 | 总投产 | 605 | 800 | 200 | 200 | 1 805 |
| 1.1 | 固定资产投资① | 550 | 700 | | | 1 250 |
| 1.2 | 固定资产投资方向调节税② | 55 | 70 | | | 125 |
| 1.3 | 建设期利息 | | 30 | | | 30 |
| 1.4 | 流动资金 | | | 200 | 200 | 400 |
| 2 | 资金筹措 | 605 | 800 | 200 | 200 | 1 805 |
| 2.1 | 自有资金 | 605 | 200 | | 100 | 905 |
| 2.2 | 借款 | | | | | |
| 2.2.1 | 长期借款③ | | 600 | | | 600 |
| 2.2.2 | 流动资金借款 | | | 200 | 100 | 300 |
| 2.3 | 其他 | | | | | |

注:①固定资产投资额预测值中已包含基本预备费和涨价预备费;②固定资产投资方向调节税按固定资产投资额的10%计;③固定资产投资长期借款当年计半年利息。

**表 8.2　借款还本付息表**　　　　单位:万元

| 序号 | 项目＼年份 | 建设期 | | 投产期 | | 达到设计能力生产期 | | | | | | | |
|---|---|---|---|---|---|---|---|---|---|---|---|---|---|
| | | 1 | 2 | 3 | 4 | 5 | 6 | 7 | 8 | 9 | 10 | 11 | 12 |
| 1 | 借款及还本付息 | | | | | | | | | | | | |
| | 年初期欠款累计 | | | | | | | | | | | | |
| 1.1 | 年初长期借款累计 | | | 600 | 600 | 450 | 300 | 150 | | | | | |
| | 年初流动资金借款累计 | | | | 200 | 300 | 300 | 300 | 300 | 300 | 300 | 300 | |
| 1.2 | 本年长期借款 | | 600 | | | | | | | | | | |
| | 本年流动资金借款 | | | 200 | 100 | | | | | | | | |
| 1.3 | 本年支付长期借款利息 | | 30 | 60 | 60 | 45 | 30 | 15 | | | | | |
| | 本年流动资金付款利息① | | | 16 | 24 | 24 | 24 | 24 | 24 | 24 | 24 | 24 | 24 |
| 1.4 | 本年长期借款偿还本金 | | | | 150 | 150 | 150 | 150 | | | | | |
| | 本年流动资金偿还本金② | | | | | | | | | | | | 300 |
| 2 | 偿还贷款本金的资金来源③ | | | | | | | | | | | | |
| 2.1 | 利润 | | | | 30 | 30 | 30 | 30 | | | | | |
| 2.2 | 折旧与摊销 | | | | 120 | 120 | 120 | 120 | | | | | |
| 2.3 | 自有资金 | | 30 | | | | | | | | | | |
| 2.4 | 资产回收④ | | | | | | | | | | | | 300 |
| 2.5 | 其他 | | | | | | | | | | | | |
| 合　计 | | | | | | | | | | | | | |

注:①流动资金借款当年计全年利息;②假定流动资金借款在项目寿命期内连续借用,项目寿命期末归还本金;③本栏等损益表做出后完成,并根据需要进行调整;④假定项目寿命期末流动资产全额回收。

**表 8.3　成本费用率**　　　　单位:万元

| 序号 | 项目＼年份 | 投产期 | | 达到设计能力生产期 | | | | | | | |
|---|---|---|---|---|---|---|---|---|---|---|---|
| | | 3 | 4 | 5 | 6 | 7 | 8 | 9 | 10 | 11 | 12 |
| 1 | 直接材料费 | 320 | 440 | 690 | 690 | 690 | 690 | 690 | 690 | 690 | 690 |
| 2 | 直接人工费 | 90 | 130 | 190 | 190 | 190 | 190 | 190 | 190 | 190 | 190 |
| 3 | 制造费用 | 145 | 150 | 160 | 160 | 160 | 160 | 160 | 160 | 160 | 160 |
| 4 | 管理费用 | 30 | 45 | 60 | 60 | 60 | 60 | 60 | 60 | 60 | 60 |
| 5 | 销售费用 | 25 | 40 | 50 | 50 | 50 | 50 | 50 | 50 | 50 | 50 |
| 6 | 利息支出 | 76 | 84 | 54 | 54 | 39 | 24 | 24 | 24 | 24 | 24 |
| 7 | 总成本费用 | 686 | 889 | 1 204 | 1 204 | 1 189 | 1 174 | 1 174 | 1 174 | 1 174 | 1 174 |
| | 其中:折旧与摊销 | 130 | 130 | 130 | 130 | 130 | 130 | 130 | 130 | 130 | 130 |
| 8 | 经营成本 | 480 | 675 | 1 020 | 1 020 | 1 020 | 1 020 | 1 020 | 1 020 | 1 020 | 1 020 |

**表 8.4　损 益 表**　　　　单位：万元

| 序号 | 项目＼年份 | 投产期 | | 达到设计能力生产期 | | | | | | | |
|---|---|---|---|---|---|---|---|---|---|---|---|
| | | 3 | 4 | 5 | 6 | 7 | 8 | 9 | 10 | 11 | 12 |
| 1 | 产品销售收入 | 700 | 100 | 1 500 | 1 500 | 1 500 | 1 500 | 1 500 | 1 500 | 1 500 | 1 500 |
| 2 | 销售税金及附加① | 6 | 9 | 12 | 12 | 12 | 12 | 12 | 12 | 12 | 12 |
| 3 | 总成本费用 | 686 | 889 | 1 219 | 1 204 | 1 189 | 1 174 | 1 174 | 1 174 | 1 174 | 1 174 |
| 4 | 利润总额(1－2－3) | 8 | 102 | 269 | 284 | 299 | 314 | 314 | 314 | 314 | 314 |
| 5 | 所得税(4×33%) | 2.6 | 33.7 | 88.8 | 93.7 | 98.7 | 103.6 | 103.6 | 103.6 | 103.6 | 103.6 |
| 6 | 税后利润(4－5) | 5.4 | 68.3 | 180.2 | 190.3 | 200.3 | 210.4 | 210.4 | 210.4 | 210.4 | 210.4 |
| 6.1 | 盈余公积金② | 0.8 | 10.3 | 27 | 28.5 | 30 | 31.6 | 31.6 | 31.6 | 31.6 | 31.6 |
| 6.2 | 应付利润 | 1.6 | 30 | 120 | 130 | 140 | 145 | 145 | 145 | 145 | 145 |
| 6.3 | 未分配利润 | 3 | 28 | 33.2 | 31.8 | 30.3 | 33.8 | 33.8 | 33.8 | 33.8 | 33.8 |
| 7 | 累计未分配利润 | 3 | 31 | 64.2 | 96 | 126.3 | 160.1 | 193.9 | 227.7 | 261.5 | 295.3 |

注：①只包括城市维护建设税及教育费附加；②含盈余公积金和盈余公益金。

**表 8.5　资金来源与运用表**　　　　单位：万元

| 序号 | 项目＼年份 | 建设期 | | 投产期 | | 达到设计能力生产期 | | | | | | | |
|---|---|---|---|---|---|---|---|---|---|---|---|---|---|
| | | 1 | 2 | 3 | 4 | 5 | 6 | 7 | 8 | 9 | 10 | 11 | 12 |
| 1 | 资金来源 | 605 | 800 | 338 | 432 | 399 | 414 | 429 | 444 | 444 | 444 | 444 | 949 |
| 1.1 | 利润总额 | | | 8 | 102 | 269 | 284 | 299 | 314 | 314 | 314 | 314 | 314 |
| 1.2 | 折旧及摊销费 | | | 130 | 130 | 130 | 130 | 130 | 130 | 130 | 130 | 130 | 130 |
| 1.3 | 长期借款 | | 600 | | | | | | | | | | |
| 1.4 | 流动资金借款 | | | 200 | 100 | | | | | | | | |
| 1.5 | 其他短期借款 | | | | | | | | | | | | |
| 1.6 | 自有资金 | 605 | 200 | | 100 | | | | | | | | |
| 1.7 | 其他 | | | | | | | | | | | | |
| 1.8 | 回收固定资产余值 | | | | | | | | | | | | |
| 1.9 | 回收流动资金 | | | | | | | | | | | | |
| 2 | 资金运用 | 605 | 800 | 204.2 | 413.7 | 358.8 | 373.7 | 388.7 | 248.6 | 248.6 | 248.6 | 248.6 | 548.6 |
| 2.1 | 固定资产投资② | 605 | 770 | | | | | | | | | | |
| 2.2 | 建设期利息 | | 30 | | | | | | | | | | |
| 2.3 | 流动资金投资 | | | 200 | 200 | | | | | | | | |
| 2.4 | 所得税 | | | 2.6 | 33.7 | 88.8 | 93.7 | 98.7 | 103.6 | 103.6 | 103.6 | 103.6 | 103.6 |
| 2.5 | 应付利润 | | | 1.6 | 30 | 120 | 130 | 140 | 145 | 145 | 145 | 145 | 145 |
| 2.6 | 长期借款还本 | | | | 150 | 150 | 150 | 150 | | | | | |
| 2.7 | 流动资金借款还本 | | | | | | | | | | | | 300 |
| 2.8 | 其他短期借款还本 | | | | | | | | | | | | |
| 3 | 盈余资金 | 0 | 0 | 133.8 | 18.3 | 40.2 | 40.3 | 40.3 | 195.4 | 195.4 | 195.4 | 195.4 | 400.4 |
| 4 | 累计盈余资金 | 0 | 0 | 133.8 | 152.1 | 192.3 | 232.6 | 272.9 | 468.3 | 663.7 | 859.1 | 1 054.5 | 1 454.9 |

注：①其中回收的自有资金 100 万元，借款 300 万元；②含投资方向调节税

**表 8.6　资产负债表**　　　　单位：万元

| 序号 | 项目 \ 年份 | 建设期 | | 投产期 | | 达到设计能力生产期 | | | | | | | |
|---|---|---|---|---|---|---|---|---|---|---|---|---|---|
| | | 1 | 2 | 3 | 4 | 5 | 6 | 7 | 8 | 9 | 10 | 11 | 12 |
| 1 | 资产 | 605 | 1 405 | 1 648.8 | 1 777.1 | 1 687.3 | 1 597.9 | 1 507.6 | 1 573.3 | 1 638.7 | 1 704.1 | 1 769.5 | 1 454.9 |
| 1.1 | 流动资产总额 | | | 373.8 | 632.1 | 672.3 | 712.6 | 752.9 | 948.3 | 1 143.7 | 1 339.1 | 1 534.4 | |
| 1.1.1 | 现金 | | | 30 | 50 | 50 | 50 | 50 | 50 | 50 | 50 | 50 | ① |
| 1.1.2 | 累计盈余资金 | | | 133.8 | 152.1 | 192.3 | 232.6 | 272.9 | 468.3 | 663.7 | 859.1 | 1 054.5 | 1 454.9 |
| 1.1.3 | 应收账款 | | | 40 | 80 | 80 | 80 | 80 | 80 | 80 | 80 | 80 | ① |
| 1.1.4 | 存货 | | | 170 | 350 | 350 | 350 | 350 | 350 | 350 | 350 | 350 | ① |
| 1.2 | 在建工程 | 605 | | | | | | | | | | | |
| 1.3 | 固定资产净值 | ② | 1 405 | 1 275 | 1 145 | 1 015 | 885 | 755 | 625 | 495 | 365 | 235 | ③ |
| 1.4 | 无形和递延资产净值 | | | | | | | | | | | | |
| 2 | 负债和所有者权益 | 605 | 1 405 | 1 648.8 | 1 777.1 | 1 687.3 | 1 597.6 | 1 507.9 | 1 573.3 | 1 638.7 | 1 704.1 | 1 769.5 | 1 454.9 |
| 2.1 | 流动负债总额 | | | 240 | 380 | 380 | 380 | 380 | 380 | 380 | 380 | 380 | |
| 2.1.1 | 应付账款 | | | 40 | 80 | 80 | 80 | 80 | 80 | 80 | 80 | 80 | |
| 2.1.2 | 流动资金借款 | | | 200 | 300 | 300 | 300 | 300 | 300 | 300 | 300 | 300 | |
| 2.1.3 | 其他短期借款 | | | | | | | | | | | | |
| 2.2 | 长期借款 | | 600 | 600 | 450 | 300 | 150 | | | | | | |
| | 负债小计 | | 600 | 840 | 830 | 680 | 530 | 380 | 380 | 380 | 380 | 380 | |
| 2.3 | 所有者权益 | | | | | | | | | | | | |
| 2.3.1 | 资本金 | 605 | 805 | 805 | 905 | 905 | 905 | 905 | 905 | 905 | 905 | 905 | 905 |
| 2.3.2 | 资本公积金 | | | | | | | | | | | | |
| 2.3.3 | 累计盈余公积金 | | | 0.8 | 11.1 | 38.1 | 66.6 | 96.6 | 128.2 | 159.8 | 191.4 | 223 | 254.6 |
| 2.3.4 | 累计未分配利润 | | | 3 | 31 | 64.2 | 96 | 126.3 | 160.1 | 193.9 | 227.7 | 261.5 | 295.3 |
| | 资产负债率(%) | | 42.7 | 51.0 | 46.7 | 40.3 | 33.2 | 25.2 | 24.2 | 23.2 | 22.3 | 21.5 | |
| | 流动比率(%) | | | 155.8 | 166.3 | 176.9 | 187.5 | 198.1 | 249.6 | 301.0 | 352.4 | 403.8 | |
| | 速动比率(%) | | | 84.9 | 74.2 | 84.8 | 95.4 | 106.0 | 157.4 | 208.9 | 260.3 | 311.7 | |

注：①假定项目寿命期末（第 12 年末）停止经营，用于经营运行的现金退出经营，存货全部出清，应收账款全部收回；②含固定资产投资、投资方向调节税和建设期利息；③寿命期末回收的固定资产值（105 万元）包含在“累计盈余资金”内了。

**表 8.7　现金流量表(全部投资)**　　单位:万元

| 序号 | 项目 \ 年份 | 建设期 | | 投产期 | | 达到设计能力生产期 | |
|---|---|---|---|---|---|---|---|
| | | 1 | 2 | 3 | 4 | 5 | 6 |
| 1 | 现金流入 | | | | | | |
| 1.1 | 产品销售收入 | | | 700 | 1 000 | 1 500 | 1 500 |
| 1.2 | 回收固定资产余值 | | | | | | |
| 1.3 | 回收流动资金 | | | | | | |
| 2 | 现金流出 | | | | | | |
| 2.1 | 固定资产投资① | 605 | 770 | | | | |
| 2.2 | 流动资金投资 | | | 200 | 200 | | |
| 2.3 | 经营成本 | | | 480 | 675 | 1 020 | 1 020 |
| 2.4 | 销售税金及附加 | | | 6 | 9 | 12 | 12 |
| 2.5 | 所得税 | | | 2.6 | 33.7 | 88.8 | 93.7 |
| 3 | 净现金流量(所得税前) | -605 | -770 | 14 | 116 | 468 | 468 |
| 4 | 净现金流量(所得税后) | -605 | -770 | 11.4 | 82.3 | 379.2 | 374.3 |
| 5 | 累计净现金流量(税后) | -605 | -1 375 | -1 363.6 | -1 281.3 | -902.1 | -527.8 |
| 6 | $(P/F,0.12,t)$ | 0.892 9 | 0.797 2 | 0.711 8 | 0.635 5 | 0.567 4 | 0.506 6 |
| 7 | 净现金流现值(税后) | -540.2 | -613.8 | 8.1 | 52.3 | 215.2 | 189.6 |
| 8 | 累计净现金流现值(税后) | -540.2 | -1 154 | -1 145.9 | -1 093.6 | -878.4 | -688.8 |

| 序号 | 项目 \ 年份 | 达到设计能力生产期 | | | | | |
|---|---|---|---|---|---|---|---|
| | | 7 | 8 | 9 | 10 | 11 | 12 |
| 1 | 现金流入 | | | | | | |
| 1.1 | 产品销售收入 | 1 500 | 1 500 | 1 500 | 1 500 | 1 500 | 1 500 |
| 1.2 | 回收固定资产余值 | | | | | | 105 |
| 1.3 | 回收流动资金 | | | | | | 400 |
| 2 | 现金流出 | | | | | | |
| 2.1 | 固定资产投资① | | | | | | |
| 2.2 | 流动资金投资 | | | | | | |
| 2.3 | 经营成本 | 1 020 | 1 020 | 1 020 | 1 020 | 1 020 | 1 020 |
| 2.4 | 销售税金及附加 | 12 | 12 | 12 | 12 | 12 | 12 |
| 2.5 | 所得税 | 98.7 | 103.6 | 103.6 | 103.6 | 103.6 | 103.6 |
| 3 | 净现金流量(所得税前) | 468 | 468 | 468 | 468 | 468 | 973 |
| 4 | 净现金流量(所得税后) | 369.3 | 364.4 | 364.4 | 364.4 | 364.4 | 869.4 |
| 5 | 累计净现金流量(税后) | -158.5 | 205.9 | 570.3 | 934.7 | 1 299.1 | 2 168.5 |
| 6 | $(P/F,0.12,t)$ | 0.452 3 | 0.403 9 | 0.360 6 | 0.322 0 | 0.287 5 | 0.256 7 |
| 7 | 净现金流现值(税后) | 167.0 | 147.2 | 131.4 | 117.3 | 104.8 | 223.2 |
| 8 | 累计净现金流现值(税后) | -521.8 | -374.6 | -243.2 | -125.9 | -21.1 | 202.1 |

注:①含投资方向调节税。

**表 8.8　现金流量表**(自有资金)　　单位:万元

| 序号 | 年份<br>项目 | 建设期 | | 投产期 | | | 达到设计能力生产期 | | | | | | |
|---|---|---|---|---|---|---|---|---|---|---|---|---|---|
| | | 1 | 2 | 3 | 4 | 5 | 6 | 7 | 8 | 9 | 10 | 11 | 12 |
| 1 | 现金流入 | | | | | | | | | | | | |
| 1.1 | 产品销售收入 | | | 700 | 1 000 | 1 500 | 1 500 | 1 500 | 1 500 | 1 500 | 1 500 | 1 500 | 1 500 |
| 1.2 | 回收固定资产余值 | | | | | | | | | | | | 105 |
| 1.3 | 回收流动资金 | | | | | | | | | | | | 400 |
| 2 | 现金流出 | | | | | | | | | | | | |
| 2.1 | 自有资金投入 | 605 | 200 | | 100 | | | | | | | | |
| 2.2 | 长期借款 | | | | | | | | | | | | |
| | 付息 | | 30 | 60 | 60 | 45 | 30 | 15 | | | | | |
| | 还本 | | | | 150 | 150 | 150 | 150 | | | | | |
| 2.3 | 流动资金借款 | | | | | | | | | | | | |
| | 付息 | | | 16 | 24 | 24 | 24 | 24 | 24 | 24 | 24 | 24 | 24 |
| | 还本 | | | | | | | | | | | | |
| 2.4 | 其他短期借款 | | | | | | | | | | | | |
| | 付息 | | | | | | | | | | | | |
| | 还本 | | | | | | | | | | | | |
| 2.5 | 经营成本 | | | 480 | 675 | 1 020 | 1 020 | 1 020 | 1 020 | 1 020 | 1 020 | 1 020 | 1 020 |
| 2.6 | 销售税金及附加 | | | 6 | 9 | 12 | 12 | 12 | 12 | 12 | 12 | 12 | 12 |
| 2.7 | 所得税 | | | 2.6 | 33.7 | 88.8 | 93.7 | 98.7 | 103.6 | 103.6 | 103.6 | 103.6 | 103.6 |
| 3 | 净现金流量 | -605 | -230 | 135.4 | -51.7 | 160.2 | 170.3 | 180.3 | 340.4 | 340.4 | 340.4 | 340.4 | 545.4 |
| 4 | 累计净现金流量 | -605 | -835 | 669.6 | -751.3 | -591.1 | -420.8 | -240.5 | 99.9 | 440.3 | 780.7 | 1 121.1 | 1 666.5 |
| 5 | $(P/F,0.12,t)$ | 0.892 9 | 0.797 2 | 0.711 8 | 0.635 5 | 0.567 4 | 0.506 6 | 0.452 3 | 0.403 9 | 0.360 6 | 0.322 0 | 0.287 5 | 0.256 7 |
| 6 | 净现金流现值 | -540.2 | -183.4 | 96.4 | -32.9 | 90.9 | 86.3 | 81.5 | 137.5 | 122.7 | 109.6 | 97.9 | 140 |
| 7 | 累计净现金流现值 | -540.2 | -723.6 | -627.2 | -660.1 | -569.2 | -482.9 | -401.4 | -263.9 | -141.2 | -31.6 | 36.3 | 206.3 |

### 3. 财务评价

(1)财务盈利能力分析,在现金流量表 8.7 和表 8.8 中,分别列出了所得税前后的净现金流量,由此可计算所得税前后的各项经济效果指标,并可进行对比。一般来说,以所得税后的指标为主要判断依据。本例中仅计算所得税后的各项指标。

①财务现金流量表(全部投资)如表 8.7 所示。根据该表计算的评价指标为

静态投资回收期　　$T_p = 7.4$(年)

动态投资回收期　　$T'_p = 11.1$(年)

净现值　　NPV = 202.1(万元)

内部收益率　　IRR = 14.8%

②财务现金流量表(自有资金)如表 8.8 所示。根据该表计算的评价指标为

净现值　　NPV = 206.3(万元)

内部收益率　　IRR = 16.3%

需要说明的是,表8.8的净现金流量序列正负号变化3次,上述值需经检验。本例经检验,16.3%是内部收益率。

本例中全投资内部收益率(14.8%)大于基准折现率(12%),而基准折现率大于贷款利率。因此,全投资净现值和内部收益率均应分别小于自有资金净现值和内部收益率。上述计算结果符合这一结论。

从总体上看,该项目投资效果较好。

(2)清偿能力分析。由资金来源与运用表8.5可以看出,此项目筹措的资金和项目的净收益足可支付各项支出,不需借短期贷款即可保证资金收支相抵有余。表现在表8.5中,各年的累计盈余资金均大于零,可满足项目运行要求。

由借款还本付息表8.2可以看出,项目可筹集足够的资金,并可按与银行商定的还款办法偿还贷款。从资产负债表8.6的资产负债率、流动比率、速动比率三项指标来看,项目的负债比率除个别年份外,均在50%以下,流动比率和速动比率较高;在项目达到设计能力后,三项指标均有好转。从整体看,该项目偿债能力较强。

## 本章小结

可行性研究与财务评价既是项目投资前的一项研究工作,又是项目经济分析系统化、实用化的方法;既是工程经济学思想的具体应用,又是项目设想细化和项目方案的创造过程。

**建设项目与建设程序**　建设项目是指在一个总体设计范围内,由一个或若干个有联系的单项工程所组成,建设中实行统一核算、统一管理的建设单位。项目建设程序反映了建设工作所固有的客观规律和经济规律,是不以人们的意志为转移的,一般分为七个主要阶段。这些阶段有严格的先后顺序,不能任意颠倒。否则,项目建设就会走弯路,遭受重大损失。

**建设工程项目周期及对投资的影响**　建设工程项目周期是指建设工程项目从投资意向开始到投资终结的全过程,包括四个阶段,不同的阶段对投资的影响不同。从项目决策阶段到项目终结阶段:工作费用是从小到大的变化趋势(不包括项目总结评价阶段),变化程度很大;项目要素费用也是从小到大的变化趋势,变化程度居中;产出对总投资和项目使用功能的影响是从大到小的变化趋势,变化程度很大。因此,在项目决策和设计上的节约是重大的节约,而在项目决策和设计上的失误则是重大的失误。

**可行性研究**　建设项目可行性研究是指在项目决策时,通过对项目有关的工程、技术、经济等各方面进行调查、研究、分析,对各种可能的建设方案和技术方案进行比较论证,并对项目建成后的经济效益进行预测和评价的一种科学分析方法。可行性研究工作可分为机会研究、初步可行性研究、详细可行性研究三个阶段。由于对基础材料的占有程度、研究深度及可行性程度等要求不同,可行性研究各阶段的工作任务、投资成本估算精度、工作时间与费用也各不相同。

**财务评价**　项目财务评价是可行性研究的重要内容之一。它是根据国家现行财税制度和价格体系,分析、计算投资者或项目直接发生的财务效益和费用,编制财务报表,计算评价指标,考察项目的盈利能力、清偿能力以及外汇平衡能力,据以判别项目在财务上的可行性。财务评价既是经济评价的重要核心内容，又为国民经济评价提供了调整计算的基础。

现将项目财务评价的评价内容、基本报表、评价指标及相互之间的联系归纳于表 8.9 中，以便于学习。

**表 8.9　财务评价内容、基本报表及评价指标的对应关系**

| 评价内容 | 基本报表 | 静态指标 | 动态指标 |
|---|---|---|---|
| 盈利能力分析 | 全部投资现金流量金 | 全部投资回收期 | 财务内部收益率<br>财务净现值<br>全部投资回收期 |
| | 自有资金现金流量表 | | 财务内部收益率<br>财务净现值 |
| | 损益表 | 投资利润率<br>投资利税率<br>资本金利润率 | |
| 清偿能力分析 | 借款还本付息估算表 | | |
| | 资金来源与运用表 | 借款偿还期 | |
| | 资产负债表 | 资产负债率<br>流动比率<br>速动比率 | |
| | 财务外汇平衡表 | 资产负债率 | |
| 创汇、节汇及外汇平衡分析 | 财务外汇流量表<br>财务外汇平衡表 | | |
| 不确定性分析 | 盈亏平衡分析 | 平衡点产量、平衡点生产能力利用率 | |
| | 敏感性分析 | | 财务内部收益率<br>财务净现值 |
| | 概率分析 | | 净现值期望值大于等于零的累计概率 |

## 复习思考题

1. 什么是建设项目？如何界定一个建设项目的范围？
2. 建设工程项目周期包括哪几个阶段？其主要工作内容如何？各阶段对投资有什么影响？
3. 可行性研究的概念和作用是什么？
4. 初步可行性研究与详细可行性研究之间的关系是什么？
5. 项目评估的委托人、被委托人指什么？项目评估（或项目前评价）有何意义？
6. 财务评价在可行性研究中的地位如何？

7. 财务评价的目标是什么？

8. 财务评价有哪些报表？

9. 现拟建一个工程项目，第 1 年末投资 500 万元，第 2 年末又投资 1 000 万元，第 3 年末再投资 750 万元。从第 4 年起，连续 8 年每年年末获利 600 万元。假定项目残值忽略不计，折现率为 12%，试画出该项目的资金流量图，并求出项目的净现值和净现值率，判断该项目是否可行。

# 第9章 价值工程

价值工程是一门工程技术理论，其基本思想是以最少的费用换取所需要的功能，以提高企业的经济效益和促进老产品的改进和新产品的开发，是现代技术经济分析重要方法之一。本章主要介绍价值工程的定义、对象选择与情报资料收集、功能分析与功能评价以及方案创造与评价，以使对价值工程及其应用有一个基本认识。

# 9.1 价值工程概述

## 9.1.1 价值工程的产生

价值工程是1947年由美国通用电器公司工程师拉里·麦尔斯(L. D. MiLes)首先提出并研究的。第二次世界大战期间,麦尔斯负责采购军工生产中的短缺材料,他在指定的材料或产品找不到时就设法找到性能相近、可以代用的材料,解决了战时的急需。例如“石棉事件”,当时石棉板短缺且价格上涨,麦尔斯分析了石棉板的使用功能之后,找到了一种价格低、采购容易且不燃烧的纸,以此作为石棉板的代用品,同样起到防脏防火的作用并降低了成本,并从中发现了产品的功能和成本之间的关系。由此,他提出:“如果得不到所需的某种材料或物品,可以想办法得到它的功能,即满足使用需要”的思想。经过研究他认为:用户购买物品时,不是购买物品本身,而是购买物品的功能,用来满足某种需要,并且用户在购买物品时,希望花钱最少。麦尔斯把技术设计与经济分析结合起来考虑问题,用技术与经济价值统一对比的标准来衡量问题,改变了以产品为中心的传统观念,确立了以功能分析为中心的新思想。1947年,麦尔斯总结了他多年来在工作实践中摸索和思考材料、设计、功能、费用之间相互关系所获得的经验,创立了以功能分析、功能定义和功能评价为核心内容的技术经济分析方法——价值工程。

价值工程理论产生后,不但在美国军工部门和大企业得到了广泛应用,而且逐步推广到民用部门。之后,价值工程又相继传入日本、西欧、东欧、原西德、前苏联等一些国家。

对建筑业来说,价值工程更适宜于功能产品或工程量大的作业。近年来,世界各经济发达国家住宅功能项目的开发和成本信息现代体系的建立,都有利于价值工程在建筑业中的应用。

## 9.1.2 价值工程在我国的推广与应用

1978年我国引进了价值工程技术,首先在机械工业部门得到应用,而后又扩展到其他行业。1982年10月,我国创办了唯一的价值工程专业性刊物《价值工程通讯》,后更名《价值工程》杂志。1984年国家经委将价值工程作为18种现代化管理方法之一向全国推广。1986年由国家标准局组织制定了《中华人民共和国价值工程国家标准》(征求意见稿),1987年国家标准局颁布了第一个价值工程标准《价值工程基本术语和一般工作程序》,1988年5月,我国成立了价值工程的全国学术团体——中国企业管理协会价值工程研究会,并把《价值工程》杂志作为会刊。

目前,价值工程广泛应用于机械、电子、纺织、军工、轻工、化工、冶金、矿山、石油、煤炭、电力船舶、建筑以及物资、交通、邮电、水利、教育、商业和服务业等各个部门;分析的对象从产品的研究、设计、工艺等扩展到能源、工程、设备、技术引进、改造以及作业、采购、销售服务等领域,还应用到机构改革和优化劳动组合、人力资源开发等方面;此外,在农业、林业、园林等方面也得到应用。实践证明,价值工程在我国现代化管理中为提高经济效益做出了积极贡献。

### 9.1.3　价值工程的基本原理

**1.** 价值工程的含义

价值工程(Value Engineering,VE)这门新兴的学科,不同的国家,有不同的名称,如价值分析(Value Analysis,VA)、价值管理、价值控制、价值研究、价值革新、价值改善等。尽管叫法不同,但其所包含的思想、内容、方法及应用范围基本相同,只是使用的场合有所侧重,而我国一般称为价值工程。也有人称其为功能成本分析。

所谓价值工程就是指以产品、作业的功能分析为核心,以提高产品、作业的价值为目的,力求以最低寿命周期成本实现产品、作业使用所要求的必要功能的一项有组织的创造性活动。

价值工程的定义,是反映它所研究主要内容的一个总体概念。价值工程应用领域不同,其定义亦不同。下面是有关价值工程的几种说法,可以帮助我们更全面地理解价值工程的内涵和外延。

1)价值工程是一门研究技术经济效益的科学

这种观点是从技术和经济两个角度,来研究应用价值工程理论提高产品、系统或者服务工作的价值,降低其成本以取得较好的技术经济效果,是一种符合客观实际的有效方法。

经济建设离不开技术和经济问题,这种观点摆脱了单纯从技术方面或者单纯从经济方面去研究效益的做法。任何一个组织的工作,既要考虑技术问题——即应该怎样去做;又要考虑经济问题——即需要多少费用。如企业为用户生产产品或提供服务时,研究如何满足用户的要求,是技术问题,收取多少费用较为合理,是经济问题。显然,技术和经济是事物运动的重要内容,价值工程即是反映这个客观实际,综合进行技术和经济分析的一种科学。

2)价值工程是一项科学的管理方法,更是一种管理观念

管理首先是协调资金、物质和人员三个方面的资源,协调资源的目的是为了达到既定的目标,进而提高企业的核心竞争力。而价值工程就是用技术与经济相结合的科学方法,研究产品的功能与生产成本的关系,力求通过方案创新和优选,达到以最低成本取得必要的功能效果。因而从过程和目标来说,价值工程是一项科学的管理方法,更是一种管理观念。

3)价值工程是一种方案创新与优选技术

创新是企业、社会和国家民族发展的灵魂。作为满足社会和人类需要的产品或服务,也需要不断地创新。价值工程富于创新精神,主张采用新技术、新工艺、新方法来开发、设计和制造新产品,它反映了生产与技术的发展是无止境的;此外,价值工程通过群体活动的智慧,在对研究对象客观评价的基础上,不断创新和发展研究对象的功能,进而提出多种新方案,然后经过科学的筛选,找出最佳方案,实现较理想的目标,所以说,它又是一种优选技术。

**2.** 价值工程的特点

价值工程是现代化管理方法中行之有效的科学管理技术。它在目标、活动、方法和组

织管理上,具有下列特点:

1)价值工程以提高研究对象的价值为目的

价值工程以最低的寿命周期费用,使某种产品获得必要的功能,以获取最佳的综合效益。它不是单纯地追求提高功能,也不是片面地降低成本,而是从客户利益、社会效益和企业利益相结合的角度出发,从事产品的开发与改进工作。

2)价值工程以研究对象的功能系统分析为核心

价值工程和一般降低成本的传统管理方法不同,它是建立在科学分析的基础上,从对研究对象的功能系统分析着手,抓住功能系统分析这一核心,找出降低成本的科学依据,提出实现功能的措施,从而达到降低成本的目的。

3)价值工程是一种依靠集体智慧所进行的有领导、有组织的系统活动

提高价值活动的任务是一项系统工程,它涉及企业生产经营的各个部门、各个环节,需要依靠各方面的专家和有经验的员工,运用多种学科知识和经验,进行有组织的共同努力才能获得成功。因而价值工程活动不应该是个别人或个别科室的独立活动,而是依靠集体的智慧和力量,有组织、有领导、有步骤地来解决问题的一种系统活动或思维方法。

4)价值工程的研究对象广泛

凡是为获取某种功能而发生费用的事物,都可作为价值工程的研究对象,如产品、工艺、工程、服务或它们的组成部分等。

5)价值工程符合现代经营思想

价值工程贯穿了三点突出而鲜明的现代经营思想,即用户第一、质量第一和技术与经济相结合的思想。产品的设计、制造和使用等都要以用户需求为基本出发点,考虑用户的需要,在必要的功能上保证质量。

**3.** 价值工程的基本要素

价值工程涉及价值、功能和寿命周期成本三个基本要素。

1)价值

价值工程中的“价值”是指研究对象(产品、工作或服务)的功能同获得该功能所花费的全部费用之比。其表达式为

$$V=\frac{F}{C} \tag{9.1}$$

式中:$V$——价值(价值系数);

$F$——功能(对象的效用);

$C$——成本(寿命周期成本)。

价值工程中的“价值”的含义有别于政治经济学中所说的价值“凝结在商品中的一般的、无差别的人类劳动”;也有别于统计学中的用货币表示的价值。它更接近人们日常生活常用的“合算不合算”“值得不值得”的意思。例如,我们在日常生活中购买商品,首先要了解该商品有什么功能,即能为我们带来什么使用价值、质量如何,再看看要花多少钱,然后两者比较一下,看值不值得买。如果质量好、价格合理,或质量一般但价格便宜,就认为值得买,否则就不买。

如果从企业的角度来对产品价值评定时,往往把公式中的成本($C$)看作为制造该产品所投入的人力、物力资源,即“输入”;把功能($F$)看作产品能满足用户的效用,即“输出”。那么,“价值”就相当于从产品中所获得的经济效益,即

$$价值 = \frac{F}{C} = \frac{输入}{输出} = 经济效益$$

由上可以看出，价值工程是根据功能与成本比值来判断产品的经济效益，其目的是提高研究对象的价值，而要提高价值，只有在功能和成本上下功夫。

从公式 $V = \frac{F}{C}$ 可知，在总成本不变的情况下，产品或作业的价值与功能成正比，即功能越大，价值就越大；反之，功能越小，价值也越小。

在功能不变的情况下，产品或作业的价值与总成本成反比，即成本越低，价值就越大；成本越高，价值就越低。

由此，可以得出提高产品或作业价值的五种主要途径。

（1）通过改进设计，保证功能不变，而使实现功能的成本有所下降，即

$$\frac{F\rightarrow}{C\downarrow} = V\uparrow$$

（2）通过改进设计，保证成本不变，而使功能有所提高，如提高产品的性能、可靠性、寿命等，以及在产品中增加某些用户希望的功能，即

$$\frac{F\uparrow}{C\rightarrow} = V\uparrow$$

（3）通过改进设计，虽然成本略有增加，换来的功能大幅度提高，即

$$\frac{F\uparrow\uparrow}{C\uparrow} = V\uparrow$$

这种情况下，顾客可以用稍高的价钱买到比原来质量高很多的产品。这种途径适用于中、高档产品和多功能产品，特别是升级换代产品。因为，只要使产品具有某些独特的功能，就会比同类产品更具有竞争力，这种产品即使价格贵些，顾客也愿意购买。

（4）对于某些消费品，在不严重影响使用要求的情况下，适当降低产品功能的某些非必要方面的指标，以换取成本较大幅度的降低，即

$$\frac{F\downarrow}{C\downarrow\downarrow} = V\uparrow$$

这样的商品在当前人们生活水平还比较低，讲究“实惠”，对价格较为敏感的情况下，还是有很大市场的。

（5）通过改进设计，既提高功能，又降低成本从而使价值大幅度提高，即

$$\frac{F\uparrow}{C\downarrow} = V\uparrow\uparrow$$

这是最理想的途径，也是对资源最有效的利用。这样的产品才是真正的“物美价廉”，“物美价廉”不仅是消费者的价值观，也是投资者和国家利益的要求。当然，要做到这一点，需要在技术上有所创新，管理上有所改善。

在实际工作中，至于采取哪种或几种途径来提高产品的价值，这不仅仅是一个技术和经济的问题，更重要的是一个经营思想和策略问题。每个企业所拥有的资源不同，所采取的经营策略不同，因此，要从本企业的实际条件出发，通过市场调查，分析消费者心理及对产品特性的要求，把握市场未来的发展趋势，然后才能作出正确的决策。

2）成本

价值工程中的寿命周期成本，是指产品从产生到报废整个期间的费用总和。它包括研

究和生产阶段的费用构成的产品制造成本 $C_1$ 以及在使用过程中的能源消耗、维修和管理费用等所构成的产品使用成本 $C_2$。$C = C_1 + C_2$ 就是总成本。

例如，建筑产品在整个寿命周期过程中所发生的全部费用，称为寿命周期费用。它包括建设费用和使用费用两部分。建设费用是建筑产品从筹建直到竣工验收为止的全部费用，包括勘察设计费、施工建造费等费用；使用费用是指业主在使用过程中所发生的各种费用，包括维修费用、能源消耗费用、管理费用等。对于业主来说，成本（$C$）就是建设费用（$C_1$）和使用费用（$C_2$）之和。如图 9.1 所示。

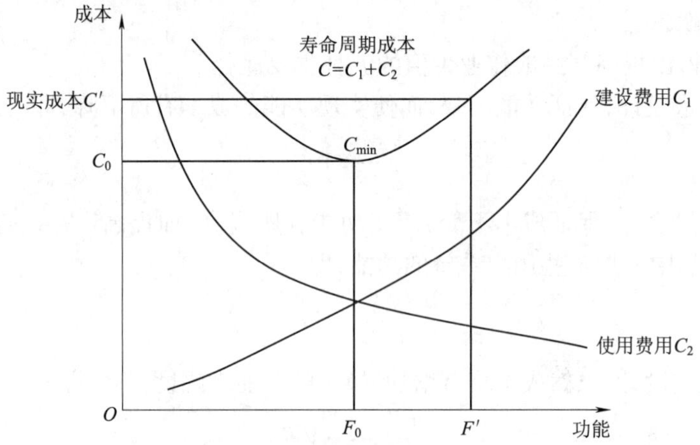


图 9.1　寿命周期费用与功能水平的关系

从图 9.1 可以看出，在技术经济条件已定的情况下，随着建筑产品功能水平的提高，建设成本 $C_1$ 提高，使用成本 $C_2$ 下降；反之，使用成本增高，则建设成本降低。也就是说，如果某楼盘的设计精良，施工中没有偷工减料，建筑质量好，其成本一定高，则其使用过程中的维修费用就一定较低；反之，其使用费用就高。而寿命周期费用，作为两者之和，则呈马鞍形变化。建设费用 $C_1$ 与使用费用 $C_2$ 的交点所对应的寿命周期费用才是最低的（$C_{\min}$）。$C_{\min}$ 所对应的功能水平就是价值工程所要追求的目标。

一般来说，现实产品或现有方案都未必能达到最低点。如图所示，若以 $C'$ 表示现实费用，$F'$ 表示现实功能，则在 $C'$ 与 $C_{\min}$ 之间存在一个费用可能降低的幅度 $\Delta C = C' - C_{\min}$；在 $F'$ 与 $F$ 之间存在一个功能可能提高的幅度 $\Delta F = F - F'$。应用价值工程的目的，正是使产品寿命周期成本降到最低点 $C_{\min}$，而使产品功能达到最适宜水平。

3）功能（参见 9.3 节内容）

### 9.1.4　开展价值工程的指导原则与工作程序

**1. 开展价值工程工作的指导原则**

应用价值工程解决不同性质的问题时，需要各种专门的知识和技能，但是开展价值工程活动也有一些共同遵守的指导原则。这些指导原则是：

（1）分析问题要避免一般化，概念化，要作具体分析。

（2）收集一切可用的成本资料。

(3)使用最好、最可靠的情报。

(4)打破现有框框,进行创新和提高。

(5)发挥真正的独创性。

(6)找出障碍,克服障碍。

(7)充分利用有关专家,扩大专业知识面。

(8)对于重要的公差,要换算成加工费用来认真考虑。

(9)尽量采用专业化工厂的现成产品。

(10)利用和购买专业化工厂的生产技术。

(11)采用专门生产工艺。

(12)尽量采用标准。

(13)以"我是否这样花自己的钱"作为判断标准。

这13条原则中,第1条至第5条是属于思想方法和精神状态的要求,提出要实事求是,要有创新精神;第6条至第12条是组织方法和技术方法的要求,提出要重专家、重专业化、重标准化;第13条则提出了价值分析的判断标准。

**2.** 价值工程的工作程序

价值工程的工作过程,实质就是针对产品的功能和成本提出问题、分析问题、解决问题的过程。针对价值工程(VE)的研究对象,整个活动围绕七个基本问题展开,这七个问题是:

(1)它是什么?

(2)它是干什么用的?

(3)它的成本是多少?

(4)它的价值是多少?

(5)有其他方法能实现这个功能吗?

(6)新的方案成本是多少?

(7)新的方案能满足要求吗?

这7个问题决定了价值工程的基本步骤和活动程序。一般可以分为三个阶段:分析、综合、评价,其基本步骤是功能定义、功能评价、制订改进方案。如果只有基本步骤,显得划分太粗。为了使工作顺利进行,还应有详细步骤。

我国也已制定了价值工程方面的国家标准GB 8223《价值工程的基本术语和一般工作程序》,统一了我国推行价值工程过程中遇到的一些基本概念,并明确规定了我国推行价值工程的一般工作程序,它分为4个阶段、12个步骤。如表9.1所示。

**表9.1 价值工程的工作程序、内容与对应提问表**

| 阶段 | 步骤 | 工作内容 | 对应价值工程的提问 |
|---|---|---|---|
| 准备阶段 | 1. 对象选择 | 根据客观需要,选择VE对象并明确目标与限制条件和分析范围 | 1. 价值工程的对象是什么?<br>2. 它是干什么用的? |
| | 2. 组成价值工程工作小组 | 工作小组成员应是各有关方面熟悉对象的专业人员 | |
| | 3. 制订工作计划 | 工作计划包括具体执行人,执行日期和工作目标等内容 | |

续表

| 阶段 | 步骤 | 工作内容 | 对应价值工程的提问 |
| --- | --- | --- | --- |
| 分析阶段 | 4. 收集整理信息数据 | 应收集,整理与对象有关的一切信息数据 | 3. 它的成本是多少?<br>4. 它的价值是多少? |
| | 5. 功能系统分析 | 应简明,正确地绘制出功能系统图 | |
| | 6. 功能评价 | 改进原对象,创立新对象,确定功能目标成本 | |
| 创新阶段 | 7. 方案创新 | 通过创造性思维和活动,提出各项实现功能的方案 | 5. 有其他方法能实现这个功能吗?<br>6. 新的方案成本是多少? |
| | 8. 方案评价 | 从技术,经济和社会等方面评价,从中选出最优方案 | |
| | 9. 提案编写 | 将选出方案及各有关技术经济资料编写成正式提案 | |
| 实施阶段 | 10. 审批 | 主管部门对提案组织审查 | 7. 新的方案能满足要求吗? |
| | 11. 实施与检查 | 制订实施计划,组织实施并作追踪检查 | |
| | 12. 成果鉴定 | 根据提案施后的技术经济效果进行成果鉴定 | |

从选择对象到成果评价,作为价值工程活动,是一个不断深化的过程,因而可以反复开展价值工程活动,直至取得比较满意的成果。价值工程活动的动态过程如图 9.2 所示。

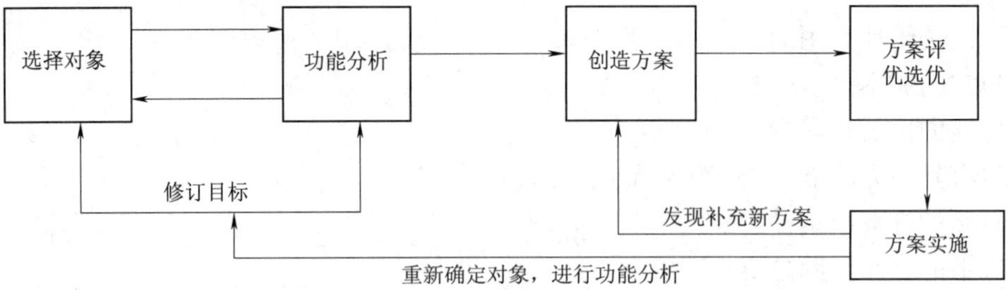


图 9.2　价值工程活动的动态过程

# 9.2　价值工程的对象的选择与情报资料的收集

## 9.2.1　价值工程对象的选择

选择价值工程活动的对象是价值工程活动的第一步,是非常重要和关键的步骤。在一个企业里,并不是对所有产品都要进行价值工程的活动,就一个产品而言,也不是对所有的零部件都进行价值工程的工作。只有抓住主要矛盾,抓关键问题,有重点地选择价值工程活动对象,才能提高价值工程活动的效果,在工作量相同的情况下,力争取得最好的成绩。

价值工程对象的选择过程就是收缩研究范围、明确分析研究的目标、确定主攻方向的过程。如建筑工程产品,种类繁多,质量、成本、施工工艺和方法各不相同,其建设过程中要经过评估立项、设计、招标、竣工验收等各个阶段,涉及勘察设计、施工建造、物资供应等方面，受到人、财、物、施工技术水平和管理水平等一系列因素的影响。因此，不可能把构成产品或服务的所有环节都作为价值工程的改善对象，为了节省资金，提高效率，只能精选其中一部分来实施价值工程。

**1. 价值工程对象选择的原则**

一般说来，价值工程的对象选择要考虑社会生产经营的需要以及对象价值本身提高的潜力。例如，选择占成本比例大的原材料部分，如果能够通过价值分析降低费用，进而提高价值，那么价值分析对降低产品总成本的影响就会很大。

选择对象应选择那些在改进功能、降低成本方面具有较大潜力的产品或作业；或者选择对企业生产经营活动具有重大影响的，迫切需要改进的产品或作业作为价值工程活动的对象。因此，选择对象一般应遵循以下原则：

(1)同企业发展方针密切相关，适应社会需要的项目。

(2)投入的人力、物力、财力不多，预计在短期内可以取得成果的项目。

(3)有明显的改进余地，节约潜力较大，或积累效益较多的项目。

(4)信息资料较齐全，目标比较明确，有发展前途的项目。

(5)具备某方面的技术管理人才，对某些问题有改进能力，并预计成功率较高的项目。

具体来说，价值工程对象选择时应从以下几个角度进行考虑：

(1)从设计上考虑。

(2)从制造上考虑。

(3)从销售方面考虑。

(4)从成本方面考虑。

(5)从产品发展方面考虑。

**2. 对象选择的方法**

价值工程对象选择的方法很多，其具体方法主要有以下几种。

1)经验分析法

经验分析法亦称因素分析法，是一种定性分析的方法。这种方法主要是根据选择对象时应考虑的因素，依靠价值工程活动人员的经验和专家、内行的经验来选择和确定对象。

这种方法的优点是：简便易行、考虑问题较全面；其缺点是：缺乏定量依据、准确性差。因此，此法要求参加人员要熟悉业务，经验丰富，并且要发挥集体智慧，以科学的态度共同选择确定对象。

经验分析法适用于时间紧迫或资料不齐全的情况。

2)百分比法

百分比法也叫费用比重分析法，它是通过分析各个产品的两个或两个以上的技术经济指标所占的比重大小来选择对象的方法。

**【例9.1】** 某厂有六种产品，它们的成本和利润的百分比如表9.2所示。

**表9.2　某企业产品成本、利润比较表**

| 产品名称 | A | B | C | D | E | F | 合计 |
|---|---|---|---|---|---|---|---|
| 成本额(万元) | 85.0 | 10.0 | 5.0 | 25.0 | 8.0 | 7.0 | 140 |
| % | 60.7 | 7.1 | 3.6 | 17.9 | 5.7 | 5.0 | 100 |

续表

| 产品名称 | A | B | C | D | E | F | 合计 |
|---|---|---|---|---|---|---|---|
| 利润额(万元) | 28.0 | 4.0 | 2.0 | 3.0 | 5.0 | 4.0 | 46 |
| % | 60.9 | 8.7 | 4.3 | 6.5 | 10.9 | 8.7 | 100 |

由表可知,D 产品的成本占总成本的 17.9%,而利润只占总利润的 6.5%。因此,应选择 D 产品作为价值工程的对象。

一般在分析对象的总量不多的情况下,采用百分法较为适宜。

3)用户评分法

用户评分法是通过用户对产品各项性能指标的重要程度进行评分,找出应当改进的功能。具体来说,这种方法就是先把产品的所有功能项目列出来,请若干重要的用户按要求评分。用户认为重要的功能多打分,次要的功能少打分,功能得分的总和为 100。然后把不同用户的评分进行平均,可得出各项功能重要性次序。

**【例 9.2】** 用户甲、乙、丙对某企业某产品 A、B、C、D、E 五项进行评价,其结果如表 9.3 所示。

**表 9.3　用户评价产品功能分析表**

| 功能<br>用户名称 | A | B | C | D | E | 总分 |
|---|---|---|---|---|---|---|
| 甲 | 15 | 25 | 30 | 10 | 20 | 100 |
| 乙 | 20 | 28 | 28 | 8 | 16 | 100 |
| 丙 | 16 | 24 | 32 | 10 | 18 | 100 |
| 平均得分 | 17 | 25.7 | 30 | 9.3 | 18 | 100 |
| 重要性次序 | 4 | 2 | 1 | 5 | 3 | |

从上表可以看出,用户认为最重要的功能是 C、B 两项。因此,产品改进时应充分实现这两项功能,才能最大限度满足用户的要求。

用户评分法很重要。但往往有这种情况,生产者认为重要的功能而用户却不大注意,用户比较重视的功能生产者却不了解。这是造成产品不能适销对路的主要原因之一。

4)ABC 分析法

ABC 分析法又称为成本比重分析法,是一种定量分析法。其基本原理是处理任何事情都要分清主次、轻重,区别关键的少数和次要的多数,根据不同情况进行分析。它是一种按局部成本在整体产品成本中所占的比重大小来选择价值工程对象的方法。

ABC 分析法的优点是:能抓住重点——即把数量少而成本大的零部件或工序选为价值工程的研究对象,利于集中精力、重点突破,取得较大效果;其缺点是:在实际工作中,由于成本分配不合理,常常会出现有的零部件功能比较次要而成本却高;或者也会出现有的零部件功能比较重要而成本却低,导致重要零部件因成本低而未被选上,解决的办法可用强制确定法等结合进行综合分析。

这里需要说明的是,在利用 ABC 分析法选择对象时,如果产品的零件很多,一般可先确定开展价值工程的部件,然后以部件为单位,再对零件进行 ABC 分类,按其成本大小进行排队,优先选择成本大的少数零件(如 A 类),把 A 类零件作为价值工程的对象。

【例9.3】 某产品由25种共40件零件组成。根据零件成本大小顺序排列，经计算可将产品的零部件分为A、B、C三类，如表9.4所示。

表9.4 ABC分析法分类表

| 零件序号(1) | 件数(2) | 累计 | | 成本/元(5) | 累计 | | 备注 |
|---|---|---|---|---|---|---|---|
| | | 件数(3) | 占零件总数/%(4) | | 金额/元(6) | 占全部成本/%(7) | |
| 001 | 1 | 1 | 2.5 | 80 | 80 | 20 | A类 |
| 002 | 2 | 3 | 7.5 | 76 | 156 | 39 | |
| 003 | 3 | 6 | 15 | 70 | 226 | 56.5 | |
| 004 | 2 | 8 | 20 | 54 | 280 | 70 | |
| 005 | 2 | 10 | 25 | 19 | 299 | 74.8 | B类 |
| 006 | 3 | 13 | 32.5 | 18 | 317 | 79.2 | |
| 007 | 3 | 16 | 40 | 16 | 333 | 83.3 | |
| 008 | 2 | 18 | 45 | 15 | 348 | 87 | |
| 009 | 2 | 20 | 50 | 13 | 361 | 90.3 | |
| 010 | 1 | 21 | 52.5 | 3 | 364 | 91 | C类 |
| 012 | 2 | 23 | 57.5 | 2.5 | 366.5 | 91.6 | |
| ⋮ | ⋮ | ⋮ | ⋮ | ⋮ | ⋮ | ⋮ | |
| 024 | 1 | 39 | 97.5 | 1.5 | 398.5 | 99.6 | |
| 025 | 2 | 40 | 100 | 1 | 400 | 100 | |

从表9.4可以看出A、B、C类零部件在数量上分别占20%、30%、50%，而对应的成本却占总成本的70%、20.3%、9.7%。

以成本百分比表示纵坐标、以产品零部件的数量百分比表示横坐标，则其分配图如图9.3所示。

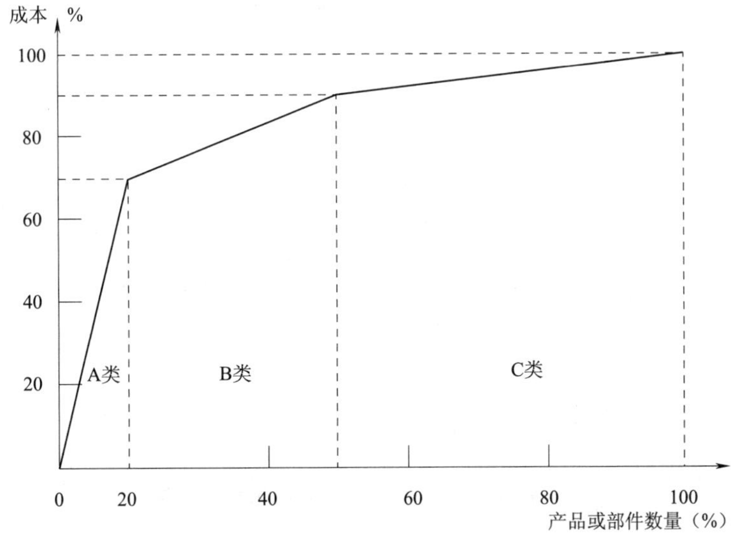


图9.3 ABC分析法示意图

从图 9.3 可看出：A 类成本线急剧上升，在数量上虽然只占零部件总量的 20%，但其成本占总成本的 70%；B 类成本线上升较缓，数量上占零部件总量的 30%，成本只占总成本的 20.3%；而 C 类成本线上升最缓，在数量上尽管占零部件总量的 50%，但其成本仅占总成本的 9.7%。综合分析可以得出：应选择 A 类零部件作为价值工程的重点分析对象，B 类可作一般分析，而 C 类则可以不加分析。

5）FD 法

FD 法，就是强制确定法，有 01 和 04 评分法两种（参见例 9.6、例 9.7）。其基本思想是产品的每个零部件成本应该与其功能的重要性相称。通过求取功能评价系数、成本系数，得出价值系数，根据价值系数判断对象的价值，主要把价值低的选为 VE 对象。对于价值系数小于 1 的对象，应考虑降低成本；对于价值系数大于 1 的对象，说明零件的功能重要性较高或存在过剩功能，应考虑减少其过剩功能。

6）最合适区域法

最合适区域法，又称绝对值法，是日本东京大学田中教授于 1973 年在美国价值工程学会的国际会议上发表的论文中提出的。他在用价值系数确定价值工程对象时，考虑到由于对象的功能评价系数与成本系数的绝对值不同，对产品价值的实际影响是很大的，从而提出选用价值系数的最合适区域。

利用最合适区域法求取价值系数的方法与 FD 法相同，但选择价值工程研究对象的基本思想有所不同。这种方法不是简单地根据价值系数来确定价值工程研究对象，即它不把价值系数相同的零件同等看待，而是优先选择对产品价值影响大的作为对象。

最合适区域法，提出一个价值系数的最合适区域问题：即凡是分布在最合适区以内的零部件，都视为合理，不作为价值工程对象；凡是分布在区域以外的零部件，都视为不合理，可作为价值工程对象；凡是远离区域的，则作为价值工程的重点对象。这就考虑到成本系数和功能评价系数，对于这两个系数绝对值较大的对象要从严控制；反之则放宽控制。这样价值工程工作就可以抓住重点。

7）产品寿命周期法

产品寿命周期法是根据产品寿命周期不同阶段来选择对象的方法。如图 9.4 所示。

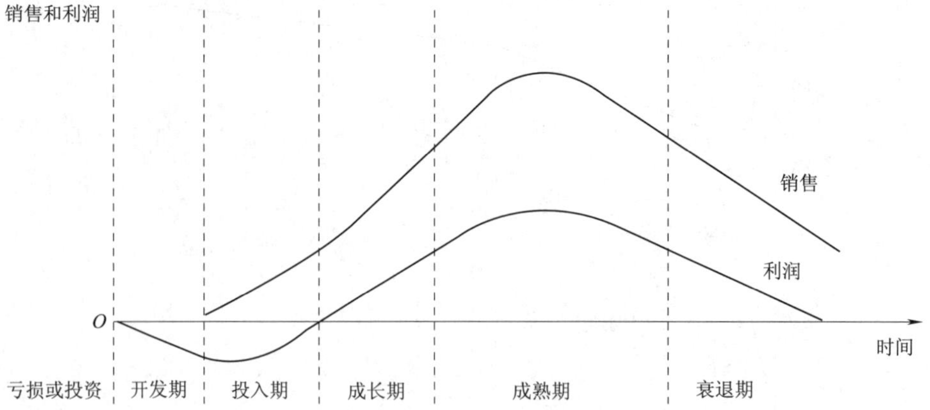


图 9.4　产品寿命周期个阶段的销售和利润

产品寿命周期一般分为四个阶段，即投入期、成长期、成熟期和衰退期。对于新产品，在其经济寿命周期之前还有个设计、试验、试制阶段(即新产品开发阶段),在这个阶段中应大力开展价值工程活动。由于在新产品的开发阶段,产品的功能和成本的70% ~80% 即已确定,而且,一旦投入批量生产后,再开展价值工程活动涉及的因素很多,即使选择出很好的方案,要实现方案,代价也比开发阶段大,经济效益不如新产品开发阶段好。

当然,在投入期也应进行大量的价值工程工作,改善产品的性能,保证或提高产品功能,降低成本,以便得到顾客的欢迎;处于成长期时,企业的经营重点在于扩大投资增加产量,这时价值工程应围绕增加产量的目标,在产品工艺、外协、供应等方面开展活动;处于成熟期时,如认为有可能经改进使之成为改进型或换代型新产品时,应结合改进型进行价值工程活动,提高其价值,恢复或保持其竞争能力;处于衰退期的产品,企业的经营策略要酌情而定,或维持继续生产,或淘汰。

### 9.2.2　情报资料的收集

价值工程选择对象后,就要进一步围绕选择出的对象进行收集各种有关情报资料的工作,这样可以从情报中得到价值工程活动的依据、标准、对比对象,受到启发,打开思路,深入地发现问题,科学地确定问题的性质、严重程度,以及解决问题的方针和方法。

价值工程的对象不同,对情报收集的内容也不同。原则上来说,情报收集应将产品研制、生产、流通、交换、消费等全过程中的有关情报都收集起来,并对其进行整理和分析。对产品来说,价值工程情报收集的内容主要有以下几个方面的资料。

**1.** 使用方面的情报

包括:

(1)用户使用目的、使用环境和使用条件。

(2)用户对产品性能、用途和质量等方面的要求。

(3)用户对产品外观、造型、体积、色彩等方面的要求。

(4)用户使用过程中,产品出故障和事故的实际情况。

(5)用户对产品价格、交货日期的要求。

(6)用户对产品的零配件供应以及技术服务方面的要求。

**2.** 成本方面的情报

包括:

(1)原材料、元器件及外购件的成本方面的资料。

(2)各种原材料的消耗定额、费用定额资料。

(3)外协件成本资料。

(4)零部件加工与装配成本资料。

(5)包装、储藏及运输费用资料。

(6)各种原材料的市场供求情况所引起的成本变化情况。

**3.** 供应和生产方面的情报

包括:

(1)原材料、元器件的供应与外协情况及存在的问题。

(2)产品的装配工艺、零部件的加工工艺及其要求的有关资料。

(3)劳动生产率及行业水平。

(4)废品率及返修率等有关资料。

(5)生产中存在的问题,如技术问题、生产中所涉及的法律问题等。

(6)员工工作环境相对较差及员工的工作态度好坏等方面的资料。

**4. 销售方面的情报**

(1)各地区的销售特点、销售量与需求预测。

(2)市场上竞争产品的规格、质量、产量、价格、成本等情况。

(3)竞争者的竞争策略或竞争模式及对产品成本的影响资料。

(4)潜在消费者的消费观念及趋势资料。

(5)市场划分、市场占有率情况。

(6)替代品的质量、价格及市场发展趋势。

**5. 科学技术方面的情报**

(1)国内外同类产品的有关技术资料,如技术标准、质量标准、图纸、说明书等方面的资料。

(2)有关生产该类产品的前沿理论问题。

(3)现产品的研制情况、发展历史和演变资料。

(4)有关新材料、新元器件、新工艺、新技术和标准化要求等方面的资料。

(5)生产该产品时,有关三废处理方面的科技资料。

**6. 企业自身素质方面的资料**

(1)企业的设备状况资料。

(2)企业人、财、物等有关情况、统计和资料。

(3)企业自身的产品开发、研制能力方面的资料。

(4)企业应变市场的能力资料。

**7. 政府的有关法规和条例等方面的情报**

这是有关宏观方面的资料,涉及很多,如国家的价格政策和有关 法令、法规等资料。

总之,价值工程需要收集的情报很多,无法一一列举。但所有为实现价值工程目标所采取的任何行动和决策,都是以情报资料为基础的。可以说,价值工程成果的大小,一定程度上取决于情报资料的数量、质量和及时性。因为,一旦错用了不可靠的情报会导致价值工程活动的失败;而准确的情报只有在需要使用时才有价值,如果不能及时得到必要的情报,价值工程活动就无法进行下去。

### 9.2.3　情报资料的收集方法

收集情报资料的常用方法有以下几种。

**1. 观察法**

观察法是指调查人员通过调查者的行为来收集信息资料或者通过调查者的行为痕迹来收集信息资料的方法。如观察用户对产品性能、用途和质量等方面的要求;

观察法的优点主要是:一是被调查者没有意识到自己正在接受调查,处于自然状态,因而结果比较客观;二是可以获得那些被调查者不愿意以及言语无法提供的信息。其缺点是:一是收集人员只能观察用户的外在行为,因而对被调查者的感情、态度、行为动机等信息无法得到。

使用观察法时,还需与其他方法结合起来使用才更有效;它不仅要求收集情报人员具有敏锐的观察力、良好的记忆力、应用现代设备的能力,还要求收集情报人员掌握有关心理学知识,避免在观察过程中做出片面、错误的判断。

**2.** 面谈访问法

面谈访问法就是情报收集人员采取与被调查者面对面交谈来获取资料的一种方法。收集情报人员可以事先设置调查问卷,然后按照表中设置的问题顺序发问,也可以自由交谈;可以采取个人访问,也可以采取集体面谈;可以安排一次面谈,也可以进行多次面谈。

面谈访问法的主要优点有:一是调查的对象、时间、人数、形式由情报收集人员掌握,较为灵活;二是调查了解的问题回收率高,可提高情报的可信度。其缺点是:费用大、时间长、对情报收集人员的要求高。

**3.** 电话访问法

电话访问法是指情报收集人员通过电话向被调查者询问、了解有关问题的一种收集方法。

电话访问的主要优点有:一是取得信息的速度快、省时间;二是成本也比较低,回答率高;三是可以统一询问格式,整理归类比较容易。其主要缺点:一是不能看到对方的表情、姿态等非语言交流信息,交谈时间不宜太长;二是不能询问较为重要的问题,不宜收集深层信息。

采用此法收集信息可以电话用户(通过电话簿)为基础,进行随机抽样。为不使通话时间过长,大多采用二次选择法向被调查者进行询问。

**4.** 实验法

实验法是指将收集情报的范围缩小到一个比较小的规模上,进行实验后取得一定结果,然后再推断出总体可能的结果。

实验法是牵涉到对变量进行控制与操纵的信息资料收集的方法。在进行小规模实验时,能将一些不必要的因素加以排除,可直接探讨变量间的因果关系。但是,实验环境在现实中难以创造,往往与真实环境相差较大。例如,对产品设计、功能等因素改变时,可以先做一个小规模实验,了解消费者购买行为的意见,然后对实验结果进行分析总结,以决定是否大规模推广或如何继续推广。

实验法的主要优点是:科学,结果比较准确;其缺点是:实验时间较长,成本较高。

# 9.3　功能分析与功能评价

## 9.3.1　功能分析

**1.** 功能分析的含义和作用

1)功能分析的含义

功能分析是价值工程的核心。所谓功能分析就是科学地确定产品或零部件必要的功能,并加深理解,搞清楚各类功能之间的关系,适当调整功能比重,使产品的功能结构更加合理,并结合实现功能的成本,确定其价值大小,达到降低成本、提高价值的目的。

功能分析可分定性的分析和定量的分析,前者通常被称为功能分析。后者被称为功能评价。功能分析包括功能定义、功能分类和功能整理,通过这种分析,为功能评价奠定基础。

2)功能分析的作用

(1)经过功能分析,可以发现完全可以省掉的不必要的零部件。例如,对某些电气用品和无线电、仪器等产品的零部件进行功能分析时,有时发现有 110 ~ 220 V 的转换装置。这些产品如果不外销,则在国内已无功能可用,因为我国早已没有用 110 V 输电的地区了。

(2)经过功能分析,可以找到替代的更便宜的材料制造某些零部件,甚至整个产品,如以塑代钢,生产塑料机械零件,既便宜又耐酸、防锈。

(3)经过功能分析,可以改造原有的设计。例如矿工用的矿灯,当了解到它的功能是下矿井时随身带着去照明工作面的时候,就会想到光亮度要高、重量要轻,这样就能指导设计,提高灯的亮度和向轻型、小型发展。

(4)经过功能分析,可以启发工艺的改造。例如,当了解到某一部件可不计较外观的时候,有些地方就可以不要求加工得很精细,表面粗糙度值可大一些,这样就可以省掉几道加工工序。

(5)经过功能分析,还可以发现某些零部件的制造公差要求太高。例如,某一机件的功能是为玩具配套用的,它的制造公差当然就可以低得多。

**2.** 功能定义

1)功能定义的概念

功能定义是指对产品或零部件的各种功能,用简明准确的语言进行描述。这一表述应能明确功能的实质,限定功能的内容,并能与其他功能概念相区别,以便把握必要功能,发现不必要功能,提高价值工程对象的价值。

2)功能定义的要求

功能定义的目的是为了抓住功能的本质,加深对功能的理解,使用户要求的功能明确化,并为以后进行功能评价和构思新的创造方案提供可靠的依据,以促使价值工程活动顺利进行。因此,功能定义时要把握以下几点要求:

(1)功能定义要简单明确,一般用一个动词和一个名词表达一个功能。例如

| 主词 | 动词 | 名词 |
| --- | --- | --- |
| 电线 | 传导 | 电流 |
| 传动轴 | 传递 | 扭矩 |
| 手机 | 传递 | 信息 |

(2)功能定义要适当抽象,尤其是动词要尽量抽象化。给功能下定义适当抽象,有利于扩展思想。尤其是动词部分必须准确概括,因为它决定改进方案的方向和实现这一功能的手段。动词改变了,就会引起整个方案的变动。例如,设计一种夹紧装置,用功能定义"机械夹紧"要比用功能定义"螺旋夹紧"抽象一些,设计思想也较开阔。

(3)名词部分应尽量使用可定量的词汇。功能或方案的成本高低是与功能的实现水平

相联系的,因此,如果能表明功能的定量要求,就能保证在评价功能或方案成本的高低,以及研究功能实际需要水平时具有定量的依据。例如,煤气炉的功能定义为“提供热源”要比“提供货源”更合适,因为,“热”可以用“焦耳”来度量。

(4)一个功能下一个定义。一个产品或零部件一般不止一个功能。因此,功能定义时,首先要从整体上对产品的总体功能下定义;其次,对组成产品的所有零部件分解成若干组成部分,并分别对它们的功能下定义。

此外,还要注意实现功能的制约条件,并掌握以事实为基础的功能;站在物品的立场上来下定义,并兼顾消费者的观点;对功能定义必须全小组一致同意。当然进行功能定义时,也不完全拘泥于上述形式,必要时也可以加点限制词,但不要太长,而是以简明扼要为准则。

**3.** 功能分类

不同的产品或零部件有不同的功能,产品或零部件的功能可作如下分类。

1)按重要性分类

(1)基本功能。基本功能是决定产品性质和存在的基本因素,是达到这种产品的目的所不可缺少的功能。如果其作用发生变化则相应的工艺和零件也一定会随之而变,产品的性质也会发生变化。

一般来说,用户在购买设备时,要对产品提出各种要求,这就构成了产品的总体功能,其中能满足用户基本要求的那一部分功能,就是产品是基本功能。

(2)辅助功能。辅助功能是相对基本功能而言的,是为了更有效地实现基本功能而附加的因素。辅助功能可以从它是否对基本功能起辅助作用、是否是实现基本功能所必须的方面来确定。

例如,手表的基本功能是计时精确,但采用什么手段实现这一基本功能?是机械摆动,还是石英振荡;是指针显示,还是液晶显示;是夜光显示,还是照明显示。再如,房屋承重墙的基本功能是承受荷载,室内间隔墙的基本功能是分隔空间,所以隔声、隔热则是墙体的辅助功能。

所以,辅助功能是设计者附加上去的二次性能,在不影响基本功能的前提下是可以改变的。但是由于辅助功能中常常包含不必要功能,而且辅助功能在产品成本中占比重很大,有时竟高达70% ~80% ,因此,价值工程的直接目标和工作重点往往针对辅助功能而展开的,改善辅助功能和消除不必要的功能,可以大大降低成本。

2)按性质分类

(1)使用功能。使用功能是每个产品都具有的使用价值,最容易为用户了解,并通过产品的基本功能和辅助功能来表现出来。建筑产品的使用功能一般包括可取性、安全性和维修性。

(2)外观功能。外观功能也称美学功能,有的产品除了在性能上满足要求之外,还应按用户的要求在造型、图案、色彩、样式等外观方面加以美化。

建筑产品和一般消费品都同时有外观功能和使用功能;而对于机器而言,基本上只看它的使用功能。至于装在机器内部的零部件,只要求有使用功能,在外观美学上不过分要求。

3）按用户要求分类

（1）必要功能。必要功能是指对象为满足使用者的需要所必须具备的功能。如果一台设备的功能低，就满足不了使用者的需要；如果过高，则超过了实际需要，即使用者在使用过程中有多余的功能根本用不上；如果一台设备各个零部件的自然寿命不是相等的，也自然会给使用者造成一定的浪费。

（2）不必要功能。不必要功能是指对象所具有的、与满足使用者的需求无关的功能，或者说是用户完全不需要的功能。

在产品中往往包含这种不必要功能。其原因是：一是由于设计者没有掌握功能的本质，或者是没有对准用户的要求，主观臆断附加上去的；二是因为设计不合理而造成的。

（3）过剩功能。过剩功能是指超过使用者所需要的某种用途或特性值。例如，在设计时，对公差的精度、材料的质量、安全系数等要求过高；或在生产过程中大材小用、优材劣用、整料零用。

**4.** 功能整理

1）功能整理的概念

所谓功能整理，就是按一定的逻辑关系将已定义的各个组成部分的功能相互连接起来加以系统化，编制功能系统图，以明确各类功能之间的相互联系，达到掌握必要功能，发现和消除不必要功能或功能区域的目的。

2）功能整理的技术

对功能的分析整理，有一套相当详细的分析整理方法，就是比塞韦开发的功能分析系统技术（简称 FAST）作图法。具体步骤如下：

（1）编制功能卡片。就是把以下的功能定义填在功能卡片上，每项功能填写一张，如室内间隔墙的功能卡片（图 9.5）。

| | | |
|---|---|---|
| 功能<br>分隔空间 | | |
| 零件名称： | 室内间隔墙 | 成本 |

图 9.5　功能卡片

（2）分别编出基本功能和辅助功能卡片。基本功能可以通过对三个问题的回答来判断：①它的作用是否必不可少？②是否是主要目的？③如果它的作用改变了，产品的性质是否将随之改变？如果答案都是肯定的，那么就是基本功能。

辅助功能也可以从三个方面予以确定：①该项功能是否对基本功能起辅助作用？②该项功能的重要性是否次于基本功能？③如果该项功能被取消，是否会影响产品功能？如果回答都是肯定的，那么就是辅助功能。如果第三点回答是否定的，则是不必要功能。

（3）分析各项功能之间的关系。功能之间存在上下位关系和并列关系。上下位关系是指在一个功能系统中，某些功能存在着“目的”与“手段”的关系，则目的功能称为“上位功能”，手段功能称为“下位功能”。而上下位功能之间的关系则是相对的。

**【例 9.4】**　屋顶的各功能关系，如图 9.6 所示。

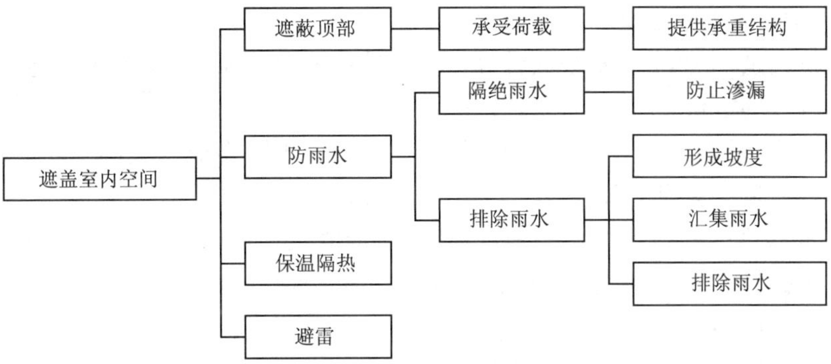


图 9.6　屋顶的功能关系

功能的并列关系是指在功能系统中,上位功能之后往往存在着几个并列的功能,这些功能各自形成子系统,构成一个功能区域,称之为“功能区域”。如图 9.7 所示,屋顶的功能中,形成坡度、汇集雨水和排除雨水即为子系统,构成一个功能区域。

(4)绘制功能系统。由价值工程对象的最上位功能出发,自左至右按各项功能的相互关系依次排列,并用线条连接起来,就构成了功能系统图,其一般形式如图 9.7 所示。

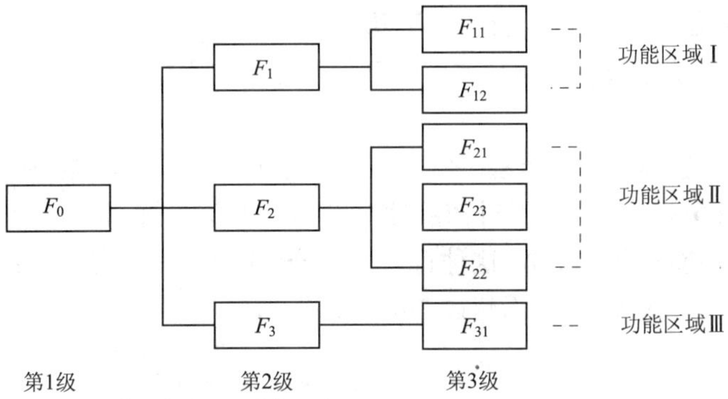


图 9.7　功能系统图形式

## 9.3.2　功能评价

### 1. 功能评价

1)功能评价的概念

功能评价就是对功能进行评价,评价实现功能的现行手段的成本和价值。它是在完成功能系统图之后,去寻找实现功能的最低费用,并以此做为标准(功能评价值)同实现功能的目前成本相比较的过程。二者的比值称为功能价值。其公式为

$$V = \frac{F}{C} \tag{9.2}$$

式中:$V$——功能价值(系数);

$F$——功能评价值;

$C$——功能的目前成本。

功能评价就是用 $V=F/C$ 公式计算出各个功能的价值系数,以解决功能数量化问题,它是对功能进行的定量分析。

从微观上看,功能与成本呈现一种不确定的关系,不同企业实现同一功能的产品的成本是不同的。但是从宏观上看,功能与成本是统计正相关的。

功能评价的目的就是探讨功能的价值,找出价值低的功能或功能区域,明确要改进的功能范围。根据目标成本,确定价值工程的重点目标和经济指标。

2)功能评价的步骤

(1)求功能评价值(或功能重要性系数);

(2)确定功能现实成本(或功能成本系数);

(3)计算功能价值系数;

(4)计算成本降低幅度,即改善期望值;

(5)选择功能价值低,改善期望值大的功能作为价值工程对象。

**2.** 功能评价的方法

功能评价的方法很多,这里仅介绍功能评价系数法(相对值法)、功能成本法(绝对值法)等几种。这几种方法也可用于价值工程对象的初步选择。

功能评价系数法,这种方法又称为相对值法。它是根据功能系数与成本系数之比来确定功能价值的一种方法,其实施可分为以下几步进行。

(1)确定功能评价系数。确定功能评价系数的方法有很多种,常用的有直接打分法、强制确定法等。

①直接打分法,也称经验分析法。它是根据评分人的经验按功能的重要性直接打分。

直接打分法评分法则:请若干对产品性能熟悉的专家参评,根据产品各功能的总得分和产品总分,求出功能重要性系数;这种打分没有分值限制,只要各项功能相比情况适宜就行;它要求评分项目不太多,一般不超过七项。其公式为

$$\text{功能重要性系数}=\frac{\text{某项功能重要性得分}}{\text{全部功能重要性总分}}$$

$$F_i=\frac{f_i}{\sum f_i} \tag{9.3}$$

**【例9.5】** 某产品有5个零件组成,对其进行评分,如表9.5所示。

**表9.5　某产品功能评价系数表**(直接打分法)

| 功能名称 | 专家评分 | | | | 功能得分 | 功能评价系数 |
|---|---|---|---|---|---|---|
| | 1 | 2 | 3 | 4 | | |
| A | 5 | 6 | 4 | 4 | 19 | 0.14 |
| B | 3 | 8 | 3 | 4 | 18 | 0.13 |
| C | 4 | 10 | 5 | 6 | 25 | 0.18 |
| D | 6 | 15 | 20 | 15 | 56 | 0.40 |
| E | 2 | 4 | 8 | 7 | 21 | 0.15 |
| 合　计 | | | | | 139 | 1.00 |

② 强制打分法。强制打分法有“01”评分法和“04”评分法两种。“01”评分法评分法则:请5~15名对产品性能熟悉的专家参评,各自得分然后取其平均值;所有零件两两对比,分别功能的重要性,自己与自己相比不得分(用×表示),功能重要者打1分,相对重要者打0分;两零件比较,不许认为两者同样重要都打1分,也不许认为同样不重要都打0分;为避免出现某个零件在“得分小计”中得0分,可先给每个零件加1分底分,如表9.6所示。

其计算公式同式(9.3),即

$$F_i = \frac{f_i}{\sum f_i}$$

**【例9.6】** 某产品有8个零件组成,对其进行评分,如表9.6所示。

**表9.6 某产品功能评价系数表**(01评分法)

| 零件名称 | 一对一比较 | | | | | | | | 得分小计($F_i$) | 功能重要性系数($F_i$) |
|---|---|---|---|---|---|---|---|---|---|---|
| | A | B | C | D | E | F | G | H | | |
| A | × | 1 | 1 | 0 | 1 | 1 | 1 | 1 | 7 | 7/36 =0.194 |
| B | 0 | × | 1 | 0 | 1 | 1 | 1 | 1 | 6 | 0.167 |
| C | 0 | 0 | × | 0 | 1 | 1 | 1 | 0 | 4 | 0.111 |
| D | 1 | 1 | 1 | × | 1 | 1 | 1 | 1 | 8 | 0.222 |
| E | 0 | 0 | 0 | 0 | × | 0 | 1 | 0 | 2 | 0.056 |
| F | 0 | 0 | 0 | 0 | 1 | × | 1 | 0 | 3 | 0.083 |
| G | 0 | 0 | 0 | 0 | 0 | 0 | × | 0 | 1 | 0.028 |
| H | 0 | 0 | 1 | 0 | 1 | 1 | 1 | × | 5 | 0.139 |
| 合　计 | | | | | | | | | 36 | 1.00 |

通过01评分法的运用,可以得知零件D、A、B的功能相对最为重要。零件G、E、F的功能相对最为不重要。

“04”评分法评分法则:对各个要素作一比一比较时,按下面三种情况打分。功能非常重要的要素得4分,另一个很不重要的得0分;比较重要的得3分,另一个不太重要的得1分;两者功能差不多重要时各得2分,如表9.7所示。

**【例9.7】** 某产品有6个零件组成,对其进行评分,如表9.7所示。

**表9.7 某产品功能评价系数表**(04评分法)

| 功能名称 | 专家评分 | | | | | | 功能得分($F_i$) | 功能评价系数($F_i$) |
|---|---|---|---|---|---|---|---|---|
| | A | B | C | D | E | F | | |
| A | × | 3 | 1 | 3 | 4 | 4 | 15 | 0.25 |
| B | 1 | × | 3 | 2 | 3 | 3 | 12 | 0.20 |
| C | 3 | 1 | × | 4 | 4 | 4 | 16 | 0.27 |
| D | 1 | 2 | 0 | × | 3 | 2 | 8 | 0.13 |
| E | 0 | 1 | 0 | 1 | × | 2 | 4 | 0.07 |
| F | 0 | 1 | 0 | 2 | 2 | × | 5 | 0.08 |
| 合　计 | | | | | | | 60 | 1.00 |

通过 04 评分法的运用，可以得知零件 C、A、B 的功能相对最为重要。零件 E、F、D 的功能相对最为不重要。

(2)确定成本系数 $C_i$。将每项功能的现实成本，分别除以全部功能现实成本的总和，即得每项功能的成本系数。其公式为

$$某项功能的成本系数=\frac{该项功能现实成本}{该项功能现实成本之和}$$

即

$$C_i=\frac{c_i}{\sum c_i} \tag{9.4}$$

(3)求价值系数($V_i$)。将某项功能的功能评价系数除以成本系数，即为该项功能的价值系数，如表 9.8 所示。其公式为

$$价值系数=\frac{功能评价系数}{成本系数}$$

$$V_i=\frac{F_i}{C_i} \tag{9.5}$$

**【例 9.8】** 现以表 9.6 为例进行计算，假如该产品 8 个零件的目标成本总和为 4 050 元，如表 9.8 和表 9.9 所示。

**表 9.8　价值系数计算表**

| 零件名称 | 功能得分 (1) | 功能评价系数 $F_i$ (2) = (1)/36 | 现实成本 (元) (3) | 成本系数 ($C_i$)(4) = (3)/ 7 218 | 价值系数 ($V_i$)(5) = (2)/(4) | 选择 |
|---|---|---|---|---|---|---|
| A | 7 | 0.194 | 1 828 | 0.253 | 0.767 | √√ |
| B | 6 | 0.167 | 3 000 | 0.416 | 0.401 | √√ |
| C | 4 | 0.111 | 285 | 0.040 | 2.775 | √ |
| D | 8 | 0.222 | 284 | 0.039 | 5.692 | √ |
| E | 2 | 0.056 | 612 | 0.085 | 0.659 | √√ |
| F | 3 | 0.083 | 407 | 0.056 | 1.482 | √ |
| G | 1 | 0.028 | 82 | 0.011 | 2.545 | √ |
| H | 5 | 0.139 | 720 | 0.100 | 1.39 | √ |
| 合计 | 36 | 1.00 | 7 218 | 1.00 | — | |

判断与确定对象。选择成本降低重点时，需要分析价值系数处于何种状态。

当 $V_i \approx 1$ 时，说明其功能重要性与花费成本的比重相当，可以不研究。

当 $V_i < 1$ 时，说明零件的功能重要性较低，而相应花费的成本过高，应作为改进重点。例如表 9.8 中的 A、B 和 E 零件应重点研究。

当 $V_i > 1$ 时，说明零件的功能重要性较高，而相应花费的成本较小或存在过剩功能。如果质量过剩，应采取措施降低成本；如果无质量过剩，则为实现该项功能，即使增加成本，亦是允许的。例如表 9.8 中的 C、B、F、G 和 H 零件应作一般研究。

(4)确定分摊的目标成本。目标成本是指通过功能功能评价后所要达到的成本期望值。把产品的目标成本按各功能的功能评价系数，分摊给各项功能或功能区域，作为该项

功能或功能区域的控制指标,从而得出各功能的成本降低幅度,如表9.9所示。

(5)确定目标成本降低值。目标成本降低值就是现实成本减去目标成本,就是经过价值工程活动后某些零件功能所降低的成本数值,如表9.9所示。

**表9.9 分摊目标成本和成本降低幅度计算表**

| 零件名称 | 功能评价系数 $F_i$ (1) | 现实成本(元) (2) | 成本系数 ($C_i$) (3) | 价值系数 ($V_i$) (4)=(1)/(3) | 按 $F_i$ 分摊的现实成本 (5)=(1)×7 218 | 按 $F_i$ 分摊的目标成本 (6)=(1)×4 050 | 成本降低幅度 (7)=(2)-(6) |
|---|---|---|---|---|---|---|---|
| A | 0.194 | 1 828 | 0.253 | 0.767 | 1 400 | 786 | 1 042 |
| B | 0.167 | 3 000 | 0.416 | 0.401 | 1 206 | 676 | 2 324 |
| C | 0.111 | 285 | 0.040 | 2.775 | 801 | 450 | -165 |
| D | 0.222 | 284 | 0.039 | 5.692 | 1 602 | 899 | -615 |
| E | 0.056 | 612 | 0.085 | 0.659 | 404 | 227 | 385 |
| F | 0.083 | 407 | 0.056 | 1.482 | 599 | 336 | 71 |
| G | 0.028 | 82 | 0.011 | 2.545 | 202 | 113 | -31 |
| H | 0.139 | 720 | 0.100 | 1.39 | 1 004 | 563 | 157 |
| 合计 | 1.00 | 7 218 | 1.00 | — | 7 218 | 4 050 | 3 168 |

### 9.3.3 确定价值工程对象的改进范围

价值工程对象经过以上各个步骤,特别是完成了功能评价,知道了价值的大小,就明确了改进的方向、目标和具体范围。确定改进对象的原则如下:

(1)$\frac{F}{C}$(价值系数 $V_i$)低的功能区域。若计算出来的 $V_i<1$ 的功能区域,基本上都应该进行改进,特别是 $V_i$ 值比1小得较多的功能区域,力求使 $V_i=1$。

(2)$(C-F)$值大的功能区域。$(C-F)$值是成本降低期望值,也是成本应该降低的绝对值。当 $i$ 个功能区域的价值系数同样低时,就要优先选择成本降低幅度大的功能区域作为重点对象。

(3)复杂的功能区域。复杂的功能区域,说明其功能是通过采用很多零件来实现的。一般来说,复杂的功能区域其价值系数也较低。

## 9.4 方案创造与评价

### 9.4.1 方案创造

**1.** 方案的创造及其基本原则

为了提高产品的功能和降低成本,达到有效地利用资源的目的,需要寻找、构思或创造最佳的方案。这种寻找和构思最佳方案的过程就是方案的创造过程。因而方案创造就是对价值工程的具体对象依据已建立的功能系统图和确定的目标成本，通过创造性的思维活动，提出各种不同的实现功能并降低成本的方案，供优选之用。

方案创造阶段是价值工程活动进入解决问题的阶段，其所提出的方案应在技术上先进、经济上合理、管理上可行。因此，具有一定的原则，主要有：

（1）方案创造要有创新精神。方案创造要根据功能定义，积极思考，勇于创新、开拓，力争突破旧的思想框框的束缚，继承原设计方案的长处，创造出更多的方案，以供优选。

（2）方案创造要集思广益，发挥各种专业人才的特长。方案创造是一种智力开发活动，要充分发挥、技术人员和群众的作用，依靠集体智慧。同时，方案创造的过程是一个不断完善的过程，通过创造→评价→再创造的反复循环，创造出令人满意的方案。提出的方案构成越多，择优的余地就越大。

（3）方案创造要优先考虑上位功能和价值低的功能区域。上位功能范围较广，容易提出较多的方案，改进的范围较广，因而效果也较明显。

**2.** 方案创造的方法

方案创造的方法有很多种，下面介绍几种常用方法。

1）头脑风暴法（BS 法）

BS 是 Brain Storming 的缩写，是指自由奔放、打破常规、创造性的思考问题。我国的“诸葛亮会”与此类似。这种方法是邀请 5 ~ 10 个熟悉产品性能的人参与，参加人员要有企业内外部的专业人员，主持人要熟悉价值工程的研究对象，思维敏捷、作风民主，态度和气，既善于启发引导又善于活跃会议气氛。

头脑风暴法有四条规则：

（1）不批判别人意见，不互相指责；

（2）鼓励自由地提出想法；

（3）欢迎提出大量方案；

（4）要求在改善和结合别人意见的基础上提方案。

在会议上对表达的设想，不必追求全面系统，但记录工作一定要认真。

国外经验证明，采用头脑风暴法提出方案比同样的人单独提方案的效果要大65% ~93%。

2）哥顿法（Gordon 法）

哥顿法是 1964 年美国人哥顿提出来的。这种方法也是以小组会议方式，在会议上，主持人仅把要解决的问题抽象介绍，或只提出一个抽象的功能概念，使参加者并不明白会议的研究问题，以开拓思路。以有名的稻谷脱粒机案例为例，主持人首先提出如何使物体“分离”，与会者可以回答“切断”“锯断”“剪断”“烧断”等方法，会议主持人再进一步提出如何使稻谷与稻草分离的问题，最后会议形成一种高效率圆筒式稻谷脱粒机的方案。

哥顿法的优点是将问题抽象化，有利于减少束缚、产生创造性想法，难点在于主持者如何引导。

3）特尔菲法（Delphi Technique）

特尔菲法 20 世纪 60 年代初期由专家调查法发展而形成的，也称为函询调查法。工作方法是将要解决的问题，进行分解，选择一定数量的专业人士，将提案要求寄出去，提案人员将提出的设想方案反馈后，把各方面意见加以整理汇总，形成不同的改进方案，再次寄出去供提案人员分析,再次收到反馈意见后选出少数方案后再寄出去。如此反复,直至回收的表明意见已经收敛,最后形成最优方案;若回收的表明意见还未收敛,可再反馈给专家,要求提出其最后方案及依据,至最后形成最优方案。

特尔菲法有三个优点:

(1)匿名性。成员之间互不相知,这样可以排除领导意见、权威看法的束缚,有利方案创造;

(2)反馈性。征询方案的过程是一个反复进行的过程;

(3)收敛性。采用统计分析、归纳、综合等方法处理收集到的专家方案,并反馈给专家,几次反馈后方案趋于收敛。

其缺点是时间较长。

4)类比法

类比法是哥顿的又一研究成果,又称 Synectics,意思是把不同的、看起来毫无联系的因素进行联想,类比得出方案。类比法有三种:

(1)直接类比。例如:有没有在水中和陆地都能走的动物? →龟→龟的机理→水陆两用汽车。

(2)象征类比。例如:用神话进行类比,开发一种新型钥匙,(故事)念咒→ 声音→ 声波→ 电信号交换装置→(产品)根据电气原理制成的钥匙。

(3)拟人类比。例如:传递力矩的轴,如图 9. 8 所示。

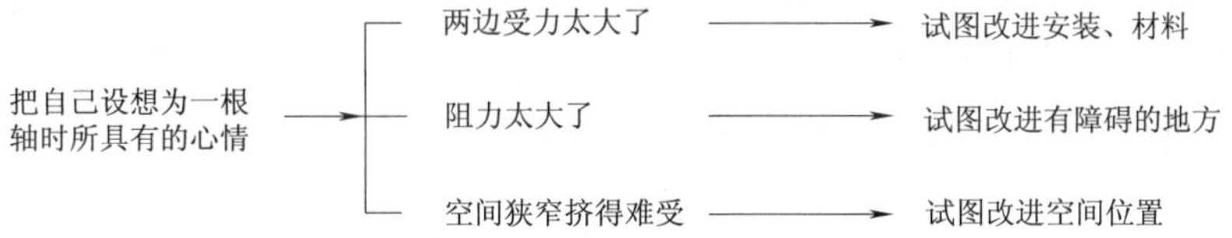


图 9. 8　拟人类比示意图

## 9. 4. 2　方案评价

### 1. 方案评价的内容

对于提出的方案,需要进行评价,评价有概略评价和详细评价两种。

概略评价就是对现在设想提出的若干个方案先进行一次粗略的初步挑选。目的是选出几个方案,待作进一步的详细研究。它属于方案初选,内容上不求详尽,方法上力求简便,时间上力求迅速,同时不宜设置过严的评价标准,以免扼杀确有价值的改进方案。

详细评价是对初选的方案进行详细调查、研究和经济分析,作出全面确切的评价结果,以作为优选和审批的依据。其目的是选出具有说服力的最优方案。

因此,创造出许多新的价值工程方案后,先进行概略评价,去掉一些明显价值低的方案,然后对留下的方案具体化,形成具体的改进方案,经试验研究后,从中选出最优的方案进行详细评价,并提交有关部门审批进而实施。

不论是概略评价还是详细评价,方案评价的内容有三个方面:

1)技术性评价

技术可行性评价是指评价方案实现必要功能的程度,或改进方案的功能对用户的满足

程度。技术可行性评价力求把技术指标定量化,以便进行比较选择。技术性系数用 $X$ 表示,其公式为

$$X=\frac{\sum p}{nP_{\max}} \tag{9.6}$$

式中:$P$——各方案满足功能的得分数;

$P_{\max}$——满足功能的最高得分;

$n$——需满足的功能数。

理想方案是技术性系数为 1,一般 $X>0.8$,为很好的方案,$X<0.6$ 为不行方案。

例如,某产品为价值工程研究对象,其技术可行性可以从以下几个方面进行评价:

(1)功能的实现程度(性能、质量、寿命等)。

(2)可靠性。

(3)可维修性。

(4)操作性。

(5)安全性。

(6)整个系统的协调性。

(7)与环境的协调。

2)经济性评价

经济评价从成本与利润两方面进行综合考虑,主要评价成本指标,如费用的节约。同时,也要考虑与经济效果有关的其他指标,如对公众或企业产生的效益,市场情况、销路以及竞争企业和竞争产品的情况。

(1)用经济性系数评价。经济性系数用 $Y$ 表示,其公式为

$$Y=\frac{H_i}{H} \tag{9.7}$$

式中:$Y$——经济性系数;

$H_i$——目标成本;

$H$——新方案制造成本。

理想方案是经济性系数为 1,一般 $Y>0.7$,为很好的方案,$Y<0.5$ 应舍弃。

(2)利用"总额"与"差额"法进行评价。总额法是指对影响利润或成本的全部因素加以计算,求出总利润或总成本进行比较的一种方法。差额法是指只对影响利润或成本有差异的因素加以计算,进行差额比较的一种方法,这种方法简便、节省时间。

3)社会评价

社会评价是指方案的社会效果的评价。企业作为社会的成员,有其社会属性,应该谋求企业的利益与社会的利益和国家的利益一致。

社会评价主要包括以下几方面内容:

(1)方案是否符合国家规划;

(2)方案实施资源利用是否合理;

(3)方案实施是否达到国家关于环境保护颁布的有关规定。

(4)方案实施是否符合其他国家、社会要求。

4)方案综合评价

方案综合评价是在上述三种评价的基础上,列出具体的评价项目和评分标准,然后进

行综合评分,对整个方案做出综合的、整体的评价。综合评价时要综合考虑各指标因素之间重要性比重、各方案对评价指标的满足程度,从而判断和选择出最优方案。

方案评价的步骤和内容如图9.9所示。

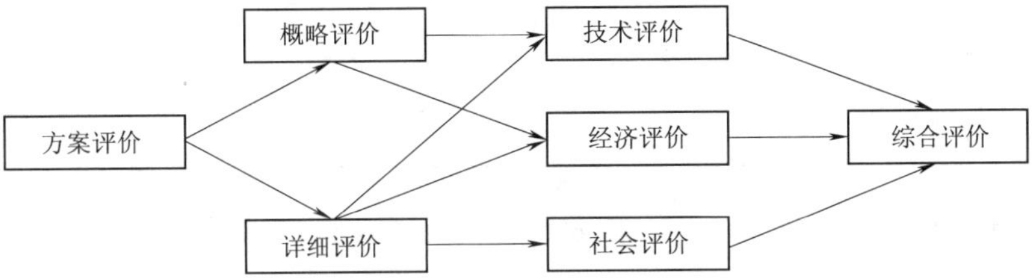


图9.9　方案评价示意图

**2.** 方案评价的方法

方案评价的方法可分为定性评价法和定量评价法。

1)定性评价法

定性评价法又称为优缺点评价法,是根据评价项目详细列出各个方案的优缺点,分析其所存在的缺点能否克服,在比较的基础上选出最优方案的一种方法。这种方法简单、灵活而且全面;但是这种方法评价粗糙、缺乏定量依据,容易把一些相近的方案全部排除或难以选择。因而一般应与定量分析相结合。

2)定量评分法

定量评分法是指用评分法计算每一方案的得分来选择方案的方法。

定量评分法有许多具体操作方法,下面介绍几种:

(1)加权评分法(又称DARE法)是指根据评价指标重要性程度($W_i$)和方案对评价指标的满足程度($S_i$)进行综合评价的方法。该方法的具体步骤为:

第一步,确定重要性系数$W_i$,即权重;

第二步,确定方案对评价指标的满足程度系数$S_i$;

第三步,确定方案的评分值。其计算公式为

$$A_i = \sum W_i S_i \tag{9.8}$$

式中:$A_i$——某方案的综合评分值;

$W_i$——某方案第$i$个评价指标的权重;

$S_i$——某方案第$i$个评价指标的打分值。

最后,根据$A_i$数值,选择总评分值最高的方案为最优方案。

**【例9.9】** 某住宅设计有A、B、C三个备选方案,现由专家对各方案按适用、安全、美观、其他等四项功能因素进行打分,并计算各方案单方造价以及四项功能的重要系数(见表9.10),试仅就功能的满意程度对其三个备选方案进行比较。

**表9.10　某住宅项目方案评价统计表**

| 功能＼方案 | 方案A | 方案B | 方案C | 功能重要系数 |
|---|---|---|---|---|
| 适用 | 10 | 8 | 9 | 0.61 |
| 安全 | 10 | 9 | 8 | 0.22 |

续表

| 方案<br>功能 | 方案 A | 方案 B | 方案 C | 功能重要系数 |
|---|---|---|---|---|
| 美观 | 9 | 6 | 7 | 0.12 |
| 其他 | 9 | 6 | 6 | 0.05 |
| 合计 | — | — | — | 1 |
| 单方造价(元/m$^2$) | 762 | 598 | 683 | — |

**【解】** 首先利用加权评分法计算各方案的功能评价总分,如表9.11所示。

**表9.11　某住宅项目方案评价计算表**

| 方案<br>功能 | 方案 A | | 方案 B | | 方案 C | | 功能重要系数 |
|---|---|---|---|---|---|---|---|
| | 打分 $S_i$ | $W_iS_i$ | 打分 $S_i$ | $W_iS_i$ | 打分 $S_i$ | $W_iS_i$ | $W_i$ |
| 适用 | 10 | 6.10 | 8 | 4.88 | 9 | 5.49 | 0.61 |
| 安全 | 10 | 2.20 | 9 | 1.98 | 8 | 1.76 | 0.22 |
| 美观 | 9 | 1.08 | 6 | 0.72 | 7 | 0.84 | 0.12 |
| 其他 | 9 | 0.45 | 6 | 0.3 | 6 | 0.3 | 0.05 |
| 合计 | — | 9.83 | — | 7.88 | — | 8.39 | 1 |
| 选择 | | 采用 | | 舍弃 | | 备用 | |

然后进行分析和优选。通过计算可以看出,单从功能的满意程度来进行比较,各方案功能排列依次为A方案、C方案、B方案,逐渐递减。因此,单从功能的满意程度来进行比较,应选A方案。

(2)加法评分法与乘法评分法。这两种方法都是将评价项目按满足程度分为若干等级,确定各级评分标准并进行评分。

加法评分法是各方案的每一个评价指标得分累计相加,评分值最高者,确定为最优方案。

乘法评分法与加法评分法类似,只是各方案的每一个评价指标得分累计相乘。由于总分值由乘积确定,所以方案之间分值差距较大,对比醒目。

## 9.4.3　方案实施与价值工程成果评价

### 1. 方案实施

选出最佳方案后,为确保质量和为以后的审批提供依据,根据需要进行试验,试验通过后可以正式提案。

在提案时,为使提案能被接受而实施,同时,也为了减少实施中的压力或障碍,进行价值工程活动的主要人员要将原产品的技术经济指标、用户要求、存在的问题、提高价值的必要性、预计达到的目的等作出具体说明,并附录上功能分析、改进依据、试验数据、图纸、方案评价及预计方案实施后的效果评价等有关资料,报主管部门审批。提案审批通过后,即可实施。

在实施过程中,价值工程活动小组要积极参与,跟踪检查,并与提案接受者积极合作,取得他们的信任和协助，及时掌握具体情况，及时采取措施解决出现的问题，以保证方案顺利实施。

**2.** 价值工程成果评价

价值工程活动结束后，要对价值工程活动从技术、经济、社会效果方面进行评价和总结。

1）技术成果评价

技术成果评价可以按照规定的技术指标进行评价。如产品质量指标、寿命指标、安全指标等达到的程度。这种评价应尽量采用定量评价。

2）经济成果评价

经济成果评价可根据需要，计算实施对能源、原材料消耗、劳动生产率、利润等指标的效果。一般应重点计算下列两项效果：

（1）投资效率（投资倍数）

$$B=\frac{[(C-F)Q-R]}{R} \tag{9.9}$$

式中：$B$——价值工程活动效果（投资效率）；

$C$——改进前单位成本；

$F$——改进后单位成本；

$Q$——年产量；

$R$——价值工程活动经费（指活动人员的工资、实验费、调研费、资料费等）。

（2）成本降低率

$$\text{成本降低率}=\frac{\text{价值工程(VE)后单件成本降低额}}{\text{价值工程(VE)前单件成本}} \tag{9.10}$$

3）社会效果评价

例如填补国内外科学技术或品种发展的空白；对能源、贵重金属、稀缺物资等的节约；降低用户购买成本；防止或减少公害；改善环境等效果的评价。

**3.** 价值工程工作总结

价值工程工作全部结束后，要进行总结。总结的内容是预订目标是否如期达到，与国内外同类产品相比还存在哪些差距，为什么存在这些差距；价值工程活动过程中，其所制定的活动计划、工作方法、人员组织与安排、时间安排进度等还存在哪些优缺点；有哪些经验值得推广、哪些方法需要改进。

## 本章小结

价值工程是由美国通用电器公司工程师拉里·麦尔斯（L. D. Miles）首先提出并研究的，是一门新兴的科学管理技术。价值工程摆脱了以往那种孤立地单纯从技术方面或者单纯从经济方面去研究效益的做法，而是从技术和经济两方面相结合的角度，研究提高产品、系统或者服务工作的价值，降低其成本以取得较好的技术经济效果，是一种符合客观实际的有效方法。

**价值工程**　价值工程是以产品、作业的功能分析为核心，以提高产品、作业的价值为目的，力求以最低寿命周期成本实现产品、作业使用所要求的必要功能的一项有组织的创造性活动。

**价值工程中的“价值”**　价值工程中的“价值”指研究对象(产品、工作或服务)的功能同获得该功能所花费的全部费用之比,其公式为 $V=F/C$。它比较接近人们日常生活常用的“合算不合算”、“值得不值得”的意思。

**提高产品价值的主要途径**　提高产品价值有5种主要途径:①通过改进设计,保证功能不变,而使实现功能的成本有所下降,即 $\vec{F}/C\downarrow=V\uparrow$;②通过改进设计,保证成本不变,而使功能有所提高,即 $F\uparrow/\vec{C}=V\uparrow$;③通过改进设计,虽然成本略有增加,换来的功能大幅度提高,即 $F\uparrow\uparrow/C\uparrow=V\uparrow$;④对于某些消费品,在不严重影响使用要求的情况下,适当降低产品功能的某些非必要方面的指标,以换取成本较大幅度的降低,即 $F\downarrow/C\downarrow\downarrow=V\uparrow$;⑤通过改进设计,既提高功能,又降低成本从而使价值大幅度提高,$F\uparrow/C\downarrow=V\uparrow\uparrow$。

**开展价值工程的指导原则和工作程序**　开展价值工程工作有13条原则,第1~5条是属于思想方法和精神状态的要求,提出要实事求是、要有创新精神;第6~12条是组织方法和技术方法的要求,提出要重视专家、重视专业化、重视标准化;第13条则提出了价值分析的判断标准。

我国推行价值工程的一般工作程序分为4个阶段、12个步骤。其工作过程,实质就是针对产品的功能和成本提出问题、分析问题、解决问题的过程。

**价值工程对象选择**　对象的选择过程就是收缩研究范围、明确分析研究的目标、确定主攻方向的过程。具体来说,应考虑以下因素:①从设计上考虑;②从制造上考虑;③从销售方面考虑;④从成本方面考虑;⑤从产品发展方面考虑。其选择方法主要有:经验分析法、百分比法、用户评分法、ABC分析法、FD法、产品寿命周期法、最合适区域法等。

**功能分析**　功能分析就是科学地确定产品或零部件必要的功能,并加深理解,搞清楚各类功能之间的关系,适当调整功能比重,使产品的功能结构更加合理,并结合实现功能的成本,确定其价值大小,达到降低成本、提高价值的目的。

功能分析可分定性分析和定量分析,前者通常被称为功能分析。后者就是功能评价。功能分析包括功能定义、功能分类和功能整理,通过这种分析,为功能评价奠定基础。

**功能评价**　功能评价就是用 $V=F/C$ 公式计算出各个功能的价值系数,以解决功能数量化问题,它是对功能进行的定量分析。

功能评价的方法主要有:功能评价系数法、功能成本法等。在选择成本降低重点时,需要分析价值系数处于何种状态:当 $V_i\approx1$ 时,说明其功能重要性与花费成本的比重相当,可以不研究;当 $V_i<1$ 时,说明零件的功能重要性较低,而相应花费的成本过高,应作为改进重点。当 $V_i>1$ 时,说明零件的功能重要性较高,而相应花费的成本较小或存在过剩功能。

**方案创造的方法**　方案创造的方法主要有:①头脑风暴法;②哥顿法;③特尔菲法;④类比法。

**方案评价的内容**　不论是概略评价还是详细评价,方案评价的内容包括三个方面,即:①技术性评价;②经济性评价;③社会评价,最后对方案进行综合评价。方案评价的方法包括定性评价法和定量评分法两类。

## 【复习思考题】

1. 什么是价值工程？企业研究价值工程有什么意义？

2. 提高产品或零部件价值的途径有哪些？

3. 以你熟悉的产品或建筑产品为例，试对它进行功能分析？

4. 方案创造的方法有哪些？试结合生活中的某种产品进行方案创造？

5. 现拟建一住宅建筑工程，设计单位提供了四个方案可供选择，现专家对各方案建筑功能效果按平面空间布置、物理性能、橱卫、安全性、建筑艺术等五项功能因素分别打分（按10分制打分），表9.12给出了相关数据。

（1）试就功能的满意程度对该住宅项目的四个方案进行比较优选；

（2）对各个方案进行成本分析，确定最优方案。

**表9.12 某住宅项目方案功能评价统计表**

| 评价因素 | 功能因素 | 安全性 | 物理性能 | 空间布置 | 建筑艺术 | 橱卫 |
|---|---|---|---|---|---|---|
| | 重要系数 $W_i$ | 0.2 | 0.4 | 0.2 | 0.1 | 0.1 |
| 方案 | 单方造价（元/$m^2$） | 满足分数 $S_i$ | | | | |
| 甲 | 865 | 10 | 8 | 6 | 3 | 6 |
| 乙 | 695 | 10 | 9 | 7 | 4 | 5 |
| 丙 | 785 | 10 | 9 | 7 | 5 | 3 |
| 丁 | 750 | 10 | 9 | 9 | 2 | 7 |

# 附 录

## 附录 1　复利终值系数表

| 利率 / 期数 | 1% | 2% | 3% | 4% | 5% | 6% | 7% | 8% | 9% | 10% | 11% | 12% | 13% | 14% | 15% |
|---|---|---|---|---|---|---|---|---|---|---|---|---|---|---|---|
| 1 | 1.010 | 1.020 | 1.040 | 1.030 | 1.050 | 1.060 | 1.070 | 1.080 | 1.090 | 1.100 | 1.110 | 1.120 | 1.130 | 1.140 | 1.150 |
| 2 | 1.020 | 1.040 | 1.061 | 1.061 | 1.103 | 1.124 | 1.145 | 1.166 | 1.188 | 1.210 | 1.232 | 1.254 | 1.277 | 1.300 | 1.323 |
| 3 | 1.030 | 1.061 | 1.093 | 1.093 | 1.158 | 1.191 | 1.225 | 1.260 | 1.295 | 1.331 | 1.368 | 1.405 | 1.443 | 1.482 | 1.521 |
| 4 | 1.041 | 1.082 | 1.126 | 1.126 | 1.216 | 1.262 | 1.311 | 1.360 | 1.412 | 1.464 | 1.518 | 1.574 | 1.630 | 1.689 | 1.749 |
| 5 | 1.051 | 1.104 | 1.159 | 1.159 | 1.276 | 1.338 | 1.403 | 1.469 | 1.539 | 1.611 | 1.685 | 1.762 | 1.842 | 1.925 | 2.011 |
| 6 | 1.062 | 1.126 | 1.194 | 1.194 | 1.340 | 1.419 | 1.501 | 1.587 | 1.677 | 1.772 | 1.870 | 1.974 | 2.082 | 2.195 | 2.313 |
| 7 | 1.072 | 1.149 | 1.230 | 1.230 | 1.407 | 1.504 | 1.606 | 1.714 | 1.828 | 1.949 | 2.076 | 2.211 | 2.353 | 2.502 | 2.660 |
| 8 | 1.083 | 1.172 | 1.267 | 1.267 | 1.477 | 1.594 | 1.718 | 1.851 | 1.993 | 2.144 | 2.305 | 2.476 | 2.658 | 2.853 | 3.059 |
| 9 | 1.094 | 1.195 | 1.305 | 1.305 | 1.551 | 1.689 | 1.838 | 1.999 | 2.172 | 2.358 | 2.558 | 2.773 | 3.004 | 3.252 | 3.518 |
| 10 | 1.105 | 1.219 | 1.344 | 1.344 | 1.629 | 1.791 | 1.967 | 2.159 | 2.367 | 2.594 | 2.839 | 3.106 | 3.395 | 3.707 | 4.046 |
| 11 | 1.116 | 1.243 | 1.384 | 1.384 | 1.710 | 1.898 | 2.105 | 2.332 | 2.580 | 2.853 | 3.152 | 3.479 | 3.836 | 4.226 | 4.652 |
| 12 | 1.127 | 1.268 | 1.426 | 1.426 | 1.796 | 2.012 | 2.252 | 2.518 | 2.813 | 3.138 | 3.498 | 3.896 | 4.335 | 4.818 | 5.350 |
| 13 | 1.138 | 1.294 | 1.469 | 1.469 | 1.886 | 2.133 | 2.410 | 2.720 | 3.066 | 3.452 | 3.883 | 4.363 | 4.898 | 5.492 | 6.153 |
| 14 | 1.149 | 1.319 | 1.513 | 1.513 | 1.980 | 2.261 | 2.579 | 2.937 | 3.342 | 3.797 | 4.310 | 4.887 | 5.535 | 6.261 | 7.076 |
| 15 | 1.161 | 1.346 | 1.558 | 1.558 | 2.079 | 2.397 | 2.759 | 3.172 | 3.642 | 4.177 | 4.785 | 5.474 | 6.254 | 7.138 | 8.137 |
| 16 | 1.173 | 1.373 | 1.605 | 1.605 | 2.183 | 2.540 | 2.952 | 3.426 | 3.970 | 4.595 | 5.311 | 6.130 | 7.067 | 8.137 | 9.358 |
| 17 | 1.184 | 1.400 | 1.653 | 1.653 | 2.292 | 2.693 | 3.159 | 3.700 | 4.328 | 5.054 | 5.895 | 6.866 | 7.986 | 9.276 | 10.761 |
| 18 | 1.196 | 1.428 | 1.702 | 1.702 | 2.407 | 2.854 | 3.380 | 3.996 | 4.717 | 5.560 | 6.544 | 7.690 | 9.024 | 10.575 | 12.375 |
| 19 | 1.208 | 1.457 | 1.754 | 1.754 | 2.527 | 3.026 | 3.617 | 4.316 | 5.142 | 6.116 | 7.263 | 8.613 | 10.197 | 12.056 | 14.232 |
| 20 | 1.220 | 1.486 | 1.806 | 1.806 | 2.653 | 3.207 | 3.870 | 4.661 | 5.604 | 6.727 | 8.062 | 9.646 | 11.523 | 13.743 | 16.367 |
| 21 | 1.232 | 1.516 | 1.860 | 1.860 | 2.786 | 3.400 | 4.141 | 5.034 | 6.109 | 7.400 | 8.949 | 10.804 | 13.021 | 15.668 | 18.822 |
| 22 | 1.245 | 1.546 | 1.916 | 1.916 | 2.925 | 3.604 | 4.430 | 5.437 | 6.659 | 8.140 | 9.934 | 12.100 | 14.714 | 17.861 | 21.645 |
| 23 | 1.257 | 1.577 | 1.974 | 1.974 | 3.072 | 3.820 | 4.741 | 5.871 | 7.258 | 8.954 | 11.026 | 13.552 | 16.627 | 20.362 | 24.891 |

续表

| 期数＼利率 | 1% | 2% | 3% | 4% | 5% | 6% | 7% | 8% | 9% | 10% | 11% | 12% | 13% | 14% | 15% |
|---|---|---|---|---|---|---|---|---|---|---|---|---|---|---|---|
| 24 | 1.270 | 1.608 | 2.033 | 2.033 | 3.225 | 4.049 | 5.072 | 6.341 | 7.911 | 9.850 | 12.239 | 15.179 | 18.788 | 23.212 | 28.625 |
| 25 | 1.282 | 1.641 | 2.094 | 2.094 | 3.386 | 4.292 | 5.427 | 6.848 | 8.623 | 10.835 | 13.585 | 17.000 | 21.231 | 26.462 | 32.919 |
| 26 | 1.295 | 1.673 | 2.157 | 2.157 | 3.556 | 4.549 | 5.807 | 7.396 | 9.399 | 11.918 | 15.080 | 19.040 | 23.991 | 30.167 | 37.857 |
| 27 | 1.308 | 1.707 | 2.221 | 2.221 | 3.733 | 4.822 | 6.214 | 7.988 | 10.245 | 13.110 | 16.739 | 21.325 | 27.109 | 34.390 | 43.535 |
| 28 | 1.321 | 1.741 | 2.288 | 2.288 | 3.920 | 5.112 | 6.649 | 8.627 | 11.167 | 14.421 | 18.580 | 23.884 | 30.633 | 39.204 | 50.066 |
| 29 | 1.335 | 1.776 | 2.357 | 2.357 | 4.116 | 5.418 | 7.114 | 9.317 | 12.172 | 15.863 | 20.624 | 26.750 | 34.616 | 44.693 | 57.575 |
| 30 | 1.348 | 1.811 | 2.427 | 2.427 | 4.322 | 5.743 | 7.612 | 10.063 | 13.268 | 17.449 | 22.892 | 29.960 | 39.116 | 50.950 | 66.212 |

## 附录 2　复利现值系数表

| 期数＼利率 | 1% | 2% | 3% | 4% | 5% | 6% | 7% | 8% | 9% | 10% | 11% | 12% | 13% | 14% | 15% |
|---|---|---|---|---|---|---|---|---|---|---|---|---|---|---|---|
| 1 | 0.990 | 0.980 | 0.962 | 0.971 | 0.952 | 0.943 | 0.935 | 0.926 | 0.917 | 0.909 | 0.901 | 0.893 | 0.885 | 0.877 | 0.870 |
| 2 | 0.980 | 0.961 | 0.925 | 0.943 | 0.907 | 0.890 | 0.873 | 0.857 | 0.842 | 0.826 | 0.812 | 0.797 | 0.783 | 0.769 | 0.756 |
| 3 | 0.971 | 0.942 | 0.889 | 0.915 | 0.864 | 0.840 | 0.816 | 0.794 | 0.772 | 0.751 | 0.731 | 0.712 | 0.693 | 0.675 | 0.658 |
| 4 | 0.961 | 0.924 | 0.855 | 0.888 | 0.823 | 0.792 | 0.763 | 0.735 | 0.708 | 0.683 | 0.659 | 0.636 | 0.613 | 0.592 | 0.572 |
| 5 | 0.951 | 0.906 | 0.822 | 0.863 | 0.784 | 0.747 | 0.713 | 0.681 | 0.650 | 0.621 | 0.593 | 0.567 | 0.543 | 0.519 | 0.497 |
| 6 | 0.942 | 0.888 | 0.790 | 0.837 | 0.746 | 0.705 | 0.666 | 0.630 | 0.596 | 0.564 | 0.535 | 0.507 | 0.480 | 0.456 | 0.432 |
| 7 | 0.933 | 0.871 | 0.760 | 0.813 | 0.711 | 0.665 | 0.623 | 0.583 | 0.547 | 0.513 | 0.482 | 0.452 | 0.425 | 0.400 | 0.376 |
| 8 | 0.923 | 0.853 | 0.731 | 0.789 | 0.677 | 0.627 | 0.582 | 0.540 | 0.502 | 0.467 | 0.434 | 0.404 | 0.376 | 0.351 | 0.327 |
| 9 | 0.914 | 0.837 | 0.703 | 0.766 | 0.645 | 0.592 | 0.544 | 0.500 | 0.460 | 0.424 | 0.391 | 0.361 | 0.333 | 0.308 | 0.284 |
| 10 | 0.905 | 0.820 | 0.676 | 0.744 | 0.614 | 0.558 | 0.508 | 0.463 | 0.422 | 0.386 | 0.352 | 0.322 | 0.295 | 0.270 | 0.247 |
| 11 | 0.896 | 0.804 | 0.650 | 0.722 | 0.585 | 0.527 | 0.475 | 0.429 | 0.388 | 0.350 | 0.317 | 0.287 | 0.261 | 0.237 | 0.215 |
| 12 | 0.887 | 0.788 | 0.625 | 0.701 | 0.557 | 0.497 | 0.444 | 0.397 | 0.356 | 0.319 | 0.286 | 0.257 | 0.231 | 0.208 | 0.187 |
| 13 | 0.879 | 0.773 | 0.601 | 0.681 | 0.530 | 0.469 | 0.415 | 0.368 | 0.326 | 0.290 | 0.258 | 0.229 | 0.204 | 0.182 | 0.163 |

续表

| 期数＼利率 | 1% | 2% | 3% | 4% | 5% | 6% | 7% | 8% | 9% | 10% | 11% | 12% | 13% | 14% | 15% |
|---|---|---|---|---|---|---|---|---|---|---|---|---|---|---|---|
| 14 | 0.870 | 0.758 | 0.577 | 0.661 | 0.505 | 0.442 | 0.388 | 0.340 | 0.299 | 0.263 | 0.232 | 0.205 | 0.181 | 0.160 | 0.141 |
| 15 | 0.861 | 0.743 | 0.555 | 0.642 | 0.481 | 0.417 | 0.362 | 0.315 | 0.275 | 0.239 | 0.209 | 0.183 | 0.160 | 0.140 | 0.123 |
| 16 | 0.853 | 0.728 | 0.534 | 0.623 | 0.458 | 0.394 | 0.339 | 0.292 | 0.252 | 0.218 | 0.188 | 0.163 | 0.141 | 0.123 | 0.107 |
| 17 | 0.844 | 0.714 | 0.513 | 0.605 | 0.436 | 0.371 | 0.317 | 0.270 | 0.231 | 0.198 | 0.170 | 0.146 | 0.125 | 0.108 | 0.093 |
| 18 | 0.836 | 0.700 | 0.494 | 0.587 | 0.416 | 0.350 | 0.296 | 0.250 | 0.212 | 0.180 | 0.153 | 0.130 | 0.111 | 0.095 | 0.081 |
| 19 | 0.828 | 0.686 | 0.475 | 0.570 | 0.396 | 0.331 | 0.277 | 0.232 | 0.194 | 0.164 | 0.138 | 0.116 | 0.098 | 0.083 | 0.070 |
| 20 | 0.820 | 0.673 | 0.456 | 0.554 | 0.377 | 0.312 | 0.258 | 0.215 | 0.178 | 0.149 | 0.124 | 0.104 | 0.087 | 0.073 | 0.061 |
| 21 | 0.811 | 0.660 | 0.439 | 0.538 | 0.359 | 0.294 | 0.242 | 0.199 | 0.164 | 0.135 | 0.112 | 0.093 | 0.077 | 0.064 | 0.053 |
| 22 | 0.803 | 0.647 | 0.422 | 0.522 | 0.342 | 0.278 | 0.226 | 0.184 | 0.150 | 0.123 | 0.101 | 0.083 | 0.068 | 0.056 | 0.046 |
| 23 | 0.795 | 0.634 | 0.406 | 0.507 | 0.326 | 0.262 | 0.211 | 0.170 | 0.138 | 0.112 | 0.091 | 0.074 | 0.060 | 0.049 | 0.040 |
| 24 | 0.788 | 0.622 | 0.390 | 0.492 | 0.310 | 0.247 | 0.197 | 0.158 | 0.126 | 0.102 | 0.082 | 0.066 | 0.053 | 0.043 | 0.035 |
| 25 | 0.780 | 0.610 | 0.375 | 0.478 | 0.295 | 0.233 | 0.184 | 0.146 | 0.116 | 0.092 | 0.074 | 0.059 | 0.047 | 0.038 | 0.030 |
| 26 | 0.772 | 0.598 | 0.361 | 0.464 | 0.281 | 0.220 | 0.172 | 0.135 | 0.106 | 0.084 | 0.066 | 0.053 | 0.042 | 0.033 | 0.026 |
| 27 | 0.764 | 0.586 | 0.347 | 0.450 | 0.268 | 0.207 | 0.161 | 0.125 | 0.098 | 0.076 | 0.060 | 0.047 | 0.037 | 0.029 | 0.023 |
| 28 | 0.757 | 0.574 | 0.333 | 0.437 | 0.255 | 0.196 | 0.150 | 0.116 | 0.090 | 0.069 | 0.054 | 0.042 | 0.033 | 0.026 | 0.020 |
| 29 | 0.749 | 0.563 | 0.321 | 0.424 | 0.243 | 0.185 | 0.141 | 0.107 | 0.082 | 0.063 | 0.048 | 0.037 | 0.029 | 0.022 | 0.017 |
| 30 | 0.742 | 0.552 | 0.308 | 0.412 | 0.231 | 0.174 | 0.131 | 0.099 | 0.075 | 0.057 | 0.044 | 0.033 | 0.026 | 0.020 | 0.015 |

## 附录 3　年金终值系数表

| 期数＼利率 | 1% | 2% | 3% | 4% | 5% | 6% | 7% | 8% | 9% | 10% | 11% | 12% | 13% | 14% | 15% |
|---|---|---|---|---|---|---|---|---|---|---|---|---|---|---|---|
| 1 | 1.000 | 1.000 | 1.000 | 1.000 | 1.000 | 1.000 | 1.000 | 1.000 | 1.000 | 1.000 | 1.000 | 1.000 | 1.000 | 1.000 | 1.000 |
| 2 | 2.010 | 2.020 | 2.030 | 2.040 | 2.050 | 2.060 | 2.070 | 2.080 | 2.090 | 2.100 | 2.110 | 2.120 | 2.130 | 2.140 | 2.150 |
| 3 | 3.030 | 3.060 | 3.091 | 3.122 | 3.153 | 3.184 | 3.215 | 3.246 | 3.278 | 3.310 | 3.342 | 3.374 | 3.407 | 3.440 | 3.473 |

续表

| 利率<br>期数 | 1% | 2% | 3% | 4% | 5% | 6% | 7% | 8% | 9% | 10% | 11% | 12% | 13% | 14% | 15% |
|---|---|---|---|---|---|---|---|---|---|---|---|---|---|---|---|
| 4 | 4.060 | 4.122 | 4.184 | 4.246 | 4.310 | 4.375 | 4.440 | 4.506 | 4.573 | 4.641 | 4.710 | 4.779 | 4.850 | 4.921 | 4.993 |
| 5 | 5.101 | 5.204 | 5.309 | 5.416 | 5.526 | 5.637 | 5.751 | 5.867 | 5.985 | 6.105 | 6.228 | 6.353 | 6.480 | 6.610 | 6.742 |
| 6 | 6.152 | 6.308 | 6.468 | 6.633 | 6.802 | 6.975 | 7.153 | 7.336 | 7.523 | 7.716 | 7.913 | 8.115 | 8.323 | 8.536 | 8.754 |
| 7 | 7.214 | 7.434 | 7.662 | 7.898 | 8.142 | 8.394 | 8.654 | 8.923 | 9.200 | 9.487 | 9.783 | 10.089 | 10.405 | 10.730 | 11.067 |
| 8 | 8.286 | 8.583 | 8.892 | 9.214 | 9.549 | 9.897 | 10.260 | 10.637 | 11.028 | 11.436 | 11.859 | 12.300 | 12.757 | 13.233 | 13.727 |
| 9 | 9.369 | 9.755 | 10.159 | 10.583 | 11.027 | 11.491 | 11.978 | 12.488 | 13.021 | 13.579 | 14.164 | 14.776 | 15.416 | 16.085 | 16.786 |
| 10 | 10.462 | 10.950 | 11.464 | 12.006 | 12.578 | 13.181 | 13.816 | 14.487 | 15.193 | 15.937 | 16.722 | 17.549 | 18.420 | 19.337 | 20.304 |
| 11 | 11.567 | 12.169 | 12.808 | 13.486 | 14.207 | 14.972 | 15.784 | 16.645 | 17.560 | 18.531 | 19.561 | 20.655 | 21.814 | 23.045 | 24.349 |
| 12 | 12.683 | 13.412 | 14.192 | 15.026 | 15.917 | 16.870 | 17.888 | 18.977 | 20.141 | 21.384 | 22.713 | 24.133 | 25.650 | 27.271 | 29.002 |
| 13 | 13.809 | 14.680 | 15.618 | 16.627 | 17.713 | 18.882 | 20.141 | 21.495 | 22.953 | 24.523 | 26.212 | 28.029 | 29.985 | 32.089 | 34.352 |
| 14 | 14.947 | 15.974 | 17.086 | 18.292 | 19.599 | 21.015 | 22.550 | 24.215 | 26.019 | 27.975 | 30.095 | 32.393 | 34.883 | 37.581 | 40.505 |
| 15 | 16.097 | 17.293 | 18.599 | 20.024 | 21.579 | 23.276 | 25.129 | 27.152 | 29.361 | 31.772 | 34.405 | 37.280 | 40.417 | 43.842 | 47.580 |
| 16 | 17.258 | 18.639 | 20.157 | 21.825 | 23.657 | 25.673 | 27.888 | 30.324 | 33.003 | 35.950 | 39.190 | 42.753 | 46.672 | 50.980 | 55.717 |
| 17 | 18.430 | 20.012 | 21.762 | 23.698 | 25.840 | 28.213 | 30.840 | 33.750 | 36.974 | 40.545 | 44.501 | 48.884 | 53.739 | 59.118 | 65.075 |
| 18 | 19.615 | 21.412 | 23.414 | 25.645 | 28.132 | 30.906 | 33.999 | 37.450 | 41.301 | 45.599 | 50.396 | 55.750 | 61.725 | 68.394 | 75.836 |
| 19 | 20.811 | 22.841 | 25.117 | 27.671 | 30.539 | 33.760 | 37.379 | 41.446 | 46.018 | 51.159 | 56.939 | 63.440 | 70.749 | 78.969 | 88.212 |
| 20 | 22.019 | 24.297 | 26.870 | 29.778 | 33.066 | 36.786 | 40.995 | 45.762 | 51.160 | 57.275 | 64.203 | 72.052 | 80.947 | 91.025 | 102.444 |
| 21 | 23.239 | 25.783 | 28.676 | 31.969 | 35.719 | 39.993 | 44.865 | 50.423 | 56.765 | 64.002 | 72.265 | 81.699 | 92.470 | 104.768 | 118.810 |
| 22 | 24.472 | 27.299 | 30.537 | 34.248 | 38.505 | 43.392 | 49.006 | 55.457 | 62.873 | 71.403 | 81.214 | 92.503 | 105.491 | 120.436 | 137.632 |
| 23 | 25.716 | 28.845 | 32.453 | 36.618 | 41.430 | 46.996 | 53.436 | 60.893 | 69.532 | 79.543 | 91.148 | 104.603 | 120.205 | 138.297 | 159.276 |
| 24 | 26.973 | 30.422 | 34.426 | 39.083 | 44.502 | 50.816 | 58.177 | 66.765 | 76.790 | 88.497 | 102.174 | 118.155 | 136.831 | 158.659 | 184.168 |
| 25 | 28.243 | 32.030 | 36.459 | 41.646 | 47.727 | 54.865 | 63.249 | 73.106 | 84.701 | 98.347 | 114.413 | 133.334 | 155.620 | 181.871 | 212.793 |
| 26 | 29.526 | 33.671 | 38.553 | 44.312 | 51.113 | 59.156 | 68.676 | 79.954 | 93.324 | 109.182 | 127.999 | 150.334 | 176.850 | 208.333 | 245.712 |

续表

| 利率<br>期数 | 1% | 2% | 3% | 4% | 5% | 6% | 7% | 8% | 9% | 10% | 11% | 12% | 13% | 14% | 15% |
|---|---|---|---|---|---|---|---|---|---|---|---|---|---|---|---|
| 27 | 30.821 | 35.344 | 40.710 | 47.084 | 54.669 | 63.706 | 74.484 | 87.351 | 102.723 | 121.100 | 143.079 | 169.374 | 200.841 | 238.499 | 283.569 |
| 28 | 32.129 | 37.051 | 42.931 | 49.968 | 58.403 | 68.528 | 80.698 | 95.339 | 112.968 | 134.210 | 159.817 | 190.699 | 227.950 | 272.889 | 327.104 |
| 29 | 33.450 | 38.792 | 45.219 | 52.966 | 62.323 | 73.640 | 87.347 | 103.966 | 124.135 | 148.631 | 178.397 | 214.583 | 258.583 | 312.094 | 377.170 |
| 30 | 34.785 | 40.568 | 47.575 | 56.085 | 66.439 | 79.058 | 94.461 | 113.283 | 136.308 | 164.494 | 199.021 | 241.333 | 293.199 | 356.787 | 434.745 |

## 附录 4　偿债基金系数表

| 利率<br>期数 | 1% | 2% | 3% | 4% | 5% | 6% | 7% | 8% | 9% | 10% | 11% | 12% | 13% | 14% | 15% |
|---|---|---|---|---|---|---|---|---|---|---|---|---|---|---|---|
| 1 | 1.000 | 1.000 | 1.000 | 1.000 | 1.000 | 1.000 | 1.000 | 1.000 | 1.000 | 1.000 | 1.000 | 1.000 | 1.000 | 1.000 | 1.000 |
| 2 | 0.498 | 0.495 | 0.493 | 0.490 | 0.488 | 0.485 | 0.483 | 0.481 | 0.478 | 0.476 | 0.474 | 0.472 | 0.469 | 0.467 | 0.465 |
| 3 | 0.330 | 0.327 | 0.324 | 0.320 | 0.317 | 0.314 | 0.311 | 0.308 | 0.305 | 0.302 | 0.299 | 0.296 | 0.294 | 0.291 | 0.288 |
| 4 | 0.246 | 0.243 | 0.239 | 0.235 | 0.232 | 0.229 | 0.225 | 0.222 | 0.219 | 0.215 | 0.212 | 0.209 | 0.206 | 0.203 | 0.200 |
| 5 | 0.196 | 0.192 | 0.188 | 0.185 | 0.181 | 0.177 | 0.174 | 0.170 | 0.167 | 0.164 | 0.161 | 0.157 | 0.154 | 0.151 | 0.148 |
| 6 | 0.163 | 0.159 | 0.155 | 0.151 | 0.147 | 0.143 | 0.140 | 0.136 | 0.133 | 0.130 | 0.126 | 0.123 | 0.120 | 0.117 | 0.114 |
| 7 | 0.139 | 0.135 | 0.131 | 0.127 | 0.123 | 0.119 | 0.116 | 0.112 | 0.109 | 0.105 | 0.102 | 0.099 | 0.096 | 0.093 | 0.090 |
| 8 | 0.121 | 0.117 | 0.112 | 0.109 | 0.105 | 0.101 | 0.097 | 0.094 | 0.091 | 0.087 | 0.084 | 0.081 | 0.078 | 0.076 | 0.073 |
| 9 | 0.107 | 0.103 | 0.098 | 0.094 | 0.091 | 0.087 | 0.083 | 0.080 | 0.077 | 0.074 | 0.071 | 0.068 | 0.065 | 0.062 | 0.060 |
| 10 | 0.096 | 0.091 | 0.087 | 0.083 | 0.080 | 0.076 | 0.072 | 0.069 | 0.066 | 0.063 | 0.060 | 0.057 | 0.054 | 0.052 | 0.049 |
| 11 | 0.086 | 0.082 | 0.078 | 0.074 | 0.070 | 0.067 | 0.063 | 0.060 | 0.057 | 0.054 | 0.051 | 0.048 | 0.046 | 0.043 | 0.041 |
| 12 | 0.079 | 0.075 | 0.070 | 0.067 | 0.063 | 0.059 | 0.056 | 0.053 | 0.050 | 0.047 | 0.044 | 0.041 | 0.039 | 0.037 | 0.034 |
| 13 | 0.072 | 0.068 | 0.064 | 0.060 | 0.056 | 0.053 | 0.050 | 0.047 | 0.044 | 0.041 | 0.038 | 0.036 | 0.033 | 0.031 | 0.029 |
| 14 | 0.067 | 0.063 | 0.059 | 0.055 | 0.051 | 0.048 | 0.044 | 0.041 | 0.038 | 0.036 | 0.033 | 0.031 | 0.029 | 0.027 | 0.025 |
| 15 | 0.062 | 0.058 | 0.054 | 0.050 | 0.046 | 0.043 | 0.040 | 0.037 | 0.034 | 0.031 | 0.029 | 0.027 | 0.025 | 0.023 | 0.021 |
| 16 | 0.058 | 0.054 | 0.050 | 0.046 | 0.042 | 0.039 | 0.036 | 0.033 | 0.030 | 0.028 | 0.026 | 0.023 | 0.021 | 0.020 | 0.018 |

续表

| 期数＼利率 | 1% | 2% | 3% | 4% | 5% | 6% | 7% | 8% | 9% | 10% | 11% | 12% | 13% | 14% | 15% |
|---|---|---|---|---|---|---|---|---|---|---|---|---|---|---|---|
| 17 | 0.054 | 0.050 | 0.046 | 0.042 | 0.039 | 0.035 | 0.032 | 0.030 | 0.027 | 0.025 | 0.022 | 0.020 | 0.019 | 0.017 | 0.015 |
| 18 | 0.051 | 0.047 | 0.043 | 0.039 | 0.036 | 0.032 | 0.029 | 0.027 | 0.024 | 0.022 | 0.020 | 0.018 | 0.016 | 0.015 | 0.013 |
| 19 | 0.048 | 0.044 | 0.040 | 0.036 | 0.033 | 0.030 | 0.027 | 0.024 | 0.022 | 0.020 | 0.018 | 0.016 | 0.014 | 0.013 | 0.011 |
| 20 | 0.045 | 0.041 | 0.037 | 0.034 | 0.030 | 0.027 | 0.024 | 0.022 | 0.020 | 0.017 | 0.016 | 0.014 | 0.012 | 0.011 | 0.010 |
| 21 | 0.043 | 0.039 | 0.035 | 0.031 | 0.028 | 0.025 | 0.022 | 0.020 | 0.018 | 0.016 | 0.014 | 0.012 | 0.011 | 0.010 | 0.008 |
| 22 | 0.041 | 0.037 | 0.033 | 0.029 | 0.026 | 0.023 | 0.020 | 0.018 | 0.016 | 0.014 | 0.012 | 0.011 | 0.009 | 0.008 | 0.007 |
| 23 | 0.039 | 0.035 | 0.031 | 0.027 | 0.024 | 0.021 | 0.019 | 0.016 | 0.014 | 0.013 | 0.011 | 0.010 | 0.008 | 0.007 | 0.006 |
| 24 | 0.037 | 0.033 | 0.029 | 0.026 | 0.022 | 0.020 | 0.017 | 0.015 | 0.013 | 0.011 | 0.010 | 0.008 | 0.007 | 0.006 | 0.005 |
| 25 | 0.035 | 0.031 | 0.027 | 0.024 | 0.021 | 0.018 | 0.016 | 0.014 | 0.012 | 0.010 | 0.009 | 0.007 | 0.006 | 0.005 | 0.005 |
| 26 | 0.034 | 0.030 | 0.026 | 0.023 | 0.020 | 0.017 | 0.015 | 0.013 | 0.011 | 0.009 | 0.008 | 0.007 | 0.006 | 0.005 | 0.004 |
| 27 | 0.032 | 0.028 | 0.025 | 0.021 | 0.018 | 0.016 | 0.013 | 0.011 | 0.010 | 0.008 | 0.007 | 0.006 | 0.005 | 0.004 | 0.004 |
| 28 | 0.031 | 0.027 | 0.023 | 0.020 | 0.017 | 0.015 | 0.012 | 0.010 | 0.009 | 0.007 | 0.006 | 0.005 | 0.004 | 0.004 | 0.003 |
| 29 | 0.030 | 0.026 | 0.022 | 0.019 | 0.016 | 0.014 | 0.011 | 0.010 | 0.008 | 0.007 | 0.006 | 0.005 | 0.004 | 0.003 | 0.003 |
| 30 | 0.029 | 0.025 | 0.021 | 0.018 | 0.015 | 0.013 | 0.011 | 0.009 | 0.007 | 0.006 | 0.005 | 0.004 | 0.003 | 0.003 | 0.002 |

## 附录 5　年金现值系数表

| 期数＼利率 | 1% | 2% | 3% | 4% | 5% | 6% | 7% | 8% | 9% | 10% | 11% | 12% | 13% | 14% | 15% |
|---|---|---|---|---|---|---|---|---|---|---|---|---|---|---|---|
| 1 | 0.990 | 0.980 | 0.971 | 0.962 | 0.952 | 0.943 | 0.935 | 0.926 | 0.917 | 0.909 | 0.901 | 0.893 | 0.885 | 0.877 | 0.870 |
| 2 | 1.970 | 1.942 | 1.913 | 1.886 | 1.859 | 1.833 | 1.808 | 1.783 | 1.759 | 1.736 | 1.713 | 1.690 | 1.668 | 1.647 | 1.626 |
| 3 | 2.941 | 2.884 | 2.829 | 2.775 | 2.723 | 2.673 | 2.624 | 2.577 | 2.531 | 2.487 | 2.444 | 2.402 | 2.361 | 2.322 | 2.283 |
| 4 | 3.902 | 3.808 | 3.717 | 3.630 | 3.546 | 3.465 | 3.387 | 3.312 | 3.240 | 3.170 | 3.102 | 3.037 | 2.974 | 2.914 | 2.855 |
| 5 | 4.853 | 4.713 | 4.580 | 4.452 | 4.329 | 4.212 | 4.100 | 3.993 | 3.890 | 3.791 | 3.696 | 3.605 | 3.517 | 3.433 | 3.352 |
| 6 | 5.795 | 5.601 | 5.417 | 5.242 | 5.076 | 4.917 | 4.767 | 4.623 | 4.486 | 4.355 | 4.231 | 4.111 | 3.998 | 3.889 | 3.784 |

续表

| 期数＼利率 | 1% | 2% | 3% | 4% | 5% | 6% | 7% | 8% | 9% | 10% | 11% | 12% | 13% | 14% | 15% |
|---|---|---|---|---|---|---|---|---|---|---|---|---|---|---|---|
| 7 | 6.728 | 6.472 | 6.230 | 6.002 | 5.786 | 5.582 | 5.389 | 5.206 | 5.033 | 4.868 | 4.712 | 4.564 | 4.423 | 4.288 | 4.160 |
| 8 | 7.652 | 7.325 | 7.020 | 6.733 | 6.463 | 6.210 | 5.971 | 5.747 | 5.535 | 5.335 | 5.146 | 4.968 | 4.799 | 4.639 | 4.487 |
| 9 | 8.566 | 8.162 | 7.786 | 7.435 | 7.108 | 6.802 | 6.515 | 6.247 | 5.995 | 5.759 | 5.537 | 5.328 | 5.132 | 4.946 | 4.772 |
| 10 | 9.471 | 8.983 | 8.530 | 8.111 | 7.722 | 7.360 | 7.024 | 6.710 | 6.418 | 6.145 | 5.889 | 5.650 | 5.426 | 5.216 | 5.019 |
| 11 | 10.368 | 9.787 | 9.253 | 8.760 | 8.306 | 7.887 | 7.499 | 7.139 | 6.805 | 6.495 | 6.207 | 5.938 | 5.687 | 5.453 | 5.234 |
| 12 | 11.255 | 10.575 | 9.954 | 9.385 | 8.863 | 8.384 | 7.943 | 7.536 | 7.161 | 6.814 | 6.492 | 6.194 | 5.918 | 5.660 | 5.421 |
| 13 | 12.134 | 11.348 | 10.635 | 9.986 | 9.394 | 8.853 | 8.358 | 7.904 | 7.487 | 7.103 | 6.750 | 6.424 | 6.122 | 5.842 | 5.583 |
| 14 | 13.004 | 12.106 | 11.296 | 10.563 | 9.899 | 9.295 | 8.745 | 8.244 | 7.786 | 7.367 | 6.982 | 6.628 | 6.302 | 6.002 | 5.724 |
| 15 | 13.865 | 12.849 | 11.938 | 11.118 | 10.380 | 9.712 | 9.108 | 8.559 | 8.061 | 7.606 | 7.191 | 6.811 | 6.462 | 6.142 | 5.847 |
| 16 | 14.718 | 13.578 | 12.561 | 11.652 | 10.838 | 10.106 | 9.447 | 8.851 | 8.313 | 7.824 | 7.379 | 6.974 | 6.604 | 6.265 | 5.954 |
| 17 | 15.562 | 14.292 | 13.166 | 12.166 | 11.274 | 10.477 | 9.763 | 9.122 | 8.544 | 8.022 | 7.549 | 7.120 | 6.729 | 6.373 | 6.047 |
| 18 | 16.398 | 14.992 | 13.754 | 12.659 | 11.690 | 10.828 | 10.059 | 9.372 | 8.756 | 8.201 | 7.702 | 7.250 | 6.840 | 6.467 | 6.128 |
| 19 | 17.226 | 15.678 | 14.324 | 13.134 | 12.085 | 11.158 | 10.336 | 9.604 | 8.950 | 8.365 | 7.839 | 7.366 | 6.938 | 6.550 | 6.198 |
| 20 | 18.046 | 16.351 | 14.877 | 13.590 | 12.462 | 11.470 | 10.594 | 9.818 | 9.129 | 8.514 | 7.963 | 7.469 | 7.025 | 6.623 | 6.259 |
| 21 | 18.857 | 17.011 | 15.415 | 14.029 | 12.821 | 11.764 | 10.836 | 10.017 | 9.292 | 8.649 | 8.075 | 7.562 | 7.102 | 6.687 | 6.312 |
| 22 | 19.660 | 17.658 | 15.937 | 14.451 | 13.163 | 12.042 | 11.061 | 10.201 | 9.442 | 8.772 | 8.176 | 7.645 | 7.170 | 6.743 | 6.359 |
| 23 | 20.456 | 18.292 | 16.444 | 14.857 | 13.489 | 12.303 | 11.272 | 10.371 | 9.580 | 8.883 | 8.266 | 7.718 | 7.230 | 6.792 | 6.399 |
| 24 | 21.243 | 18.914 | 16.936 | 15.247 | 13.799 | 12.550 | 11.469 | 10.529 | 9.707 | 8.985 | 8.348 | 7.784 | 7.283 | 6.835 | 6.434 |
| 25 | 22.023 | 19.523 | 17.413 | 15.622 | 14.094 | 12.783 | 11.654 | 10.675 | 9.823 | 9.077 | 8.422 | 7.843 | 7.330 | 6.873 | 6.464 |
| 26 | 22.795 | 20.121 | 17.877 | 15.983 | 14.375 | 13.003 | 11.826 | 10.810 | 9.929 | 9.161 | 8.488 | 7.896 | 7.372 | 6.906 | 6.491 |
| 27 | 23.560 | 20.707 | 18.327 | 16.330 | 14.643 | 13.211 | 11.987 | 10.935 | 10.027 | 9.237 | 8.548 | 7.943 | 7.409 | 6.935 | 6.514 |
| 28 | 24.316 | 21.281 | 18.764 | 16.663 | 14.898 | 13.406 | 12.137 | 11.051 | 10.116 | 9.307 | 8.602 | 7.984 | 7.441 | 6.961 | 6.534 |
| 29 | 25.066 | 21.844 | 19.188 | 16.984 | 15.141 | 13.591 | 12.278 | 11.158 | 10.198 | 9.370 | 8.650 | 8.022 | 7.470 | 6.983 | 6.551 |
| 30 | 25.808 | 22.396 | 19.600 | 17.292 | 15.372 | 13.765 | 12.409 | 11.258 | 10.274 | 9.427 | 8.694 | 8.055 | 7.496 | 7.003 | 6.566 |

## 附录 6　资金回收系数表

| 利率<br>期数 | 1% | 2% | 3% | 4% | 5% | 6% | 7% | 8% | 9% | 10% | 11% | 12% | 13% | 14% | 15% | 20% |
|---|---|---|---|---|---|---|---|---|---|---|---|---|---|---|---|---|
| 1 | 1.010 | 1.020 | 1.030 | 1.040 | 1.050 | 1.060 | 1.070 | 1.080 | 1.090 | 1.100 | 1.110 | 1.120 | 1.130 | 1.140 | 1.150 | 1.200 |
| 2 | 0.508 | 0.515 | 0.523 | 0.530 | 0.538 | 0.545 | 0.553 | 0.561 | 0.568 | 0.576 | 0.584 | 0.592 | 0.599 | 0.607 | 0.615 | 0.655 |
| 3 | 0.340 | 0.347 | 0.354 | 0.360 | 0.367 | 0.374 | 0.381 | 0.388 | 0.395 | 0.402 | 0.409 | 0.416 | 0.424 | 0.431 | 0.438 | 0.475 |
| 4 | 0.256 | 0.263 | 0.269 | 0.275 | 0.282 | 0.289 | 0.295 | 0.302 | 0.309 | 0.315 | 0.322 | 0.329 | 0.336 | 0.343 | 0.350 | 0.386 |
| 5 | 0.206 | 0.212 | 0.218 | 0.225 | 0.231 | 0.237 | 0.244 | 0.250 | 0.257 | 0.264 | 0.271 | 0.277 | 0.284 | 0.291 | 0.298 | 0.334 |
| 6 | 0.173 | 0.179 | 0.185 | 0.191 | 0.197 | 0.203 | 0.210 | 0.216 | 0.223 | 0.230 | 0.236 | 0.243 | 0.250 | 0.257 | 0.264 | 0.301 |
| 7 | 0.149 | 0.155 | 0.161 | 0.167 | 0.173 | 0.179 | 0.186 | 0.192 | 0.199 | 0.205 | 0.212 | 0.219 | 0.226 | 0.233 | 0.240 | 0.277 |
| 8 | 0.131 | 0.137 | 0.142 | 0.149 | 0.155 | 0.161 | 0.167 | 0.174 | 0.181 | 0.187 | 0.194 | 0.201 | 0.208 | 0.216 | 0.223 | 0.261 |
| 9 | 0.117 | 0.123 | 0.128 | 0.134 | 0.141 | 0.147 | 0.153 | 0.160 | 0.167 | 0.174 | 0.181 | 0.188 | 0.195 | 0.202 | 0.210 | 0.248 |
| 10 | 0.106 | 0.111 | 0.117 | 0.123 | 0.130 | 0.136 | 0.142 | 0.149 | 0.156 | 0.163 | 0.170 | 0.177 | 0.184 | 0.192 | 0.199 | 0.239 |
| 11 | 0.096 | 0.102 | 0.108 | 0.114 | 0.120 | 0.127 | 0.133 | 0.140 | 0.147 | 0.154 | 0.161 | 0.168 | 0.176 | 0.183 | 0.191 | 0.231 |
| 12 | 0.089 | 0.095 | 0.100 | 0.107 | 0.113 | 0.119 | 0.126 | 0.133 | 0.140 | 0.147 | 0.154 | 0.161 | 0.169 | 0.177 | 0.184 | 0.225 |
| 13 | 0.082 | 0.088 | 0.094 | 0.100 | 0.106 | 0.113 | 0.120 | 0.127 | 0.134 | 0.141 | 0.148 | 0.156 | 0.163 | 0.171 | 0.179 | 0.221 |
| 14 | 0.077 | 0.083 | 0.089 | 0.095 | 0.101 | 0.108 | 0.114 | 0.121 | 0.128 | 0.136 | 0.143 | 0.151 | 0.159 | 0.167 | 0.175 | 0.217 |
| 15 | 0.072 | 0.078 | 0.084 | 0.090 | 0.096 | 0.103 | 0.110 | 0.117 | 0.124 | 0.131 | 0.139 | 0.147 | 0.155 | 0.163 | 0.171 | 0.214 |
| 16 | 0.068 | 0.074 | 0.080 | 0.086 | 0.092 | 0.099 | 0.106 | 0.113 | 0.120 | 0.128 | 0.136 | 0.143 | 0.151 | 0.160 | 0.168 | 0.211 |
| 17 | 0.064 | 0.070 | 0.076 | 0.082 | 0.089 | 0.095 | 0.102 | 0.110 | 0.117 | 0.125 | 0.132 | 0.140 | 0.149 | 0.157 | 0.165 | 0.209 |
| 18 | 0.061 | 0.067 | 0.073 | 0.079 | 0.086 | 0.092 | 0.099 | 0.107 | 0.114 | 0.122 | 0.130 | 0.138 | 0.146 | 0.155 | 0.163 | 0.208 |
| 19 | 0.058 | 0.064 | 0.070 | 0.076 | 0.083 | 0.090 | 0.097 | 0.104 | 0.112 | 0.120 | 0.128 | 0.136 | 0.144 | 0.153 | 0.161 | 0.206 |
| 20 | 0.055 | 0.061 | 0.067 | 0.074 | 0.080 | 0.087 | 0.094 | 0.102 | 0.110 | 0.117 | 0.126 | 0.134 | 0.142 | 0.151 | 0.160 | 0.205 |
| 21 | 0.053 | 0.059 | 0.065 | 0.071 | 0.078 | 0.085 | 0.092 | 0.100 | 0.108 | 0.116 | 0.124 | 0.132 | 0.141 | 0.150 | 0.158 | 0.204 |
| 22 | 0.051 | 0.057 | 0.063 | 0.069 | 0.076 | 0.083 | 0.090 | 0.098 | 0.106 | 0.114 | 0.122 | 0.131 | 0.139 | 0.148 | 0.157 | 0.204 |
| 23 | 0.049 | 0.055 | 0.061 | 0.067 | 0.074 | 0.081 | 0.089 | 0.096 | 0.104 | 0.113 | 0.121 | 0.130 | 0.138 | 0.147 | 0.156 | 0.203 |

续表

| 期数＼利率 | 1% | 2% | 3% | 4% | 5% | 6% | 7% | 8% | 9% | 10% | 11% | 12% | 13% | 14% | 15% | 20% |
|---|---|---|---|---|---|---|---|---|---|---|---|---|---|---|---|---|
| 24 | 0.047 | 0.053 | 0.059 | 0.066 | 0.072 | 0.080 | 0.087 | 0.095 | 0.103 | 0.111 | 0.120 | 0.128 | 0.137 | 0.146 | 0.155 | 0.203 |
| 25 | 0.045 | 0.051 | 0.057 | 0.064 | 0.071 | 0.078 | 0.086 | 0.094 | 0.102 | 0.110 | 0.119 | 0.127 | 0.136 | 0.145 | 0.155 | 0.202 |
| 26 | 0.044 | 0.050 | 0.056 | 0.063 | 0.070 | 0.077 | 0.085 | 0.093 | 0.101 | 0.109 | 0.118 | 0.127 | 0.136 | 0.145 | 0.154 | 0.202 |
| 27 | 0.042 | 0.048 | 0.055 | 0.061 | 0.068 | 0.076 | 0.083 | 0.091 | 0.100 | 0.108 | 0.117 | 0.126 | 0.135 | 0.144 | 0.154 | 0.201 |
| 28 | 0.041 | 0.047 | 0.053 | 0.060 | 0.067 | 0.075 | 0.082 | 0.090 | 0.099 | 0.107 | 0.116 | 0.125 | 0.134 | 0.144 | 0.153 | 0.201 |
| 29 | 0.040 | 0.046 | 0.052 | 0.059 | 0.066 | 0.074 | 0.081 | 0.090 | 0.098 | 0.107 | 0.116 | 0.125 | 0.134 | 0.143 | 0.153 | 0.201 |
| 30 | 0.039 | 0.045 | 0.051 | 0.058 | 0.065 | 0.073 | 0.081 | 0.089 | 0.097 | 0.106 | 0.115 | 0.124 | 0.133 | 0.143 | 0.152 | 0.201 |

## 附录 7　等差终值系数表

| 期数＼利率 | 1% | 2% | 3% | 4% | 5% | 6% | 7% | 8% | 9% | 10% | 11% | 12% | 13% | 14% | 15% |
|---|---|---|---|---|---|---|---|---|---|---|---|---|---|---|---|
| 1 | 0.000 | 0.000 | 0.000 | 0.000 | 0.000 | 0.000 | 0.000 | 0.000 | 0.000 | 0.000 | 0.000 | 0.000 | 0.000 | 0.000 | 0.000 |
| 2 | 1.000 | 1.000 | 1.000 | 1.000 | 1.000 | 1.000 | 1.000 | 1.000 | 1.000 | 1.000 | 1.000 | 1.000 | 1.000 | 1.000 | 1.000 |
| 3 | 3.010 | 3.020 | 3.030 | 3.040 | 3.050 | 3.060 | 3.070 | 3.080 | 3.090 | 3.100 | 3.110 | 3.120 | 3.130 | 3.140 | 3.150 |
| 4 | 6.040 | 6.080 | 6.121 | 6.162 | 6.202 | 6.244 | 6.285 | 6.326 | 6.368 | 6.410 | 6.452 | 6.494 | 6.537 | 6.580 | 6.622 |
| 5 | 10.101 | 10.202 | 10.305 | 10.408 | 10.513 | 10.618 | 10.725 | 10.833 | 10.941 | 11.051 | 11.162 | 11.274 | 11.387 | 11.501 | 11.616 |
| 6 | 15.202 | 15.406 | 15.614 | 15.824 | 16.038 | 16.255 | 16.476 | 16.699 | 16.926 | 17.156 | 17.390 | 17.627 | 17.867 | 18.111 | 18.358 |
| 7 | 21.354 | 21.714 | 22.082 | 22.457 | 22.840 | 23.231 | 23.629 | 24.035 | 24.449 | 24.872 | 25.302 | 25.742 | 26.190 | 26.646 | 27.112 |
| 8 | 28.567 | 29.148 | 29.745 | 30.356 | 30.982 | 31.624 | 32.283 | 32.958 | 33.650 | 34.359 | 35.086 | 35.831 | 36.594 | 37.377 | 38.179 |
| 9 | 36.853 | 37.731 | 38.637 | 39.570 | 40.531 | 41.522 | 42.543 | 43.594 | 44.678 | 45.795 | 46.945 | 48.130 | 49.352 | 50.610 | 51.906 |
| 10 | 46.221 | 47.486 | 48.796 | 50.153 | 51.558 | 53.013 | 54.521 | 56.082 | 57.699 | 59.374 | 61.109 | 62.906 | 64.767 | 66.695 | 68.691 |
| 11 | 56.683 | 58.436 | 60.260 | 62.159 | 64.136 | 66.194 | 68.337 | 70.569 | 72.892 | 75.312 | 77.831 | 80.455 | 83.187 | 86.032 | 88.995 |
| 12 | 68.250 | 70.604 | 73.068 | 75.645 | 78.343 | 81.166 | 84.121 | 87.214 | 90.452 | 93.843 | 97.393 | 101.109 | 105.001 | 109.077 | 113.344 |
| 13 | 80.933 | 84.017 | 87.260 | 90.671 | 94.260 | 98.036 | 102.009 | 106.191 | 110.593 | 115.227 | 120.106 | 125.243 | 130.652 | 136.348 | 142.346 |

续表

| 期数＼利率 | 1% | 2% | 3% | 4% | 5% | 6% | 7% | 8% | 9% | 10% | 11% | 12% | 13% | 14% | 15% |
|---|---|---|---|---|---|---|---|---|---|---|---|---|---|---|---|
| 14 | 94.742 | 98.697 | 102.877 | 107.298 | 111.973 | 116.918 | 122.150 | 127.687 | 133.547 | 139.750 | 146.317 | 153.272 | 160.636 | 168.436 | 176.698 |
| 15 | 109.690 | 114.671 | 119.964 | 125.590 | 131.571 | 137.933 | 144.700 | 151.901 | 159.566 | 167.725 | 176.412 | 185.664 | 195.519 | 206.017 | 217.203 |
| 16 | 125.786 | 131.964 | 138.563 | 145.613 | 153.150 | 161.209 | 169.829 | 179.054 | 188.927 | 199.497 | 210.818 | 222.944 | 235.936 | 249.860 | 264.783 |
| 17 | 143.044 | 150.604 | 158.720 | 167.438 | 176.807 | 186.881 | 197.717 | 209.378 | 221.930 | 235.447 | 250.008 | 265.697 | 282.608 | 300.840 | 320.501 |
| 18 | 161.475 | 170.616 | 180.481 | 191.135 | 202.648 | 215.094 | 228.558 | 243.128 | 258.904 | 275.992 | 294.509 | 314.581 | 336.347 | 359.958 | 385.576 |
| 19 | 181.090 | 192.028 | 203.896 | 216.781 | 230.780 | 246.000 | 262.557 | 280.578 | 300.205 | 321.591 | 344.904 | 370.331 | 398.072 | 428.352 | 461.412 |
| 20 | 201.900 | 214.868 | 229.012 | 244.452 | 261.319 | 279.760 | 299.936 | 322.025 | 346.224 | 372.750 | 401.844 | 433.770 | 468.822 | 507.321 | 549.624 |
| 21 | 223.919 | 239.166 | 255.883 | 274.230 | 294.385 | 316.545 | 340.931 | 367.787 | 397.384 | 430.025 | 466.047 | 505.823 | 549.769 | 598.346 | 652.067 |
| 22 | 247.159 | 264.949 | 284.559 | 306.199 | 330.104 | 356.538 | 385.796 | 418.209 | 454.148 | 494.027 | 538.312 | 587.522 | 642.239 | 703.114 | 770.878 |
| 23 | 271.630 | 292.248 | 315.096 | 340.447 | 368.610 | 399.930 | 434.802 | 473.666 | 517.022 | 565.430 | 619.526 | 680.024 | 747.730 | 823.550 | 908.509 |
| 24 | 297.346 | 321.093 | 347.549 | 377.065 | 410.040 | 446.926 | 488.238 | 534.559 | 586.553 | 644.973 | 710.674 | 784.627 | 867.934 | 961.847 | 1067.786 |
| 25 | 324.320 | 351.515 | 381.975 | 416.148 | 454.542 | 497.742 | 546.415 | 601.324 | 663.343 | 733.471 | 812.848 | 902.782 | 1004.766 | 1120.506 | 1251.953 |
| 26 | 352.563 | 383.545 | 418.435 | 457.794 | 502.269 | 552.606 | 609.664 | 674.430 | 748.044 | 831.818 | 927.262 | 1036.116 | 1160.385 | 1302.377 | 1464.746 |
| 27 | 382.089 | 417.216 | 456.988 | 502.105 | 553.383 | 611.763 | 678.340 | 754.385 | 841.368 | 940.999 | 1055.260 | 1186.450 | 1337.235 | 1510.709 | 1710.458 |
| 28 | 412.910 | 452.561 | 497.697 | 549.190 | 608.052 | 675.469 | 752.824 | 841.735 | 944.091 | 1062.099 | 1198.339 | 1355.824 | 1538.076 | 1749.209 | 1994.027 |
| 29 | 445.039 | 489.612 | 540.628 | 599.157 | 666.454 | 743.997 | 833.522 | 937.074 | 1057.060 | 1196.309 | 1358.156 | 1546.523 | 1766.026 | 2022.098 | 2321.131 |
| 30 | 478.489 | 528.404 | 585.847 | 652.123 | 728.777 | 817.636 | 920.868 | 1041.040 | 1181.195 | 1344.940 | 1536.553 | 1761.106 | 2024.609 | 2334.192 | 2698.301 |

## 附录 8　等差现值系数表

| 期数＼利率 | 1% | 2% | 3% | 4% | 5% | 6% | 7% | 8% | 9% | 10% | 11% | 12% | 13% | 14% | 15% |
|---|---|---|---|---|---|---|---|---|---|---|---|---|---|---|---|
| 1 | 0.000 | 0.000 | 0.000 | 0.000 | 0.000 | 0.000 | 0.000 | 0.000 | 0.000 | 0.000 | 0.000 | 0.000 | 0.000 | 0.000 | 0.000 |
| 2 | 0.980 | 0.961 | 0.943 | 0.925 | 0.907 | 0.890 | 0.873 | 0.857 | 0.842 | 0.826 | 0.812 | 0.797 | 0.783 | 0.769 | 0.756 |
| 3 | 2.921 | 2.846 | 2.773 | 2.703 | 2.635 | 2.569 | 2.506 | 2.445 | 2.386 | 2.329 | 2.274 | 2.221 | 2.169 | 2.119 | 2.071 |

续表

| 利率 / 期数 | 1% | 2% | 3% | 4% | 5% | 6% | 7% | 8% | 9% | 10% | 11% | 12% | 13% | 14% | 15% |
|---|---|---|---|---|---|---|---|---|---|---|---|---|---|---|---|
| 4 | 5.804 | 5.617 | 5.438 | 5.267 | 5.103 | 4.946 | 4.795 | 4.650 | 4.511 | 4.378 | 4.250 | 4.127 | 4.009 | 3.896 | 3.786 |
| 5 | 9.610 | 9.240 | 8.889 | 8.555 | 8.237 | 7.935 | 7.647 | 7.372 | 7.111 | 6.862 | 6.624 | 6.397 | 6.180 | 5.973 | 5.775 |
| 6 | 14.321 | 13.680 | 13.076 | 12.506 | 11.968 | 11.459 | 10.978 | 10.523 | 10.092 | 9.684 | 9.297 | 8.930 | 8.582 | 8.251 | 7.937 |
| 7 | 19.917 | 18.903 | 17.955 | 17.066 | 16.232 | 15.450 | 14.715 | 14.024 | 13.375 | 12.763 | 12.187 | 11.644 | 11.132 | 10.649 | 10.192 |
| 8 | 26.381 | 24.878 | 23.481 | 22.181 | 20.970 | 19.842 | 18.789 | 17.806 | 16.888 | 16.029 | 15.225 | 14.471 | 13.765 | 13.103 | 12.481 |
| 9 | 33.696 | 31.572 | 29.612 | 27.801 | 26.127 | 24.577 | 23.140 | 21.808 | 20.571 | 19.421 | 18.352 | 17.356 | 16.428 | 15.563 | 14.755 |
| 10 | 41.843 | 38.955 | 36.309 | 33.881 | 31.652 | 29.602 | 27.716 | 25.977 | 24.373 | 22.891 | 21.522 | 20.254 | 19.080 | 17.991 | 16.979 |
| 11 | 50.807 | 46.998 | 43.533 | 40.377 | 37.499 | 34.870 | 32.466 | 30.266 | 28.248 | 26.396 | 24.695 | 23.129 | 21.687 | 20.357 | 19.129 |
| 12 | 60.569 | 55.671 | 51.248 | 47.248 | 43.624 | 40.337 | 37.351 | 34.634 | 32.159 | 29.901 | 27.839 | 25.952 | 24.224 | 22.640 | 21.185 |
| 13 | 71.113 | 64.948 | 59.420 | 54.455 | 49.988 | 45.963 | 42.330 | 39.046 | 36.073 | 33.377 | 30.929 | 28.702 | 26.674 | 24.825 | 23.135 |
| 14 | 82.422 | 74.800 | 68.014 | 61.962 | 56.554 | 51.713 | 47.372 | 43.472 | 39.963 | 36.800 | 33.945 | 31.362 | 29.023 | 26.901 | 24.972 |
| 15 | 94.481 | 85.202 | 77.000 | 69.735 | 63.288 | 57.555 | 52.446 | 47.886 | 43.807 | 40.152 | 36.871 | 33.920 | 31.262 | 28.862 | 26.693 |
| 16 | 107.273 | 96.129 | 86.348 | 77.744 | 70.160 | 63.459 | 57.527 | 52.264 | 47.585 | 43.416 | 39.695 | 36.367 | 33.384 | 30.706 | 28.296 |
| 17 | 120.783 | 107.555 | 96.028 | 85.958 | 77.140 | 69.401 | 62.592 | 56.588 | 51.282 | 46.582 | 42.409 | 38.697 | 35.388 | 32.430 | 29.783 |
| 18 | 134.996 | 119.458 | 106.014 | 94.350 | 84.204 | 75.357 | 67.622 | 60.843 | 54.886 | 49.640 | 45.007 | 40.908 | 37.271 | 34.038 | 31.156 |
| 19 | 149.895 | 131.814 | 116.279 | 102.893 | 91.328 | 81.306 | 72.599 | 65.013 | 58.387 | 52.583 | 47.486 | 42.998 | 39.037 | 35.531 | 32.421 |
| 20 | 165.466 | 144.600 | 126.799 | 111.565 | 98.488 | 87.230 | 77.509 | 69.090 | 61.777 | 55.407 | 49.842 | 44.968 | 40.685 | 36.914 | 33.582 |
| 21 | 181.695 | 157.796 | 137.550 | 120.341 | 105.667 | 93.114 | 82.339 | 73.063 | 65.051 | 58.110 | 52.077 | 46.819 | 42.221 | 38.190 | 34.645 |
| 22 | 198.566 | 171.379 | 148.509 | 129.202 | 112.846 | 98.941 | 87.079 | 76.926 | 68.205 | 60.689 | 54.191 | 48.554 | 43.649 | 39.366 | 35.615 |
| 23 | 216.066 | 185.331 | 159.657 | 138.128 | 120.009 | 104.701 | 91.720 | 80.673 | 71.236 | 63.146 | 56.186 | 50.178 | 44.972 | 40.446 | 36.499 |
| 24 | 234.180 | 199.630 | 170.971 | 147.101 | 127.140 | 110.381 | 96.255 | 84.300 | 74.143 | 65.481 | 58.066 | 51.693 | 46.196 | 41.437 | 37.302 |
| 25 | 252.894 | 214.259 | 182.434 | 156.104 | 134.228 | 115.973 | 100.676 | 87.804 | 76.926 | 67.696 | 59.832 | 53.105 | 47.326 | 42.344 | 38.031 |
| 26 | 272.196 | 229.199 | 194.026 | 165.121 | 141.259 | 121.468 | 104.981 | 91.184 | 79.586 | 69.794 | 61.490 | 54.418 | 48.369 | 43.173 | 38.692 |

续表

| 期数＼利率 | 1% | 2% | 3% | 4% | 5% | 6% | 7% | 8% | 9% | 10% | 11% | 12% | 13% | 14% | 15% |
|---|---|---|---|---|---|---|---|---|---|---|---|---|---|---|---|
| 27 | 292.070 | 244.431 | 205.731 | 174.138 | 148.223 | 126.860 | 109.166 | 94.439 | 82.124 | 71.777 | 63.043 | 55.637 | 49.328 | 43.929 | 39.289 |
| 28 | 312.505 | 259.939 | 217.532 | 183.142 | 155.110 | 132.142 | 113.226 | 97.569 | 84.542 | 73.650 | 64.497 | 56.767 | 50.209 | 44.618 | 39.828 |
| 29 | 333.486 | 275.706 | 229.414 | 192.121 | 161.913 | 137.310 | 117.162 | 100.574 | 86.842 | 75.415 | 65.854 | 57.814 | 51.018 | 45.244 | 40.315 |
| 30 | 355.002 | 291.716 | 241.361 | 201.062 | 168.623 | 142.359 | 120.972 | 103.456 | 89.028 | 77.077 | 67.121 | 58.782 | 51.759 | 45.813 | 40.753 |

## 附录9 等差年金系数表

| 期数＼利率 | 1% | 2% | 3% | 4% | 5% | 6% | 7% | 8% | 9% | 10% | 11% | 12% | 13% | 14% | 15% |
|---|---|---|---|---|---|---|---|---|---|---|---|---|---|---|---|
| 1 | 0.000 | 0.000 | 0.000 | 0.000 | 0.000 | 0.000 | 0.000 | 0.000 | 0.000 | 0.000 | 0.000 | 0.000 | 0.000 | 0.000 | 0.000 |
| 2 | 0.498 | 0.495 | 0.493 | 0.490 | 0.488 | 0.485 | 0.483 | 0.481 | 0.478 | 0.476 | 0.474 | 0.472 | 0.469 | 0.467 | 0.465 |
| 3 | 0.993 | 0.987 | 0.980 | 0.974 | 0.967 | 0.961 | 0.955 | 0.949 | 0.943 | 0.937 | 0.931 | 0.925 | 0.919 | 0.913 | 0.907 |
| 4 | 1.488 | 1.475 | 1.463 | 1.451 | 1.439 | 1.427 | 1.416 | 1.404 | 1.393 | 1.381 | 1.370 | 1.359 | 1.348 | 1.337 | 1.326 |
| 5 | 1.980 | 1.960 | 1.941 | 1.922 | 1.903 | 1.884 | 1.865 | 1.846 | 1.828 | 1.810 | 1.792 | 1.775 | 1.757 | 1.740 | 1.723 |
| 6 | 2.471 | 2.442 | 2.414 | 2.386 | 2.358 | 2.330 | 2.303 | 2.276 | 2.250 | 2.224 | 2.198 | 2.172 | 2.147 | 2.122 | 2.097 |
| 7 | 2.960 | 2.921 | 2.882 | 2.843 | 2.805 | 2.768 | 2.730 | 2.694 | 2.657 | 2.622 | 2.586 | 2.551 | 2.517 | 2.483 | 2.450 |
| 8 | 3.448 | 3.396 | 3.345 | 3.294 | 3.245 | 3.195 | 3.147 | 3.099 | 3.051 | 3.004 | 2.958 | 2.913 | 2.869 | 2.825 | 2.781 |
| 9 | 3.934 | 3.868 | 3.803 | 3.739 | 3.676 | 3.613 | 3.552 | 3.491 | 3.431 | 3.372 | 3.314 | 3.257 | 3.201 | 3.146 | 3.092 |
| 10 | 4.418 | 4.337 | 4.256 | 4.177 | 4.099 | 4.022 | 3.946 | 3.871 | 3.798 | 3.725 | 3.654 | 3.585 | 3.516 | 3.449 | 3.383 |
| 11 | 4.901 | 4.802 | 4.705 | 4.609 | 4.514 | 4.421 | 4.330 | 4.240 | 4.151 | 4.064 | 3.979 | 3.895 | 3.813 | 3.733 | 3.655 |
| 12 | 5.381 | 5.264 | 5.148 | 5.034 | 4.922 | 4.811 | 4.703 | 4.596 | 4.491 | 4.388 | 4.238 | 4.190 | 4.094 | 4.000 | 3.908 |
| 13 | 5.861 | 5.723 | 5.587 | 5.453 | 5.322 | 5.192 | 5.065 | 4.940 | 4.818 | 4.699 | 4.582 | 4.468 | 4.357 | 4.249 | 4.144 |
| 14 | 6.338 | 6.179 | 6.021 | 5.866 | 5.713 | 5.564 | 5.417 | 5.273 | 5.133 | 4.996 | 4.862 | 4.732 | 4.605 | 4.482 | 4.362 |
| 15 | 6.814 | 6.631 | 6.450 | 6.272 | 6.097 | 5.926 | 5.758 | 5.594 | 5.435 | 5.279 | 5.127 | 4.980 | 4.837 | 4.699 | 4.565 |
| 16 | 7.289 | 7.080 | 6.874 | 6.672 | 6.474 | 6.279 | 6.090 | 5.905 | 5.724 | 5.549 | 5.379 | 5.215 | 5.055 | 4.901 | 4.752 |

续表

| 利率<br>期数 | 1% | 2% | 3% | 4% | 5% | 6% | 7% | 8% | 9% | 10% | 11% | 12% | 13% | 14% | 15% |
|---|---|---|---|---|---|---|---|---|---|---|---|---|---|---|---|
| 17 | 7.761 | 7.526 | 7.294 | 7.066 | 6.842 | 6.624 | 6.411 | 6.204 | 6.002 | 5.807 | 5.618 | 5.435 | 5.259 | 5.089 | 4.925 |
| 18 | 8.232 | 7.968 | 7.708 | 7.453 | 7.203 | 6.960 | 6.722 | 6.492 | 6.269 | 6.053 | 5.844 | 5.643 | 5.449 | 5.263 | 5.084 |
| 19 | 8.702 | 8.407 | 8.118 | 7.834 | 7.557 | 7.287 | 7.024 | 6.770 | 6.524 | 6.286 | 6.057 | 5.838 | 5.627 | 5.424 | 5.231 |
| 20 | 9.169 | 8.843 | 8.523 | 8.209 | 7.903 | 7.605 | 7.316 | 7.037 | 6.767 | 6.508 | 6.259 | 6.020 | 5.792 | 5.573 | 5.365 |
| 21 | 9.635 | 9.276 | 8.923 | 8.578 | 8.242 | 7.915 | 7.599 | 7.294 | 7.001 | 6.719 | 6.449 | 6.191 | 5.945 | 5.711 | 5.488 |
| 22 | 10.100 | 9.705 | 9.319 | 8.941 | 8.573 | 8.217 | 7.872 | 7.541 | 7.223 | 6.919 | 6.628 | 6.351 | 6.088 | 5.838 | 5.601 |
| 23 | 10.563 | 10.132 | 9.709 | 9.297 | 8.897 | 8.510 | 8.137 | 7.779 | 7.436 | 7.108 | 6.797 | 6.501 | 6.220 | 5.955 | 5.704 |
| 24 | 11.024 | 10.555 | 10.095 | 9.648 | 9.214 | 8.795 | 8.392 | 8.007 | 7.638 | 7.288 | 6.956 | 6.641 | 6.343 | 6.062 | 5.798 |
| 25 | 11.483 | 10.974 | 10.477 | 9.993 | 9.524 | 9.072 | 8.639 | 8.225 | 7.832 | 7.458 | 7.104 | 6.771 | 6.457 | 6.161 | 5.883 |
| 26 | 11.941 | 11.391 | 10.853 | 10.331 | 9.827 | 9.341 | 8.877 | 8.435 | 8.016 | 7.619 | 7.244 | 6.892 | 6.561 | 6.251 | 5.961 |
| 27 | 12.397 | 11.804 | 11.226 | 10.664 | 10.122 | 9.603 | 9.107 | 8.636 | 8.191 | 7.770 | 7.375 | 7.005 | 6.658 | 6.334 | 6.032 |
| 28 | 12.852 | 12.214 | 11.593 | 10.991 | 10.411 | 9.857 | 9.329 | 8.829 | 8.357 | 7.914 | 7.498 | 7.110 | 6.747 | 6.410 | 6.096 |
| 29 | 13.304 | 12.621 | 11.956 | 11.312 | 10.694 | 10.103 | 9.543 | 9.013 | 8.515 | 8.049 | 7.613 | 7.207 | 6.830 | 6.479 | 6.154 |
| 30 | 13.756 | 13.025 | 12.314 | 11.627 | 10.969 | 10.342 | 9.749 | 9.190 | 8.666 | 8.176 | 7.721 | 7.297 | 6.905 | 6.542 | 6.207 |

# 参考文献


[1] 王又礼．技术经济学．天津:天津大学出版社,1999.
[2] 赵国杰．工程经济与项目评价．天津:天津大学出版社,1999.
[3] 宋国防,贾湖．工程经济学．天津:天津大学出版社,2000.
[4] [美]古扎拉蒂．计量经济学．北京:中国人民大学出版社,1998.
[5] 盛承懋．统计学．南京:东南大学出版社, 2002.
[6] 于立君．建筑技术经济分析．北京:中国建筑工业出版社, 2002.
[7] 韩颖．技术经济学习题及解答．沈阳:东北大学出版社, 1999.
[8] 武献华．工程经济学．大连:东北财经大学出版社, 2002.
[9] 徐莉．技术经济学．武汉:武汉大学出版社,2003.
[10] 黄有亮．工程经济学．南京:东南大学出版社,2003.
[11] 杜葵．工程经济学．重庆:重庆大学出版社,2001.
[12] 赵彬．工程技术经济．北京:高等教育出版社, 2003.
[13] 陈卫东、周华明．工程经济分析简明教程．上海:同济大学出版社,1997.
[14] 祖立厂．房地产营销策划．北京:机械工业出版社, 2004.
[15] 刘亚臣．工程经济学．大连:大连理工大学出版社,1999.
[16] 刘长滨．建筑工程技术经济学．北京:中国建筑工业出版社,2002.
[17] 杨青．技术经济学．武汉:武汉理工大学出版社,2003.
[18] 万军康等．技术经济学．武汉:华中理工大学出版社,2000.
[19] 张道宏．技术经济学．西安:西安交通大学出版社,2000.
[20] 张金锁．技术经济学原理与方法．北京:机械工业出版社,2001.
[21] 王文亮．技术经济学．北京:中国轻工业出版社,2000.
[22] 武春友．技术经济学．大连:大连理工大学出版社,2000.